基于竞合关系的车辆路径问题模型及算法研究

马艳芳　闫芳　冯翠英　康凯 ◎ 著

西南交通大学出版社
·成都·

图书在版编目（CIP）数据

基于竞合关系的车辆路径问题模型及算法研究 / 马艳芳等著. —成都：西南交通大学出版社，2020.3
ISBN 978-7-5643-7388-7

Ⅰ.①基… Ⅱ.①马… Ⅲ.①物流－货物运输－车辆调度－最优化算法－研究 Ⅳ.①F252.1

中国版本图书馆 CIP 数据核字（2020）第 040623 号

| Jiyu Jinghe Guanxi de Cheliang Lujing Wenti Moxing ji Suanfa Yanjiu
基于竞合关系的车辆路径问题模型及算法研究 | 马艳芳　闫　芳
冯翠英　康　凯　著 | 责任编辑　张宝华
封面设计　吴　兵 |

| 印张 | 13 | 字数 | 213千 | 出版发行 | 西南交通大学出版社 |

成品尺寸　170 mm×230 mm
网址　http://www.xnjdcbs.com

版次　2020年3月第1版
地址　四川省成都市二环路北一段111号
　　　西南交通大学创新大厦21楼

印次　2020年3月第1次
邮政编码　610031

印刷　成都蜀通印务有限责任公司
发行部电话　028-87600564　028-87600533

书号　ISBN 978-7-5643-7388-7
定价　78.00元

图书如有印装质量问题　本社负责退换
版权所有　盗版必究　举报电话：028-87600562

前言

在全球经济一体化进程不断加快、市场竞争更加激烈以及市场分工进一步细化的情况下,被称作"第三利润源泉"的物流行业,作为前景广阔并具有增值功能的新兴服务业,已在全球范围内获得了高度重视并迅猛发展起来。目前,提高物流的运作效率已经成为很多企业提升其核心竞争力的重要举措,这也是提升整个国家资源配置优化程度和经济运行质量的手段。运输服务是运输配送环节的关键工作,加强运输服务管理有助于降低运输成本、减少客户流失、提高客户满意度、提高运输质量和效率。车辆路径问题的目标是实现运输配送环节的合理化和高效化,以及提高运输服务客户的满意度。然而,以往对于车辆路径问题的研究大多是基于确定性信息,建立的模型大部分是确定型数学模型,即假定安排车辆运输配送路线之前,模型中涉及的所有变量都是已知的且确定的。然而,在实际应用中,很多重要数据是很难完全确定的,如客户需求量、运输时间等。综合考虑前人研究和分析现实案例数据信息后发现,车辆路径问题中的很多不确定信息一般既包含随机不确定因素又包含模糊不确定因素。

随着物流与供应链行业的进一步细化,各方参与者越来越多,大型配送项目的计划不可能完全由一个人或者一个决策群组决定,而是需要多个决策群组或者多层级的决策者共同参与、同时决策。然而,现在大多数车辆路径问题的研究都是从单一决策人或决策群组的角度出发,很少考虑多个决策人或决策群组共同参与决策的情况,进而忽略了共同制订决策时多个参与者之间交互式的竞争合作关系的影响。Stackelberg均衡模型解决了此类问题，即在某个优化决策问题中，同时考虑多个决策者，并考虑决策者之间的竞争合作关系。在Stackelberg均衡模型中，不同层次的决策者控制的决策变量不同，因此，在制订自身策略时，也要考虑其他决策者或决策群组的策略，即他人决策对总体配送计划的影响，并根据层级不同，由上而下地依次做出决策。在前人研究基础之上，本书以模糊随机理论、Stackelberg均衡理论及启发式算法为研究工具，对模糊随机环境下的工程材料配送竞合车辆路径问题进行了研究，以期为实际车辆路径问题提供决策支持。

  本书第1章和第2章介绍了问题研究背景、车辆路径问题、Stackelberg均衡理论及模糊随机理论研究现状，并给出了本书的研究框架。主体内容为第3章到第5章，最后为结论部分。其中，第3章研究了模糊随机环境下的竞合车辆路径问题，即将Stackelberg均衡技术应用到车辆路径问题中，考虑了车辆路径问题中的多个决策群体，并考虑其包含的不确定因素，提出了基于竞合关系的车辆路径主从均衡数学模型。模型中，上级决策者，可以认为是供应商或者供应公司管理者，其目标是实现全局成本最低，包括路线初始成本、服务成本和运输成本；下级决策者，可以认为是外包运输公司或者公司运输规划部门，仅关心车辆运输成本，通过为每辆车安排最优运输路线，达到运输成本最小化的目标。第4章对竞合车辆路径问题做了进一步研究，即在第3章的基础上加入顾客服务时间窗口要求，提出了时间窗口车辆路径主从均衡模型。在实际案例中，一般情况下，顾客会给定一个货物送达的时间范围，即给定其接受服务的时间窗口。在主从模型中，加入时间窗口约束以及顾客满意度约束，使模型更具普遍性和实用性。第5章提出了时间窗口取送货车辆路径主从均衡模型。即在顾客合理的时间要求内，基于前两章内容，更进一步地探讨了同时对顾客进行取货服务和送货服务的情况。

  综上所述，在模糊随机双重不确定环境下，本书使用Stackelberg均衡理论对车辆路径问题进行了研究，依次研究了竞合关系下的车辆路径问题、时间窗口车辆路径问题以及时间窗口取送货车辆路径问题。首先，对这三类问题，分别建立了相应的Stackelberg均衡主从模型，并分析了这三类问题中的模糊随机不确定性。其次，车辆路径问题是组合优化和运筹学领域中非常著名的NP-Hard问题，双重不确定环境和复杂主从模型结构使得本书提出的车辆路径问题模型更加复杂和难解。由于该问题的复杂性和不确定性，本书使用启发式算法进行求解。最后，针对这三类车辆路径问题分别进行了案例应用研究，进一步验证了该方法的可行性和有效性。决策模型和算法对于实际工程材料配送车辆路径问题有着一定的指导意义，对于不确定理论、Stackelberg 均衡理论以及算法研究也有着积极的推动作用。

在此图书即将付梓之际，首先要向我的导师徐玖平教授表达由衷的感谢。在硕博连读期间，导师不厌其烦地指导我的研究工作，正是这些研究工作，让我度过了充实且富有收获的五年，这里，谨向老师表示最衷心的感谢。另外，还要感谢曾给予我诸多帮助的师兄、师弟和师妹、同学和朋友们。最后，我要向我的家人表达深深的谢意，感谢他们一直以来对我无微不至的照顾，感谢他们一直以来的鼓励和支持。

本书相关研究是国家自然科学基金应急管理项目"不确定同时取送货车辆路径主从均衡决策研究"（批准号：71640013），国家自然科学基金青年项目"工程供应链视角下'调度-资源-运输'集成系统多层次主体博弈与动态协调研究"（批准号：71702167）以及教育部人文社会科学研究项目青年项目"互联网环境下考虑运输任务组合的车货匹配策略研究"（批准号：19YJC630198）的阶段性成果。此外，本书得到了河北省教育厅人文社会科学青年拔尖项目（批准号：BJ2016057）的资助，在此一并表示衷心的感谢。

鉴于作者水平有限，书中难免存在不妥之处，恳请读者批评指正。

作　者
2019 年 9 月

目录

第1章　引　言 …………………………………………………… 001
　　1.1　研究背景 ……………………………………………… 003
　　1.2　研究现状 ……………………………………………… 006
　　1.3　研究内容 ……………………………………………… 019

第2章　理论基础 ………………………………………………… 025
　　2.1　Stackelberg均衡模型 ………………………………… 025
　　2.2　智能算法 ……………………………………………… 036

第3章　基础车辆调度均衡模型及其应用 …………………… 046
　　3.1　问题描述 ……………………………………………… 047
　　3.2　模型构建 ……………………………………………… 058
　　3.3　算法设计 ……………………………………………… 064
　　3.4　实际应用 ……………………………………………… 071
　　3.5　本章小结 ……………………………………………… 082

第4章　时间窗口车辆调度均衡模型及其应用 ……………… 083
　　4.1　关键问题 ……………………………………………… 084

  4.2 模型建立 …………………………………………………… 093
  4.3 算法构建 …………………………………………………… 101
  4.4 案例分析 …………………………………………………… 109
  4.5 本章小结 …………………………………………………… 129

第5章 取送货车辆调度均衡模型及其应用 ……………………… 131
  5.1 问题分析 …………………………………………………… 132
  5.2 模型构架 …………………………………………………… 135
  5.3 求解算法 …………………………………………………… 143
  5.4 案例研究 …………………………………………………… 151
  5.5 本章小结 …………………………………………………… 167

结　语 ……………………………………………………………………… 168

附　录　定理的数学形式证明 ………………………………………… 173

参考文献 ………………………………………………………………… 178

第 1 章

引 言

　　物流是实现货物从供应地（供应商）向接收地（顾客）实体流动的过程。现代物流以向顾客提供高效率、多功能、一体化的综合性物流服务为目的，使用全新的物流管理理念，通过对物流的各个功能进行多要素的规划、实施和管理，将运输、储存、采购、装卸搬运、加工包装、顾客配送和信息处理等各项工作进行有机结合[1,2]。作为国民经济的基础产业之一，物流具有至关重要的地位。目前，在全球范围内，一个国家物流业的运作水平已经成为代表这个国家的国民经济和综合国力发展水平的重要指标之一。

　　在过去的几十年里，一方面，我国消费者的消费能力有了显著提升，另一方面，消费者的需求日趋多样化和个性化，因此，随着市场经济的迅速发展和科学技术的不断进步，作为"第三利润源泉"的物流行业受到了各界关注，并得到了飞速发展。自 20 世纪 80 年代以来，物流产业受到了我国政府的重视，并逐渐发展为一个独立的产业部门。然而，目前我国物流业仍然处于初步发展阶段，相应的物流运作技术和管理手段均处于较低的水平和阶段。也就是说，在物流计划、仓储与采购管理、运输配送合理化以及信息技术加工利用等方面，我国当前的物流运作水平与国际先进水平还有很大的差距，尤其在物流成本控制方面的能力还很薄弱。在 2001 年，我国的物流总成本高达 33 860 亿元，占国内生产总值（GDP）的 18.6%；发展至 2011 年，我国的 GDP 为 471 564 亿元，物流总成本占 GDP 的比率仍为 17.8%；而在欧美等发达国家和地区，其物流运作成本一般仅占 GDP

的 10%左右，即使在韩国等中等发达国家，其物流成本大概也只占 GDP 的 15%。在我国，假如能够降低 1%的物流运作成本，就意味着增加 4 716 多亿的国民经济效益；如果达到理想状态，即与欧美发达国家水平持平的话，则意味着发展物流行业能够带来 4 万亿的社会效益。这些数据表明，我国的物流运作水平在国际上仍然处于严重落后状态。另外，物流运作成本过高，对国民经济的发展也有一定的副作用，其结果是很多企业的竞争力十分薄弱。所以，我国物流行业的运作水平亟待提高。近几年来，我国政府高度重视物流运作效率，不断制订各项有利于物流行业发展及提高物流运作水平的计划和方针政策。通过引进发达国家的物流运作技术和物流管理理论来提高我国的物流运作水平和管理效率，降低物流各环节的运作成本，不仅可以大大提高企业的竞争力，还可以为国家和社会带来巨大的经济效益，从而扭转整个国民经济的运作现状，直至提高整个国家的国际竞争力。目前，大力发展和提高现代物流业的运作水平已经纳入我国的国家发展战略。作为国家重点发展的行业，在我国的"十一五"规划中就已明确提出，2010 年全社会的物流成本比 2004 年下降 2~3 个百分点。

在物流成本中，运输配送成本是其重要组成部分。2006 年，统计局、发改委以及中国物流与采购联合会三方联合发布的统计数据表明，我国社会物流总成本为 38 414 亿元，其中运输配送成本为 21 018 亿元，占社会物流总成本的 55%左右，对物流总成本的影响很大。对比发达国家，美国的运输配送成本占不到其 GDP 的 6%，日本的运输成本也仅占其 GDP 的 6.5%，而在我国该比例达到了 11%。通过研究中国仓储协会对 146 个企业的调查结果，得到了不同企业用于运输的成本占其总体物流成本的比例，分别为：原料物流成本在生产企业中占 58%，成品物流成本在生产企业中占 73%，商业物流占 52%。可见，物流配送对我国现代物流业的发展影响巨大。因此，降低物流配送成本将会提高整个物流行业的运作水平，降低其总体成本，从而带来相当大的经济效益。

车辆路径问题，被认为是物流运输配送优化系统中关键的环节之一，是物流运输的核心组成部分，也是实现物流运作合理化和高效化的重要内容和手段。在实践中，很多问题都可以抽象为车辆路径问题，并应用车辆路径问题模型理论进行求解，如大家熟知的邮件投递问题、公共交通（飞机、汽车、火车、船舶等）调度问题、电力调度问题，等等。并且，随着电子商务技术的不断发展以及物流配送方式的不断进步,车辆路径问题在网络购物快递配送领域具有巨大的应用前景。所以,对车辆路径问题的深入研究,不仅有较高的科学意义和工程应用价值,而且对提高国民生活质量也具有一定的作用。

1.1 研究背景

车辆路径问题(Vehicle Routing Problem)最早由 Danzig 和 Ramser 提出,要求为车辆制订从配送中心出发、服务所有顾客再回到配送中心的经济合理的配送线路,从而以最少的物流成本将货物送达顾客手中[3]。该问题是在顾客需求量、顾客位置已知的情况下确定车辆在各个顾客间的行程路线,使得运输路线最短或运输成本最低,其概念图如图 1.1 所示。近几十年来,车辆路径问题作为典型的组合优化领域问题,将运筹学中的数学规划理论与企业的生产实践紧紧地结合在一起,自诞生之日起它就在理论研究和企业实践两方面得到了广泛关注,并且在理论和实际应用中都收获了丰硕的成果,现已成为运筹学以及组合优化领域的热点研究问题。

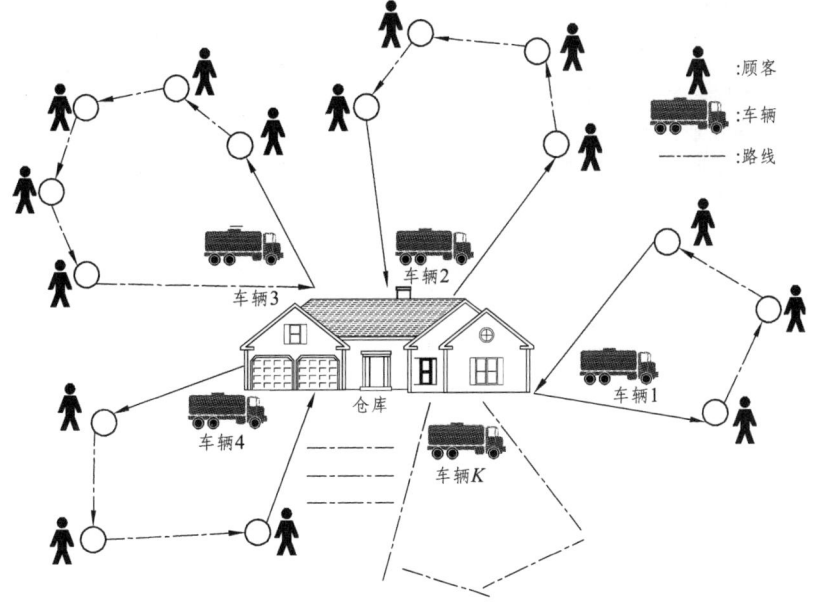

图 1.1 车辆路径问题概念图

通过对车辆路径问题定义的分析，可以获得该问题所包含的各项要素；再通过对这些要素的不同情况的分析，基本上就可以了解不同类型的车辆路径问题。换句话说，目前已知的车辆路径数学模型，一般都是对这些要素中的一种或者几种进行组合，同时假定其他条件为理想条件而建立的相应模型。目前，一般车辆路径问题涉及的几个常见要素如表1.1所示。

表 1.1 车辆路径问题要素及其分类

要素	类　别
目标	最小化总成本：运输成本（车辆的使用成本和行驶成本）和罚值成本（不能满足用户需求量时间窗等约束的惩罚值）。 最小化最大的单个成本：常用于危害控制或维护顾客满意度在某一水平。 最大化顾客满意度：如在车辆数量和车辆容量有限的情况下，最大限度地满足客户的请求（需求量和时间窗）
仓库	数量：提供服务的车场数量。分为单车场和多车场，通常为单车场。 类型：封闭的、开放的。车辆起始并终止于同一车场时，行驶线路为封闭线路；车辆的起始点和终止点不相同时（起始点不是车场，终止点不是车场或起始点和终止点为不同的车场），行驶线路为开放线路。 容量：车场可以提供的服务种类和数量。 时间约束：车场开放时间，即车辆最早离开车场时间和最晚返回车场时间
顾客	顾客位置：每个顾客所在的地理位置。 服务类型：需要为顾客提取货物或将货物运送给顾客，也有可能是对同一位顾客需要同时完成这两种服务。 需求量：预先已知或遵循某种概率分布。 服务时间：在顾客点执行服务（提取或交付货物）所花费的时间，也常称为装货或卸货时间。 时间约束：要求提供服务的时间段（时间窗），例如由于顾客只在特定的时间段内营业或者因为交通管制等只能在特定的时间段内前往
车辆	车队大小：车场可支配的车辆数量，可固定或在某一范围内变化。 车辆类型：同一或不同类型。不同类型车辆的容量、费用和时间约束可能不同。 车辆容量：通常车辆有一定容量约束，如最大载质量、容积，或可装载的托盘数；需求为某种服务，如信件投递，可设车辆容量为无限。 时间约束：车辆（或司机）不能连续工作或有工作的最大时间限制。 使用费用：单位距离、单位时间、每辆车或每条线路所需的车辆使用费。 服务策略：根据顾客需求是否可分割和是否带回程等条件采用不同的服务策略

目前，在车辆路径问题快速解决的过程中，不断有新的要素出现，而对该问题的进一步研究，对延伸配送问题也有着重要作用，如生产与配送问题、仓储与配送问题等。

从车辆路径问题的要素中可以看出，有多个参与者共同参与解决该问题。关于工程材料配送的车辆路径问题，在工程项目规模越来越大，行业进一步细化以及参与者越来越多的情况下，大型复杂项目的材料配送计划不可能完全由一个人或者一个决策群组决定，而是需要多个决策群组或者多层级的决策者共同参与、同时决策。然而，现在大多数的车辆路径问题都是从单一决策人或决策群组的角度出发，很少有多个决策人或决策群组共同参与决策的情况，进而忽略了共同制订决策时多个参与者之间的交互式影响。Stackelberg 均衡模型解决了此类问题，即在某个优化决策问题中，同时考虑多个决策者，并考虑决策者之间的交互式影响。在 Stackelberg 均衡模型中，不同层次的决策者控制的决策变量不同，因此，在制订自己的策略时，也要考虑其他决策者或决策群组的策略，即他人的决策对总体配送计划的影响，并根据层级不同，由上而下地依次做出决策。

在车辆路径问题中还存在着信息不充分现象，而信息的不充分会增加信息的不确定性，因此，决策者在做决策的过程中需要考虑此类不确定信息。不确定性一般可以分为三类：随机性、模糊性和粗糙性。其中，随机现象是最早被研究的不确定现象，随着对随机现象的深入研究逐渐形成了概率论这一应用非常广泛的学科。随机现象主要描述客观存在的不确定性，造成这类不确定性的因素是客观存在的并且不以人的意志为转移[4]。随机的不确定性在各领域的研究中均已被深入讨论过，如早在 1972 年，Doulliez 和 Jamoulle 在对交通网络问题进行研究时就考虑了弧上流量的随机性；此外，在供应链研究领域，很多学者也将需求量视为随机变量[5~11]；在建设项目施工规划研究中，学者们也将施工时间定义为随机变量[12~15]，等等。在运输问题领域，很多研究也将随机现象考虑进来，如 Shu 等人将需求量假定为随机变量[16]，Zheng 等人在研究交通网络规划问题时将网络中的流设为随机变量[17]，Li 等人对具有随机行车和随机服务时间的车辆路径问题进行了研究[18]；类似的研究还有文献[9~21]中涉及的，等等，这里不一一赘述。

尽管概率论给随机现象问题的研究提供了有利的理论依据，但它并不能很好地描述所有的不确定性。这是因为随机性的不确定性源于客观现象,但在实际应用中不可避免地会面临由主观判断所带来的不确定性。Zadeh 首先提出了模糊集概念,它可用来描述此类模糊环境[22]。随着研究的深入,人们开始使用隶属度函数对模糊集进行刻画,并完美地与经典的集合理论进行了统一。经过近半个世纪的研究,模糊理论已经形成了完整的理论体系并且成功地应用于各个领域之中[23~28]。关于车辆路径问题中的运输问题,同样涉及人的决策。关于此方面的研究有很多,其中,Cao 和 Lai 研究了需求量为模糊变量时的开放车辆路径问题[29];Peidro 等人将供应量、需求量及行车时间均视为模糊变量,研究了供应链规划的优化模型[30];Sheng 和 Yao 建立了一类运输模型,该模型将成本及需求量均假设为模糊变量[31]。此外,还有一些关于运输方面的研究是将行车时间考虑为模糊变量,如文献[32~37]等。目前,已经有很多学者采用模糊集及其可能性理论从不同角度对该领域的课题进行了研究,而关于此方面的研究还在继续中。

很显然,在实际问题中随机性和模糊性是同时存在的,而模糊随机变量已经被成功地用来描述现实中的很多不确定信息。例如,在系统冗余与可靠性问题中对元件寿命的描述[38~40],在供应量以及库存管理问题中对于需求量的描述[41~44],在运输相关问题(包括车辆路径问题、交通网络规划问题等)中对于顾客点需求量的描述[45,46]以及对行车时间的描述[47,48],在投资组合中对回报率的描述[49~51],工程进度问题[52,53],等等。

综上所述,车辆路径问题的复杂性、主从结构层次性、双重不确定性是运输相关问题研究的三个重要方面,而且只有将这三个方面有机地结合起来才可以真实地反映实际问题。因此,在前人研究的基础上,本书以 Stackelberg 均衡模型为工具,以模糊随机理论为基础,对模糊随机环境下的竞合车辆路径问题进行研究和讨论。

1.2 研究现状

本书主要研究模糊随机车辆路径 Stackelberg 均衡问题,故而对车辆路径、Stackelberg 均衡和模糊随机环境三个部分进行了文献汇总分析,并对这几个问题的研究现状及热点进行了归纳和总结。此外,还分别使用基于 NoteExpress 与 NodeXL 的文献分析软件,对以上三个方面的文献进行了梳理,文献梳理过程如图 1.2 所示。为了综合讨论当前研究现状,本书选取了 ISI 和 CNKI 两个数据库,并使用 NoteExpess2 和 NodeXL 对数据库提取文献进行了科学的整理和总结。选取文献时，由于 Web of Science 是 ISI 的核心集合数据库，且包括六个核心数据库，而论文主要为科学研究论文，故而仅选取核心数据库中的科学引文索引扩展（Science Citation Index Expanded）、社会科学引文索引（Social Sciences Citation Index）。进行相关文献检索时，设置"车辆路径(Vehicle Routing)""模糊随机(Fuzzy Random)""Stackelberg"和"二层规划（Bi-level）"等作为主要关键词。在 Stackelberg 均衡内容研究中，很大一部分是关于二层规划方面的研究，故而同样选取二层规划作为主要关键词进行详细关键词检索，情况如表 1.2 所示。在数据库中，搜索以上关键词后，首先将其对应的文献分别导入软件 NoteExpess2，然后审阅文献标题和摘要以确定文献相关性，并初步删除非相关文献。

下面将对车辆路径、Stackelberg 均衡和模糊随机的相关文献做进一步统计和分析。

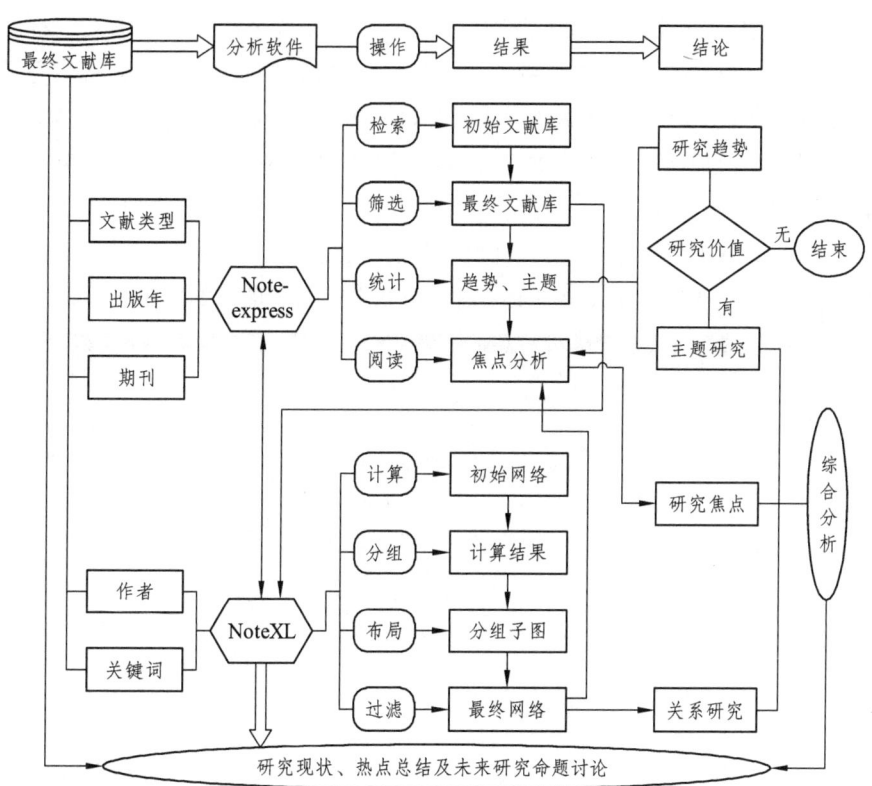

图 1.2 基于 NoteExpess 与 NodeXL 软件的系统化文献研究方法

表 1.2　文献搜索信息

研究问题	数据库	时间	检索关键词
车辆路径	ISI	1975 年至今	Vehicle Routing/Vehicle Distribution，
	CNKI	1999 年至今	车辆路径/车辆配送；
Stackelberg	ISI	1967 年至今	Stackelberg， Bi-level/bilevel，
	CNKI	1994 年至今	Stackelberg/斯坦克尔伯格， 二层规划/双层规划；
模糊随机	ISI	1977 年至今	Fuzzy Random Variable/ Fuzzy Random Environment，
	CNKI	1984 年至今	模糊随机变量/模糊随机环境

1.2.1　车辆路径问题

截至 2014 年年底，本书分别在 ISI 和 CNKI 两个数据库中输入检索词"Vehicle Routing"和"车辆路径"，获得了 2 512 篇和 4 794 篇文献。为了剔除重复文献，将文献导入 NoteExpess2，选择"查找重复题录"的操作，重复判定字段设置为"题录类型""期刊""年份""标题""关键字"和"作者"等。删除重复文献后，为进一步确定文献的有效性，逐篇浏览文献标题，对不相关文献进行剔除操作，仅保留相关性较高的文献。通过上述一系列操作后，最终筛选出英文文献 2 158 篇，中文文献 696 篇，如图 1.3 所示。

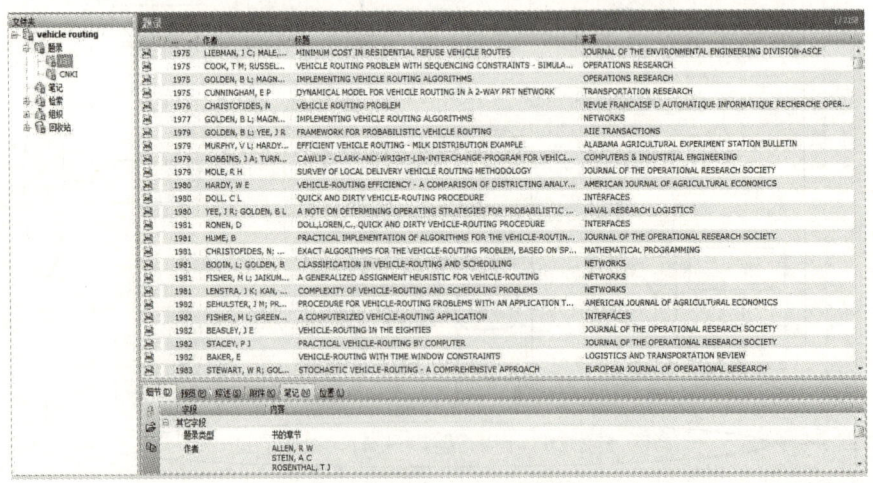

图 1.3　车辆路径问题文献汇总

对文献的年份、期刊和作者等信息进行统计，结果如表 1.3 所示。从表中可以看出，*European Journal of Operational Research*、*Computers & Operations Research*、*Journal of The Operational Research Society* 和 *Transportation Science* 等国外杂志是车辆路径领域的主力杂志，而国内关于车辆路径的关键杂志有《计算机工程与应用》《物流技术》和《系统工程理论与实践》。关于研究学者及研究内容，Laporte、Gendreau、Tarantilis、Ren、Prins、Kiranoudis 等在车辆路径领域都做出了巨大贡献，其中，Laporte、Gendreau 和 Tarantilis 等主要集中于车辆路径问题启发式算法研究改善，如禁忌搜索算法研究[54]、遗传算法[55]、分支定界算法[56]等；Ren 等着重研究了车辆路径问题的扩展问题，包括容量约束车辆路径问题[57]、最小-最大车辆路径问题[58]、多仓库车辆路径问题[59]等。而符卓、胡祥培、叶春明和李军等对我国车辆路径问题的研究有很大的推动作用，其中，符卓的主要研究为动态车辆路径问题[60]、带时间窗口的车辆路径问题[61]以及车辆路径问题求解算法[62]；胡祥培集中研究了车辆路径问题建模技术[63]；叶春明研究了多种求解车辆路径问题的启发式算法[64]。出版有关车辆路径方面书籍的出版社主要有 Springer 和 IEEE，两者都是有很大影响力的出版社。

表 1.3 车辆路径文献总体统计结果

项目	结 果
年份	1989 以前：88 篇（3.08%）； 1990—1994 年：108 篇（3.79%）； 1995—1999 年：158 篇（5.54%）； 2000—2004 年：304 篇（10.66%）； 2005—2009 年：970 篇（34.00%）； 2010—2014 年：1 225 篇（42.94%）
作者	作者分布较为分散： 发表 30 篇以上作者：Laporte, G（45），Gendreau, M（39），Tarantilis, CD（30） 发表 20~29 篇作者：Ren, CY（26），Prins, C（22），Kiranoudis, CT（21） 发表 15~19 篇作者：Vigo, D（19），Potvin, JY（18），Hartl, RF（17），LAPORTE, G（16），Hu,XP（16），Frazzoli, E（16），Crainic, T G（16），Mingozzi, A（15），Braysy, O（15），Barbucha, D（15），符卓（15） 发表 10~14 篇作者：14 篇 5 位，13 篇 5 位，12 篇 6 位,11 篇 8 位，10 篇 8 位

续表

项目	结　果
期刊	重要的车辆路径期刊有：European Journal of Operational Research（147），Computers & Operations Research（122），Journal of The Operational Research Society（94），Transportation Science（71），Networks（48），计算机工程与应用（49），Operations Research（38），物流技术（37），系统工程理论与实践（29），Transportation Research Part E（23）
出版社	关键出版社有：Springer（151），IEEE（130），Trans Tech Publications Ltd（59），IEEE Computer Soc（19），Transportation Research Board Natl Research Council（18）

为了进一步掌握关于车辆路径问题的国内外研究趋势，本书对获取的 ISI 和 CNKI 中的有关车辆路径文献的题录年份分布进行了对比，结果如图 1.4 所示。从图 1.4 可以看出，很多外国学者在 1989 年之前，就已经对车辆路径问题进行了比较多的研究，而国内对于该问题的研究开始得比较晚，于 1999 年才有了这方面的研究探索。随着时间的推移，国内外对车辆路径问题的研究均处于不断增长的态势，其中，英文文献的文献数量及增长速度都要高于中文文献。1990—2004 年，国内外对车辆路径问题的研究均有所加强，但增长速度比较稳定；2005—2014 年，国内外对该问题的研究量迅速加强，研究量是之前的几倍，由此可知，国内外均认识到运输配送问题的重要性。由此也可看出，国家亦愈加重视物流配送问题，

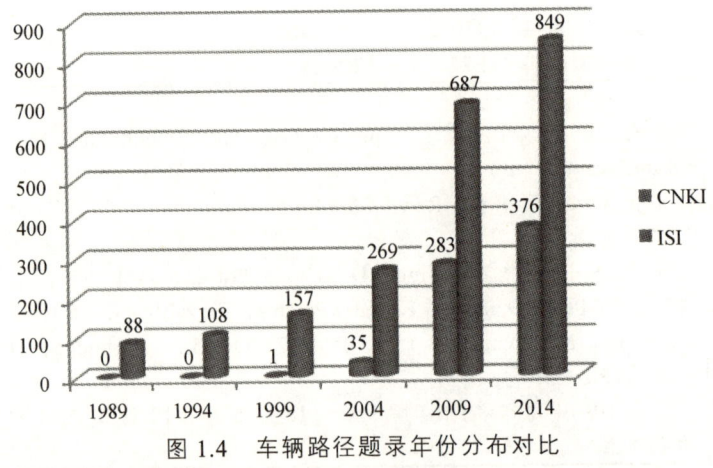

图 1.4　车辆路径题录年份分布对比

第 1 章 引 言

亦认识到运输配送成本是物流成本的重要组成部分，因而，关于如何降低配送成本，引起了众多学者的研究兴趣。从图 1.4 还可以看出，不管在国内还是在国外，随着时间的推移，车辆路径问题越来越受到重视，对车辆路径问题的研究也在不断深入，这将对现代物流业的发展产生巨大影响，因为降低物流配送成本将会提高整个物流行业的运作水平，进而降低其总体成本，带来相当大的经济效益。

为了更好地挖掘最近有关车辆路径方面的研究热点，本书对 ISI 进行了"文件夹信息统计"，按"年份"统计，选择 2014 年的 158 篇车辆路径文献，将其关键词输入 NodeXL，将出现在同一篇文章的两个关键词添加连线，再将属于同一个子图的关键词进行分组，并

彩图1.5、1.6

用不同的颜色和形状表示，得到网络图 1.5。可见，车辆路径的文献关键词表现得比较集中，说明车辆路径问题的研究主题比较集中。在 NodeXL 中添加网络图中的顶点标签，并计算各关键词顶点的连线数，以顶点的大小区别显示连线数从多到少的关键词，过滤连线数少于 25 的关键词，得到图 1.6。从图 1.6 可以看出，车辆路径的研究主要围绕着算法（Algorithm）和优化（Optimization）展开，研究热点一般包括时间窗口问题（Time Windows）。另外，比较突出的热点是取送货问题（Pick up and Delivery）、

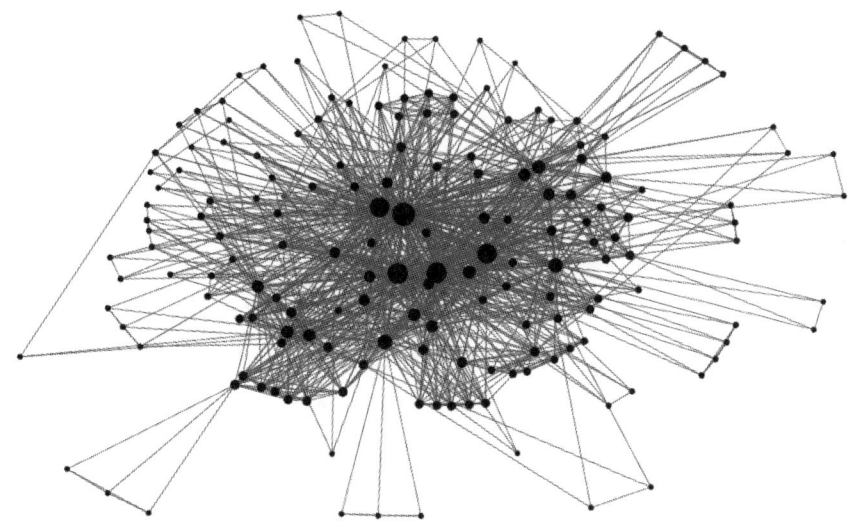

图 1.5　车辆路径关键词网络

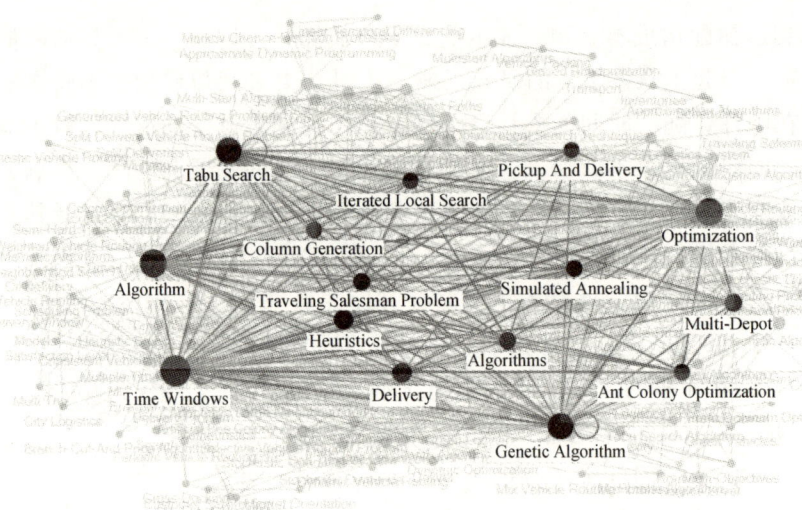

图 1.6　过滤后的车辆路径关键词网络

多仓库问题（Multidepot）和旅行商问题（Traveling Salesman Problem）；求解算法比较突出的有遗传算法（Genetic Algorithm）、禁忌搜索算法（Tabu Search）、蚁群优化算法（Ant Colony Optimization）和模拟退火算法（Simulated Annealing）。综上，关于车辆路径问题的研究，一般采用启发式算法，如遗传算法、蚁群优化算法和禁忌搜索算法等，并对时间窗口车辆路径问题、取送货车辆路径问题和多仓库车辆路径问题等进行优化求解。

1.2.2　Stackelberg 均衡问题

人类所处的环境实际上是一个复杂的综合集成系统，该系统的明显特征是多方参与和层级性。人类所做出的大多数决策都是由多个决策者共同制订，而且决策者地位有一定的先后（主从）层次性。关于多人参与且具有主从特征的决策研究可追溯到 1934 年由 Stackelberg 在 Marktform 和 Gleichgewicht 中所提出的双寡头模型[65]。Stackelberg 均衡模型的决策过程刚好可以通过多层规划数学模型来表示，所以多层规划（一般指二层规划）就是研究 Stackelberg 均衡问题的有力工具。而 Stackelberg 均衡数学模型则由 Bracken 和 McGill 于 1973 年首次提出[66]。在随后的 40 年间，此模型在理论、方法和应用等方面都得到了极大的发展，由二层规划数学模型表示的 Stackelberg 均衡问题逐渐成为运筹学和决策科学领域的研究热点问题[67]。

因此，关于 Stackelberg 均衡问题的关键字，同时选取"Stackelberg"和"bilevel"二层规划。截止到 2014 年年底，同样在 ISI 和 CNKI 数据库中输入表 1.2 中的 Stackelberg 检索词，分别获得了 1 399 篇英文文献和 697 篇中文文献。为了剔除重复文献，将文献导入 NoteExpess 2，选择"查找重复题录"的操作，重复判定字段设置为"题录类型""期刊""年份""标题""关键字"和"作者"等。删除重复文献后，为进一步确定文献的有效性，逐篇浏览文献标题，对不相关文献进行剔除操作，仅保留相关性较高的文献。通过上述一系列操作后，最终筛选出英文文献 561 篇，中文文献 402 篇，如图 1.7 所示。

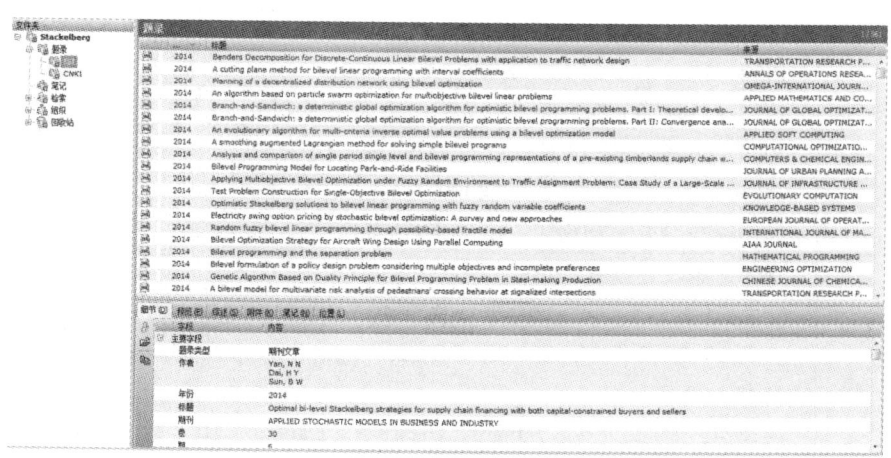

图 1.7　Stackelberg 均衡文献汇总

对文献的年份、期刊和作者等信息进行统计，结果如表 1.4 所示。从表中可以看出，*Journal of Global Optimization*、*Journal of Optimization Theory and Applications*、*European Journal of Operational Research* 等国外杂志是 Stackelberg 均衡和二层规划领域的重要杂志，而国内关于 Stackelberg 均衡和二层规划研究的关键杂志为《系统工程理论与实践》《运筹与管理》和《物流技术》。可以看出，相对而言，国内关于这方面的研究较少。在研究学者及研究内容方面，Dempe，Wan，Zhang，万仲平，Lu 和高自友等在 Stackelberg 均衡领域都做出了巨大贡献，其中，

Dempe 主要探索了问题最优性的必要条件[68-72]；Wan、Zhang 和 Lu 等主要致力于研究其求解算法，包括遗传算法[73,74]、粒子群算法[75]、K 次最好法[76~79]、KKT 变换方法[80~82]和分支定界法[83,84]，等等。而万仲平和高自友尝试将理论应用到实际问题中，建立了相应的二层模型并提出了求解算法，如 Stackelberg 均衡竞价模型[85]、最优发电企业 Stackelberg 均衡模型[86]、排污权市场交易模型[87]、物流配送中心选址模型[88,89]、城市交通网络设计模型[90~92]。综合国内外研究热点，可以得到关于 Stackelberg 均衡和二层规划问题的研究，主要集中在对问题建立新的模型以及模型求解算法方面。

表 1.4　Stackelberg 均衡文献总体统计结果

项目	结　果
年份	1989 以前：64 篇（4.37%）； 1990—1994 年：64 篇（4.37%）； 1995—1999 年：117 篇（7.99%）； 2000—2004 年：178 篇（12.16%）； 2005—2009 年：425 篇（29.03%）； 2010—2014 年：616 篇（42.08%）
作者	作者分布较为分散： 发表 25 篇以上作者：Dempe, S（34），Wan, ZP（25）； 发表 20~24 篇作者：Zhang, GQ（23），万仲平（22），Lu, J（21），高自友（20）； 发表 15~19 篇作者：Savard, G（18），Calvete, HI（16），Wang, GM（15），Marcotte, P（15），Gale, C（15），XuJP（15）； 发表 10~14 篇作者：吕一兵（14），Wang, YP（11），Shi, CG（10），Lv, YB（10）
期刊	重要期刊有：*Journal of Global Optimization*（42），*Journal of Optimization Theory and Applications*（34），*European Journal of Operational Research*（34），*Applied Mathematics and Computation*（23），系统工程理论与实践（20），*Transportation Research Part B- Methodological*（19）

为了进一步了解关于 Stackelberg 均衡问题的国内外研究趋势，对研究 Stackelberg 均衡问题的中英文文献的题录年份分布进行了对比，结果

如图 1.8 所示。从图 1.8 可以看出，国内学者对该问题的研究，自 1994 年起呈现不断增加的趋势，该增加趋势在 2007 年和 2008 年达到最高峰，有 40 篇文献；随后从 2009 年到 2014 年进入比较平稳的发展阶段，年文献量在 33 与 39 篇之间。而国外学者对该问题的研究，自 1983 年开始，基本上呈现逐渐增长的趋势，于 2014 年达到最高峰，有 81 篇文献。故而认为，对 Stackelberg 均衡问题的研究逐渐吸引了更多专家学者的兴趣，该问题正逐渐得到更多的关注和重视。

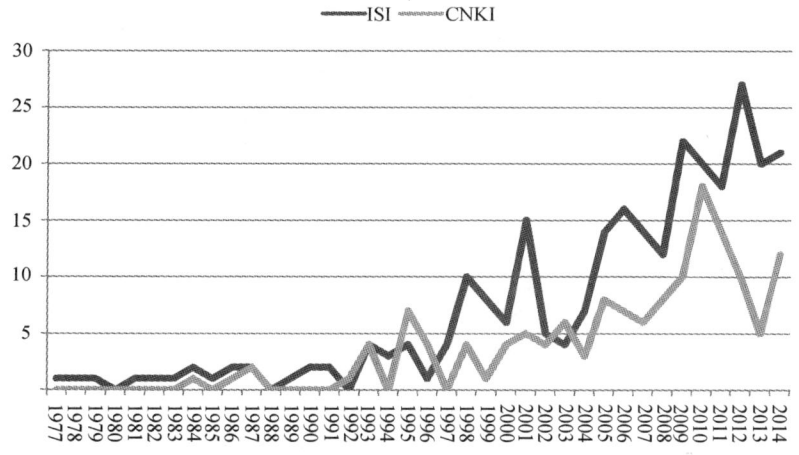

图 1.8　Stackelberg 均衡文献题录年份分布

同理，对 2014 年 81 篇英文文献的关键词建立关系网络，将属于同一个子图的关键词进行分组，并用不同的颜色和形状表示，可得到图 1.9 所示的关键词关系网络图。可见，Stackelberg 均衡的文献关键词表现得非常分散，说明 Stackelberg 均衡的研究主题很发

彩图1.9、1.10

散，研究问题的类型很多，背景比较复杂。在 NodeXL 中添加网络图中的顶点标签，并计算各关键词顶点的连线数，以顶点的大小区别显示连线数从多到少的关键词，过滤连线数少于 25 的关键词，得到图 1.10。将图 1.10 中的关键词分为四组，分别为热点问题（Issues）、求解方法（Solutions）、均衡理论（Stackelberg）和不确定理论（Uncertainties）。其中，热点问题主要集中在供应链问题（Supply Chain Management）、交通问题（Traffic Assignment）方面；求解方法的热点为进化算法（Evolutionary Algorithm），

主要有遗传算法（Genetic Algorithms）、粒子群算法（Particle Swarm Optimization）；不确定理论包括模糊随机变量（Fuzzy Random Variables）及其概率最大化研究（Probability Maximization）、可能性研究（Possibility）等；均衡理论包括 Stackelberg 均衡、纳什均衡（Nash Equilibrium）和二层优化（Bilevel Optimization）等。

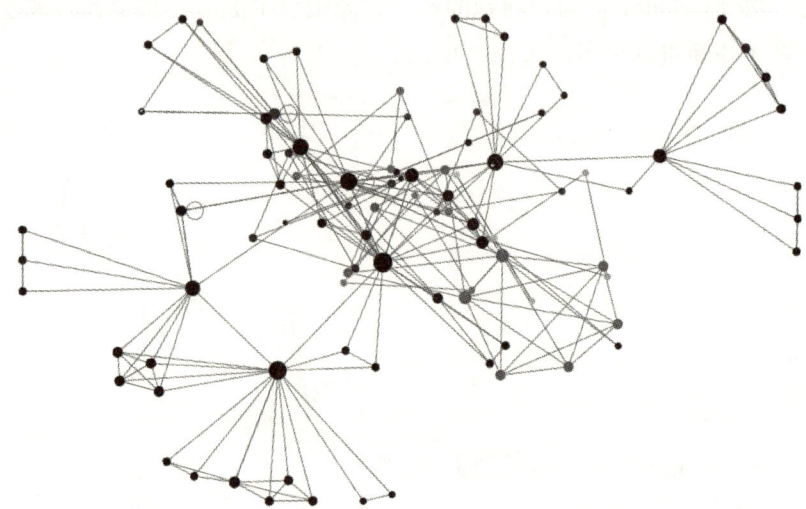

图 1.9　Stackelberg 均衡关键词网络

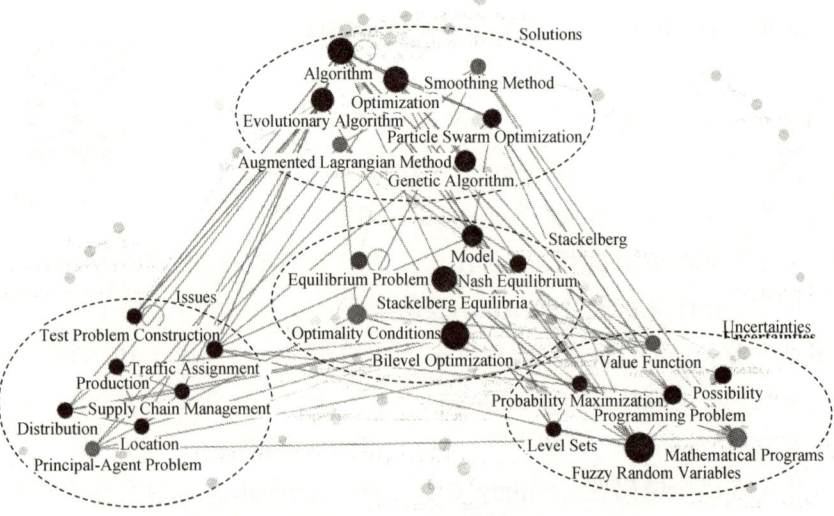

图 1.10　过滤后的 Stackelberg 均衡关键词网络

1.2.3 模糊随机环境

1965 年，Zadeh 提出了模糊集合理论[22]。时至今日，模糊集理论已经在自然科学和社会科学的诸多领域受到重视，成为决策科学、运筹学和控制理论等学科的重要研究方向，并形成了许多分支学科。其中，模糊决策在模糊集理论和应用研究中是最为广泛的领域之一。然而现实中一些变量可能同时受模糊不确定与随机不确定因子的影响，为了描述这种混合不确定性现象，Kwakernaak 于 1978 年首次提出了模糊随机变量的概念[93]，随后许多学者对模糊随机变量的理论及性质进行了深入探讨[94~97]。

关于模糊随机理论的文献，采用"模糊随机"或者"fuzzy random"作为搜索词在"题目"或者"title"中进行检索，可以得到 785 篇英文文献以及 310 中文文献。之后，删除相同的文献，其具体操作步骤为：点击菜单中的"检索"，选择"查找重复题录"，在"待查文件夹"中选择"fuzzy random"；在"待查字段"中选择"年份，作者，标题"后，再选择"大小写不敏感"，"忽略标点符号和空格"以及"匹配度"并将其设置为"模糊"，得到重复题录后将其删除。删除重复文献后，为进一步确定文献的有效性，逐篇浏览文献标题，对不相关文献进行剔除操作，仅保留相关性较高的文献。通过上述一系列操作后，最终筛选出英文文献 273 篇，中文文献 145 篇，如图 1.11 所示。

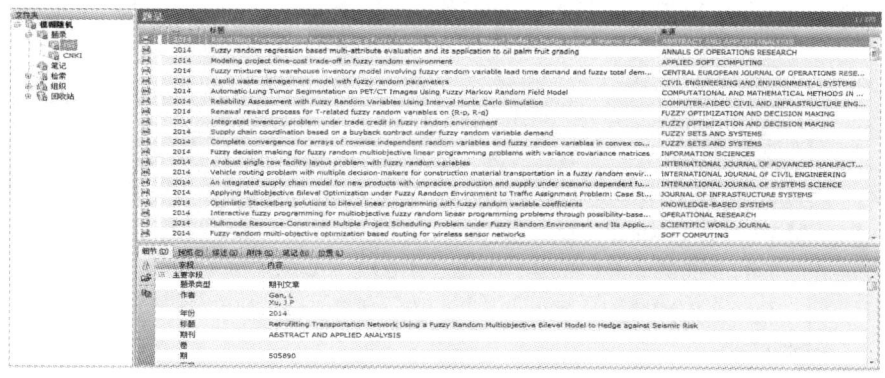

图 1.11 模糊随机文献汇总

为了进一步弄清关于模糊随机环境问题的研究现状，对文献的年份、期刊和作者等信息进行统计，结果如表 1.5 所示。从表 1.5 中可以看出，关于模糊随机环境下的科学探索研究，在 1994 年之前其比例仅占 8.41%；随后对该问题的研究越来越受到重视，2005 年之后，其比例高达 68%左右，仅 2010—2014 年期间研究量就占 39.47%，呈现不断增加的趋势。由此可见，关于模糊随机问题的研究在近几年仍为研究热点。涉及模糊随机领域的关键杂志，毋庸置疑，杂志 *Fuzzy Sets and Systems* 的发表量最高，有 55 篇文献，约占英文文献总数的 21%；其次，还有 *Information Sciences*，*IEEE Transactions on Fuzzy Systems* 和 *European Journal of Operational Research* 等国外杂志。而在国内最重要的杂志为《模糊系统与数学》和《系统工程理论与实践》。在研究学者及研究内容方面，Sakawa、Katagiri、Gil 和 Xu 等在模糊随机领域都做出了巨大贡献。其中 Sakawa 和 Katagiri 共同致力于研究模糊随机变量或在模糊随机环境下，线性规划问题[98~101]或两层线性规划问题[102~104]的可能性和必要性的测量；Gil 的研究涉及模糊随机变量的定义[105]、综述[106,107]和计算[108~110]，他在模糊随机变量的基础理论研究方面做出了重要贡献；Xu 则将模糊随机环境应用到许多实际管理

表 1.5 模糊随机文献总体统计结果

项目	结　果
年份	1977—1989 年：18 篇（4.31%）； 1990—1994 年：16 篇（3.83%）； 1995—1999 年：43 篇（10.29%）； 2000—2004 年：59 篇（14.11%）； 2005—2009 年：117 篇（27.99%）； 2010—2014 年：165 篇（39.47%）
作者	作者分布较为分散： 发表 10 篇以上作者：Sakawa, M（19），Katagiri, H（17），Gil, MA（16），Xu,JP（15），Watada, J（14），Wang, SM（10）； 发表 8~9 篇作者：Lopez-Diaz, M（9），Liu, YK（9），胡劲松（9）Zhao, RQ（8），Matsui, T（8），Lubiano, MA（8），Colubi, A（8）
期刊	重要的车辆路径期刊有：*Fuzzy Sets and Systems*（55），*Information Sciences*（28），模糊系统与数学（18），*IEEE Transactions on Fuzzy Systems*（16），*European Journal of Operational Research*（10），系统工程理论与实践（9）

决策中，如车辆路径问题[47,111,112]、选址问题[113,114]、项目进度问题[115~118]和设施布局问题[119]等，对模糊随机变量或环境在运筹规划实际问题中的应用发挥了极大的推动作用。

为了进一步掌握模糊随机环境的国内外研究趋势，对研究模糊随机问题的中英文文献的题录年份分布进行对比，结果如图 1.12 所示。从图 1.12 中可以清晰地看出，国内外对模糊随机环境问题的研究均呈现不断增加的趋势。其中，很多外国学者在 1989 年之前，就已经对模糊随机环境下的问题进行了比较多的研究，而国内关于该问题在此期间的研究很少。随着时间的推移，国内外对车辆路径问题的研究也处于不断增加的态势，显然，英文文献的数量及增长速度都高于中文文献。其中，从 1990 年到 2004 年，国内外对车辆路径问题的研究均有所增加，但增长速度比较稳定；从 2005 年到 2014 年，国内外对该问题的研究量迅速增加，研究量是之前的几倍。由此可知，国内外学者均认识到了模糊随机环境对决策的重要性。

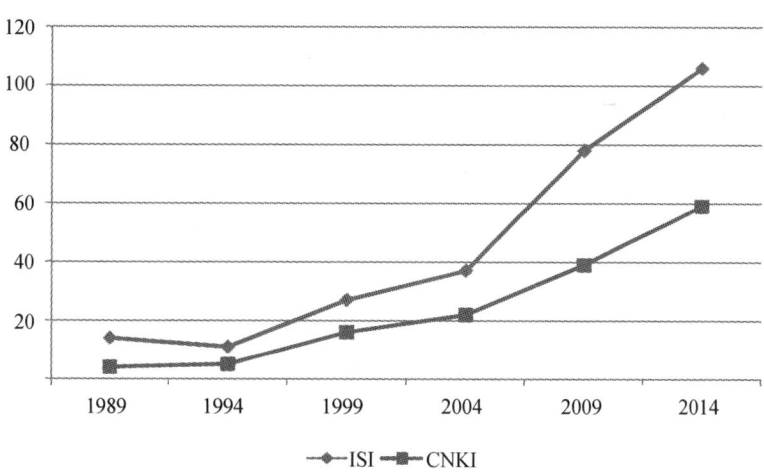

图 1.12 模糊随机文献年份分布对比

1.3 研究内容

技术的不断进步、需求的多样化趋势以及愈加复杂的现实决策环境，对运输配送车辆路径问题的决策提出了更高的要求。本书以车辆路径问题为研究对象，以模糊随机变量为研究工具，以 Stackelberg 均衡规划为模型框架，在已有研究的基础上综合运用优化决策技术、软件编程以及案例分析，对模糊随机环境下的运输配送车辆路径问题进行了系统的研究。

1.3.1 研究思路

本书针对研究对象——运输配送主从车辆路径问题，通过对研究背景的总结，研究现状的综述，形成了研究思路。

主体内容首先从基础的主从车辆路径问题入手，考虑运输配送问题中的供应商/供应公司管理者和外包运输公司/公司路线规划部门之间的矛盾统一关系，并根据其关系建立 Stackelberg 均衡规划数学模型，依次给出了上级模型、下级模型和全局模型，讨论了模型中顾客需求的不确定性，并使用机会约束规划对其进行处理；接着，设计了 CCP 模糊随机模拟的全局-局部-邻域粒子群算法来求解此模型，运用二滩水电站工程材料运输问题来验证该模型和算法，并在应用中进行了结果分析、算法对比和模型对比分析。其次，在主从车辆路径问题基础上，增加了顾客时间要求，研究了主从带时间窗口的车辆路径问题的建模和求解算法，提出了基于云理论的全局-局部-邻域粒子群算法，并将模型和算法应用到澜沧江干流水电基地大型施工建设项目中进行应用研究；在案例分析中对算法参数进行测试，随后有算法结果讨论和算法测评。最后，在前文基础上，考虑到顾客取货和送货同时发生的需要，建立了主从带时间窗口的取送货车辆路径问题的模型，并使用期望值方法对模型中的不确定变量进行处理，通过算法设计求解该模型。这既是上文研究内容的深化探索，也是实践中一个具体而重要的问题。另外，同样将模型和算法应用到雅砻江水电基地大型施工建设项目中进行应用研究，并在案例研究中做了算法参数实验、计算结果分析和求解算法比较。

可见，本书的主体内容由浅入深，依次为主从车辆路径问题、主从带时间窗口的车辆路径问题以及主从带时间窗口的取送货车辆路径问题；每个主题章节的建模过程都是由分到总的过程，依次介绍上级模型、下级模型和全局模型，并讨论了模型中的不确定变量及处理方法；每个主题章节的案例分析都包括案例介绍、数据获取、结果讨论和算法对比等；每一章的内容相互呼应，都有问题描述、优化建模、算法设计、实际应用四个方面。

1.3.2 技术路线

技术路线是以物流与供应链计划理论、物流与供应链管理理论为指导，以决策科学理论为主要工具，以智能算法基础为主要技术，以实际应用为主线展开的，如图 1.13 所示。

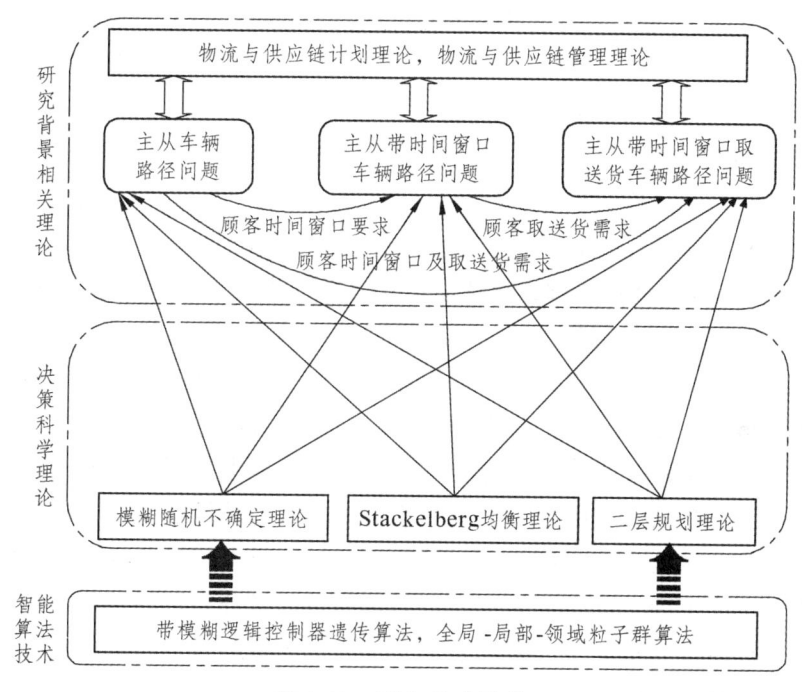

图 1.13　研究技术路线

由图 1.13 可见，研究对象的特点决定了必须以物流与供应链计划理论、物流与供应链管理理论为指导，这样才能保证研究具有实际意义。在模糊随机环境下的主从车辆路径问题、主从带时间窗口的车辆路径问题以及主从带时间窗口的取送货车辆路径问题，均包括模糊随机不确定性的描述，而对模型进行抽象，对一般性的模糊随机决策模型解的性质的讨论，以及规划模型确定型转化的讨论，都要用到模糊随机不确定理论；考虑多个参与主体决策交互影响的主从车辆路径优化问题，需要用到决策与优化科学及 Stackelberg 均衡理论。这样的模型难以用普通方法找到最优解，因此必须借助智能算法求解技术。

1.3.3　研究框架

研究内容包括引言、理论基础、车辆路径 Stackelberg 均衡（主从）模型及其应用、带时间窗口的车辆路径 Stackelberg 均衡（主从）模型及其应用、带时间窗口的取送货车辆路径 Stackelberg 均衡（主从）模型及其应用、结语等。研究内容结构如图 1.14 所示。

每一章的具体内容总结如下。

第一部分为引言，介绍了研究背景、车辆路径问题、Stackelberg 均衡理论和模糊随机理论的研究现状，通过文献综述对国内外的相关研究进行了总体评述及对比，并在此基础上提出了研究框架。

第二部分为理论基础，概述了本书内容涉及的 Stackelberg 均衡理论以及智能算法基础知识。

其中，第 3 章研究了模糊随机环境下的主从车辆路径问题。本书将 Stackelberg 均衡技术应用到车辆路径问题中，考虑了车辆路径问题中的多个决策群体，并考虑其包含的不确定因素，提出了新的车辆路径主从数学模型。在该模型中，上级决策者，可以认为是供应商或供应公司管理者，其目标是全局成本最低，包括路线初始成本、服务成本和运输成本；下级决策者，可以认为是外包运输公司或者公司运输规划部门，仅关心车辆运输成本，通过为每辆车安排最优运输路线，达到运输成本最小化的目标。同时，在模型中引入了模糊随机变量来描述决策环境中的双重不确定性，假定顾客需求是模糊随机变量。为了求解模糊随机环境下的主从车辆路径问题优化模型，提出了一个基于 CCP 模糊随机模拟的全局-局部邻域粒子群算法；为了适应模型的具体特点，设计时，使算法具有主从结构，具有合理的解的表示和解码过程，以及更加科学的更新策略。最后将模型和算法应用到二滩水电站建设项目工程中，以说明该模型和算法的有效性。

第 4 章针对模糊随机环境下的主从车辆路径问题做了进一步研究，即在此基础上加入了顾客服务时间窗口要求，提出了主从带模糊随机时间窗口的车辆路径模型。在实际案例中，一般情况下，顾客会要求货物送达时间范围，给定其接受服务的时间窗口，因此，在模型中加入时间窗口，并将顾客满意度作为上级决策者的目标之一，使模型更具普遍性和实用性。在建模过程中，使用模糊随机理论来描述时间窗口和涉及的所有成本。为了处理模型中的模糊随机性，对模型中的目标采用期望值算子，对约束条件继续采用机会约束算子。为了求解此模型，提出了一个带云发生器的全局-局部-邻域粒子群算法。算法中，基于正态云发生器的初始化使得算法的初始化效果更好，使用模糊随机模拟来处理模型中的不确定性，设计主从算法结构来解决主从模型序贯决策问题。最后在澜沧江干流水电基地案例中，首先通过科学的参数测试获得合适的算法参数值，然后经过算法结果分析以及算法对比分析，证明了该模型的实用性，以及该算法的优越性和有效性。

第 5 章提出了在模糊随机环境下的带时间窗口的取送货车辆路径主从模型。即在前两章基础上，更进一步地探讨了现实生活中，在顾客合理的时间要求内，对其同时进行取货服务和送货服务的情况。在建模过程中，假设运输时间和取货量为模糊随机变量，并使用期望值算子对模型中含有不确定变量的约束条件进行处理。随后，使用基于模糊逻辑控制器的遗传算法对该模型进行求解。在算法中，使用嵌套算法来处理模型的主从结构，而且为了提高算法效率，采用模糊逻辑控制器对算法的交叉率和变异率进行调整，使用了基于优先级的编码解码方式以及高效遗传算子。最后将模型和算法应用到雅砻江水电基地案例中，仍然通过参数测试来获取合理参数取值，采用算法结果分析和算法对比分析来验证该模型和该方法的有效性。

最后为结语，对全书的主要工作和结论进行总结，以说明研究的创新点和未来的研究方向。

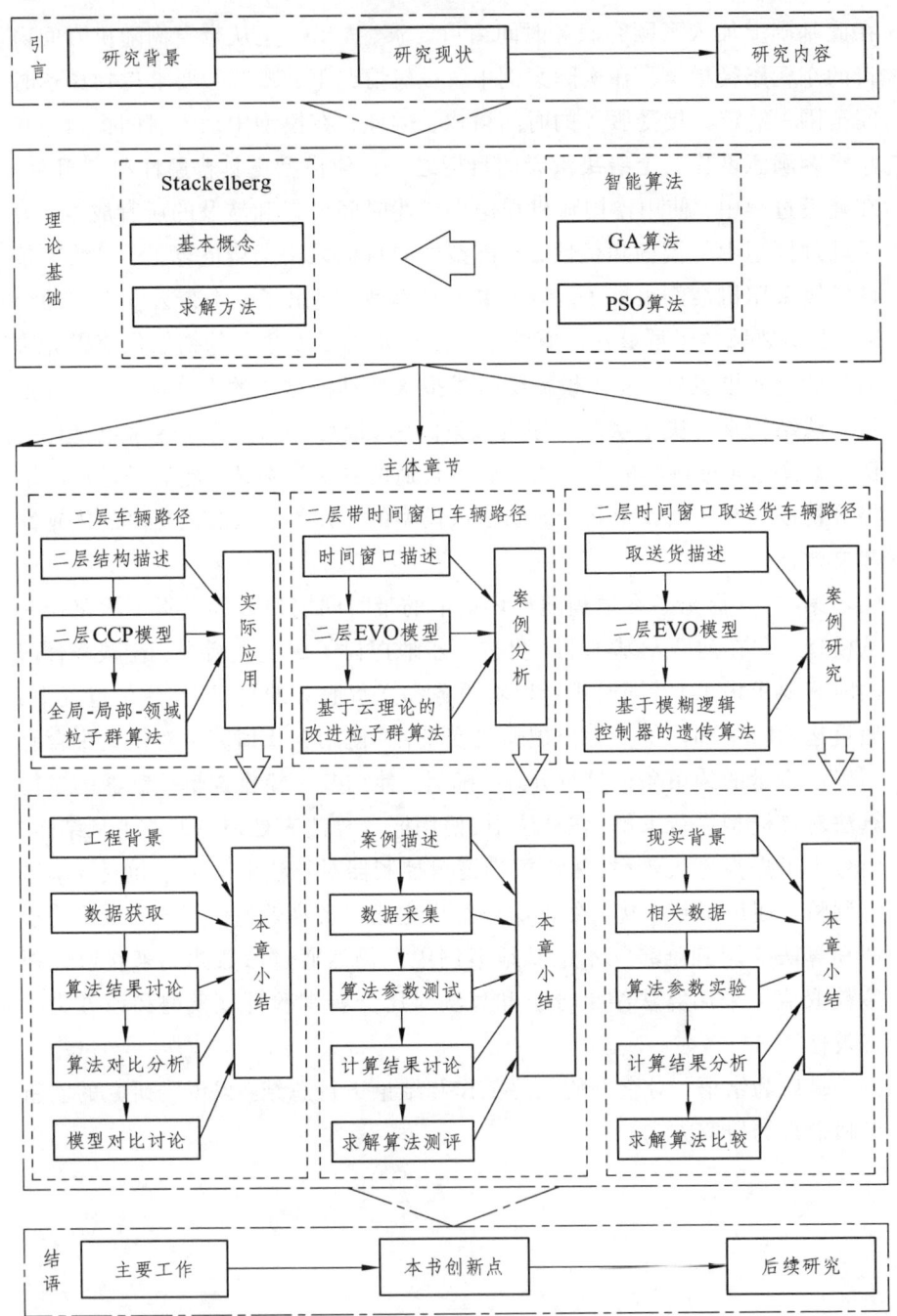

图 1.14 研究框架图

第 2 章

理论基础

为了方便以后研究,本章对智能算法和 Stackelberg 均衡规划的基本知识做一简要介绍。

2.1 Stackelberg 均衡模型

现实中,许多决策问题不仅涉及多个具有不同目标的决策者,而且各类决策者的层级也不同,因此,需要解决具有相互制约的主从关系的决策问题,即 Stackelberg 均衡规划问题。这类问题一般表现为:多个决策者各自控制自己的决策变量,以优化各自不同的决策目标;处于上级的决策者拥有更多的权力,可以对下级决策目标进行调控。这种具有主从结构的决策问题在经济管理领域具有广泛的应用背景和应用价值,然而对其进行广泛和深入的研究也是在近半个世纪里,尤其是最近二三十年才迅速展开的,并引起了经济、管理、控制和物流等各行各业的研究人员的广泛关注。

2.1.1 基本概念

Stackelberg 均衡理论起源于 1934 年 Stackelberg 提出的双寡头模型,而双寡头模型实质上就是一个特殊的 Stackelberg 均衡规划模型[65]。1973 年,Bracken 和 McGill 首次提出了关于 Stackelberg 决策问题的数学模型[66]。总的来说，Stackelberg 均衡问题具有以下几个特征：① 在一个具有主从递阶结构的组织里，存在相对独立的交互式决策单位，并且每个单位都有自己可以控制的决策变量；② 下级决策者或者跟随者进行决策时，要在上级决策者或主导者决策之后，并且需要考虑主导者决策内容；③ 领导者和追随者均可独立制订决策，以追求各自的利益最大化目标，而上级决策者的权力比较大，可以根据其个人目标和决策调整下级的决策行为，当然跟随者的决策同样影响上级目标的实现，两者呈现一种相互牵制的主从关系；④ 在制订决策时，领导者和跟随者的交互式影响，在模型的目标和约束中都有体现，最后双方制订的决策应当是各自均可接受的满意决策（或满意解）。Stackelberg 均衡问题是从博弈论理论产生发展起来的，而对于该问题的求解一般用到多层规划数学方法。

Stackelberg 均衡规划的一般模型为[120]：

$$\begin{aligned} &\min F(x,y), \\ &\text{s.t. } G(x,y) \leqslant 0, \\ &\text{其中 } y \text{ 是如下问题的解：} \\ &\begin{cases} \min_y f(x,y), \\ \text{s.t. } g(x,y) \leqslant 0 \end{cases} \end{aligned} \qquad (2.1)$$

其中 x 是主导者的决策变量，y 是跟随者的决策变量；$F(x,y)$ 是上级规划的目标函数，$f(x,y)$ 为跟随者规划的目标函数；$G(x,y)$ 为上级规划的约束条件，$g(x,y)$ 为跟随者规划的约束条件。在 Stackelberg 均衡规划中，下级决策者将根据上级决策者的决策结果 x 进行决策，得到符合其自身需求的决策变量 y，之后，上级决策者将根据下级决策者的决策结果（反应）调整其决策结果从而实现主导者的目标最优。

关于一般的 Stackelberg 均衡规划模型，有如下几个概念。

【定义 2.1】[121] 下级跟随者规划的**可行解集**记为：

$$S(x) = \{y : g(x,y) \leqslant 0\}$$

下级跟随者规划的**合理反应集**记为：

$$R(x) = \{y : y \in \arg\min_{y \in S(x)} f(x,y)\}$$

诱导域定义为：

$$IR = \{y : G(x,y) \leqslant 0, \ y \in R(x)\}$$

最优解定义为：

$$\{(x,y):(x,y)\in \arg\min_{(x,y)\in IR} F(x,y)\}$$

然而，实际上可能并不存在，能够同时使上级主导者和下级跟随者实现各自最优目标的决策。为此，Shi 等针对 Stackelberg 均衡模型规划提出了 Pareto 最优解[83]。

【定义2.2】[83] Stackelberg均衡模型（2.1）的**Pareto最优解**为 (x',y')，当且仅当不存在 $(x,y)\in S$，能够同时使得

$$F(x,y)\leqslant F(x',y') \quad 和 \quad f(x,y)\leqslant f(x',y')$$

且

$$F(x,y)< F(x',y') \quad 和 \quad f(x,y)< f(x',y')$$

对于上级只有一个主体决策者，而下级存在多个跟随者，此类问题称为 Stackelberg 均衡分散模型。其一般数学形式为：

$$\begin{aligned}
&\min[F_1(x,y_1^*,y_2^*,\cdots,y_n^*,c)], \\
&\text{s.t. } G(x,c)\leqslant 0, \\
&\text{其中}(y_1^*,y_2^*,\cdots,y_n^*)\text{是如下问题的解：} \\
&\begin{cases} \min f_i(x,y_1,y_2,\cdots,y_n), \\ \text{s.t. } g_i(x,y_1,y_2,\cdots,y_n,c)\leqslant 0 \end{cases}
\end{aligned} \quad (2.2)$$

对于 Stackelberg 均衡分散模型，由于下级的 n 个跟随者的决策可能对同属于下级的其他跟随者的目标实现产生影响，故而，根据文献[122]，下级 n 个跟随者可以达到的 Nash 均衡定义如下：

【定义2.3】[122] 在 Stackelberg 均衡分散模型（2.2）中，对于上级主导者的既定决策 x，假如对任意的 $(y_1^*,y_2^*,\cdots,y_{i-1}^*,y_i^*,y_{i+1}^*\cdots,y_n^*)$，$i=1,2,\cdots,n$，那么，决策向量 $(y_1^*,y_2^*,\cdots,y_n^*)$ 为 n 个跟随者的 **Nash 均衡**必须满足以下条件：

$$f_i(x,y_1^*,y_2^*,\cdots,y_n^*,c)\leqslant f_i(x,y_1^*,y_2^*,\cdots,y_{i-1}^*,y_i,y_{i+1}^*\cdots,y_n^*,c)$$

更进一步，Stackelberg均衡分散模型（2.2）的 Stackelberg-Nash 均衡，即（2.2）的最优解可定义如下：

【定义2.4】[122] 在Stackelberg均衡分散模型（2.2）中，对于上级主导者的任意可行决策 $\bar{x}$ 和与此对应的下级 n 个跟随者的 Nash 均衡 $(\bar{y}_1,\bar{y}_2,\cdots,\bar{y}_n)$，决策向量 $(x,y_1^*,y_2^*,\cdots,y_n^*,c)$ 为 Stackelberg均衡分散模型的

Stackelberg-Nash均衡需要满足以下条件：

$$F(x, y_1^*, y_2^*, \cdots, y_n^*, c) \leqslant F(\bar{x}, \bar{y}_1, \bar{y}_2, \cdots, \bar{y}_n, c)$$

2.1.2 求解方法

相对于单层规划而言，Stackelberg 均衡规划因具有复杂的几何性质而使得对其求解较为困难，即便是形式较为简单的 Stackelberg 均衡线性规划也是一个 NP-Hard 问题[120,123,124]。这也使得 Stackelberg 均衡规划求解算法成为学者们热衷的研究主题。

根据上级目标函数含有跟随者的决策变量还是目标函数，下级决策者的个数以及下级决策者之间是否有关联，上级约束中是否含有跟随者变量，目标函数和约束条件的性质，可以对单目标 Stackelberg 均衡规划模型进行分类。决策控制型里上级目标函数含有跟随者决策变量，而目标控制型里上级目标函数含有跟随者的目标函数，故决策控制型包含目标控制型，目标控制型是决策控制型的特例。而跟随者只有一个决策者的一主一从模型是跟随者含多个决策者的一主多从模型的特例；从者有关联和从者无关联、非线性和线性、上级约束含跟随者变量和不含跟随者变量也有类似的包含关系。

本章仅考虑一主一从 Stackelberg 均衡规划模型，下面介绍其求解方法。关于一主一从 Stackelberg 均衡规划模型的求解，通常将根据模型的线性及不确定性特点进行区分考虑。

1. 线性确定型

线性确定的一主一从 Stackelberg 均衡规划的数学模型（2.3），表现为主导者和跟随者均为线性规划模型：

$$\begin{aligned}
&\max_{x_1} f_1(x_1, y_2) = C_{11}x_1 + C_{12}x_2, \\
&\text{s.t. } x_2 \text{是如下问题的解：} \\
&\max_{x_2} f_1(x_1, y_2) = C_{21}x_1 + C_{22}x_2, \\
&\text{s.t. } \begin{cases} A_1 x_1 + A_2 x_2 = b, \\ x_1, x_2 \geqslant 0 \end{cases}
\end{aligned} \quad (2.3)$$

很多学者对模型（2.3）的求解算法进行了研究，归纳起来有如下几种：

（1）算法 L_1。

定义：$r_j = C_{B,1}B^{-1}\alpha_{N_j} - C_{N_j,1,y_j} = B^{-1}\alpha_j$；

$$\bar{b} = B^{-1}b - \sum_{i=1}^{k} B^{-1}\alpha_{N_j} x_{N_j}$$

步骤1：应用单纯形法求解如下问题：

$$\max f_1(x),$$
$$\text{s.t.} \begin{cases} Ax = b, \\ x \geq 0 \end{cases} \quad (2.4)$$

其中 $x = (x_1, x_2)^T$，得到最优解 $\hat{x} = (\hat{x}_1, \hat{x}_2)^T$。

步骤 2：置 $x_1 = \hat{x}_1$，用有界单纯形法求解下面的问题，并从基可行解 $(\hat{x}_1, \hat{x}_2)$ 开始：

$$\max f_2(x),$$
$$\text{s.t.} \begin{cases} Ax = b, \\ x_1 = \hat{x}_1, \\ x_2 \geq 0 \end{cases} \quad (2.5)$$

假设得到的最优解是 $\bar{x}$，若 $\bar{x} = \hat{x}$，则算法停止，$\hat{x}$ 为全局最优解；否则以现有的基 $\hat{B}$ 开始，转到下面的步骤3.1，松弛约束为 $x_1 = \hat{x}_1$。

步骤 3.1：如果所有的非基变量均为零，则以 $\bar{B}$ 转到步骤 4，否则转到步骤 3.2；

步骤3.2：如果对于所有的 i，$\bar{b}_i > 0$，则转到步骤3.3，否则考虑 $\bar{b}_s = 0$，选择 $y_{s,N}$ 使 $1 \leq j \leq k, y_{s,N_j} \neq 0$，由退化主元把 $x_{N_j,1}$ 换入基变量，转到步骤3.1；

步骤3.3：考虑任何主导者非基变量，例如 $x_{N_j,1} > 0$，如果 $r_j \leq 0$，则增加 $x_{N_j,1}$ 的值，把它换入基变量直到另一个基变量退出；如果 $r_j > 0$，则减少 $x_{N_j,1}$ 直到它为零或者另一个基变量退出，转到步骤3.1；

步骤 4：从现有的基 $\hat{B}$ 开始，试让某个后选的进入基（要求此时增加

$f_1(x)$），如果最终的基解 $\ddot{x}$ 包含在 S_1 中，则允许它进入基。关于这件事，具体地将由下面的线性规划来判断，即求解如下规划问题：

$$\begin{aligned} \max\ & f_2(x)\tilde{x}_1, \\ \text{s.t.}\ & \begin{cases} A_2 x_2 = b - A_1, \\ x_1 = \ddot{x}_1, \\ x_2 \geqslant 0 \end{cases} \end{aligned} \tag{2.6}$$

得最优解 x^*，如果 $x^* = \ddot{x}$，则让此后选的进入基，重复此步骤直到再没有满足上述条件的后选存在，最终得到的是层次决策问题主导者决策问题的一个局部最优解。

（2）算法 L_2。

假设跟随者决策问题对任何可行的 x_1 存在唯一解，那么对于任意固定的 x_1，跟随者问题可转化为下面的形式[125]：

$$\begin{aligned} \max\ & f_2(x_1, x_2) = C_{21} x_1 + C_{22} x_2, \\ \text{s.t.}\ & \begin{cases} A_2 x_2 = b - A_1 x_1, \\ x_2 \geqslant 0 \end{cases} \end{aligned} \tag{2.7}$$

跟随者决策问题（2.7）的最优基满足公式：

$$C_{B,2} B^{-1} \alpha_j - C_{j2} \geqslant 0 \tag{2.8}$$

不妨设满足公式（2.7）的所有基的集合为最优基集合，表示为 $\beta = \{B_1, B_2, \cdots, B_L\}$，于是主导者问题分解为 L 个线性规划问题：

$$\begin{aligned} \max\ & C_{11} x_1 + C_{12} B_l^{-1} (b - A_1 x_1), \\ \text{s.t.}\ & \begin{cases} B_l^{-1} (b - A_1 x_1) \geqslant 0, \\ x_1 \geqslant 0, l = 1, 2, \cdots, L \end{cases} \end{aligned} \tag{2.9}$$

注意到线性约束给出的可行域是一个凸集合，因而此可行域内对任一给定的 x_1，都能产生与跟随者问题相同的最优基集合。

（3）Kth-Best 算法。

Kth-Best 算法最早由 Bialas 和 Karwan 于 1982 年提出，其主要步骤如下[126,127]：

步骤1：令 $i=1$，应用单纯形法解问题（2.10）得最优解 $\hat{x}_i$，让 $W = \{\hat{x}_i\}$

和 $T = \varnothing$，转步骤2；

步骤2：通过有界单纯形法求解下面的线性规划问题：

$$\max f_2(x),$$
$$\text{s.t.} \begin{cases} Ax = b, \\ x_1 = \hat{x}_{i,1}, \\ x_2 \geqslant 0 \end{cases} \quad (2.10)$$

以 $\tilde{x}$ 表示线性规划问题（2.10）的最优解，如果 $\tilde{x} = \hat{x}_i$，则停止，$\hat{x}_i$ 为一个全局最优解，$K^* = i$；否则转步骤3。

步骤3：让 W_i 表示与 $\hat{x}_i$ 相邻的极点的集合，且有 $f_1(x) \leqslant f_1(\hat{x}_i), x \in W_i$，让 $T = T \cup \{\hat{x}_i\}$ 和 $W = (W \cup W_i) \cap T^C$，转步骤4。

步骤4：置 $i = i + 1$，选择 $\hat{x}_i$，且 $f_1(\hat{x}_i) = \max_{x \in W}\{f_1(x)\}$，转到步骤2。

（4）PCP算法。

PCP算法，即参数互补旋转算法（Parametric Complementary Pivot），是利用Kuhn-Tucker条件将跟随者决策问题替代为其等价最优条件，从而形成如下的单层决策问题[126]：

$$\max C_{11}x_1 + C_{12}x_2,$$
$$\text{s.t.} \begin{cases} A_1 x_1 + A_2 x_2 + u = b, \\ A_2 \omega - v = C_{22}, \\ \omega u = 0, \ x_2 v = 0, \\ x, u, \omega, v \geqslant 0 \end{cases} \quad (2.11)$$

2. 线性模糊型

线性模糊型 Stackelberg 均衡规划通常指带有模糊系数的 Stackelberg 均衡规划模型，其一般表达形式如下：

$$\max_{x_1} f_1(x_1, x_2) = \tilde{C}_{11}x_1 + \tilde{C}_{12}x_2,$$
s.t. x_2 是如下问题的解：
$$\max_{x_2} f_2(x_1, x_2) = \tilde{C}_{21}x_1 + \tilde{C}_{22}x_2,$$
$$\text{s.t.} \begin{cases} \tilde{A}_1 x_1 + \tilde{A}_2 x_2 = \tilde{b}, \\ x_1, x_2 \geqslant 0 \end{cases} \quad (2.12)$$

对上述模型求解的基本思路是将模糊 Stackelberg 均衡决策模型转换为确定型 Stackelberg 均衡模型，然后再对确定模型进行求解[128]。其中根据模型中模糊系数的隶属度函数不同可分为单调和非单调两种情况，然后分别将其转化为确定型 Stackelberg 均衡规划模型进行求解。

（1）单调隶属度函数。

设上、下级决策者的共同满意度为 α，由于单调函数的反函数是存在的，故可将模型（2.12）转化为如下的确定模型：

$$\begin{aligned}
& \max_{x_1} f_1(x_1, x_2) = \mu_{C_{11}}^{-1}(\alpha) x_1 + \mu_{C_{12}}^{-1}(\alpha) x_2, \\
& \text{s.t. } x_2 \text{ 是如下问题的解：} \\
& \max_{x_2} f_2(x_1, x_2) = \mu_{C_{21}}^{-1}(\alpha) x_1 + \mu_{C_{22}}^{-1}(\alpha) x_2, \\
& \text{s.t.} \begin{cases} \mu_{A_1}^{-1}(\alpha) x_1 + \mu_{A_2}^{-1}(\alpha) x_2 \leqslant \mu_b^{-1}(\alpha), \\ x_1, x_2 \geqslant 0 \end{cases}
\end{aligned} \quad (2.13)$$

决策者可以选取不同的满意度阈值 α，从而形成多个参数规划问题（2.13），通过求解多个确定 Stackelberg 均衡规划模型得到不同满意水平下的解集，从而为决策者提供多组满意解。

（2）非单调隶属度函数。

模糊系数的隶属度函数为非单调函数时，可以应用可能性分布对模糊 Stackelberg 均衡规划模型进行转换。假定模型（2.12）中约束模糊系数矩阵中的所有元素 $\tilde{A}_k$ 均服从梯形分布 $(m_{ijk}, n_{ijk}, \alpha_{ijk}, \beta_{ijk})$，其中 $\tilde{b}_i$ 服从梯形分布 (p_i, q_i, t_i, s_i)，那么模型（2.12）的模糊约束为：

$$\sum_{j_1} \tilde{\alpha}_{ij_1} x_{1j_1} + \sum_{j_2} \tilde{\alpha}_{ij_2} x_{2j_2} \leqslant \tilde{b}_i \quad (2.14)$$

可以将其转换为如下的确定约束：

$$\begin{cases}
\sum_k \sum_{j_k} m_{ijk} x_{kj_k} \leqslant p_i, \\
\sum_k \sum_{j_k} (m_{ijk} - \alpha_{ijk}) x_{kj_k} \leqslant p_i - t_i, \\
\sum_k \sum_{j_k} n_{ijk} x_{kj_k} \leqslant q_i, \\
\sum_k \sum_{j_k} (n_{ijk} - \beta_{ijk}) x_{kj_k} \leqslant p_i + s_i
\end{cases} \quad (2.15)$$

如果模型中的目标函数含有模糊系数，那么该模型可描述如下：

$$\sum_x f_1(x,y) = (\tilde{C}_{11}^1 x + \tilde{C}_{12}^1 y, \tilde{C}_{11}^2 x + \tilde{C}_{12}^2 y, \cdots, \tilde{C}_{11}^L x + \tilde{C}_{12}^L y),$$

s.t. y 是如下问题的解：

$$\sum_y f_2(x,y) = (\tilde{C}_{21}^1 x + \tilde{C}_{22}^1 y, \tilde{C}_{21}^2 x + \tilde{C}_{22}^2 y, \cdots, \tilde{C}_{21}^F x + \tilde{C}_{22}^F y), \quad (2.16)$$

s.t. $\begin{cases} A_1 x + A_2 x \leqslant b, \\ x, y \geqslant 0 \end{cases}$

假设其中的模糊系数是任意形式的模糊数，给定任意 α，那么其 α-截集是一个确定区间，即 $[\inf\{(\mu_{ij}^k)^{-1}(\alpha)\}, \sup\{(\mu_{ij}^k)^{-1}(\alpha)\}]$，其区间的边界是 α 的函数。于是模型（2.16）可转化为如下形式：

$$\max_x f_1(x,y) = (C_{11}^1(\alpha)x + C_{12}^1(\alpha)y, C_{11}^2(\alpha)x + C_{12}^2(\alpha)y, \cdots, C_{11}^L(\alpha)x + C_{12}^L(\alpha)y),$$

s.t. y 是如下问题的解：

$$\max_x f_1(x,y) = (C_{21}^1(\alpha)x + C_{22}^1(\alpha)y, C_{21}^2(\alpha)x + C_{22}^2(\alpha)y, \cdots, C_{21}^F(\alpha)x + C_{22}^F(\alpha)y),$$

s.t. $\begin{cases} A_1 x + A_2 y \leqslant b, \\ x, y \geqslant 0 \end{cases}$

$$(2.17)$$

其中 $C_{ij}^l(\alpha) \in [\inf\{(\mu_{ij}^k)^{-1}(\alpha)\}, \sup\{(\mu_{ij}^k)^{-1}(\alpha)\}]$。所以模型（2.17）也可以写成如下形式：

$$\max_x f_1(x,y) = ([\inf\{(\mu_{11}^1)^{-1}(\alpha)\}, \sup\{(\mu_{11}^1)^{-1}(\alpha)\}]x,$$
$$[\inf\{(\mu_{12}^1)^{-1}(\alpha)\}, \sup\{(\mu_{12}^1)^{-1}(\alpha)\}]y \cdots, [\cdot,\cdot]x + [\cdot,\cdot]y),$$

s.t. y 是如下问题的解：

$$\max_x f_2(x,y) = ([\inf\{(\mu_{21}^1)^{-1}(\alpha)\}, \sup\{(\mu_{22}^1)^{-1}(\alpha)\}]x,$$
$$[\inf\{(\mu_{21}^1)^{-1}(\alpha)\}, \sup\{(\mu_{22}^1)^{-1}(\alpha)\}]y \cdots, [\cdot,\cdot]x + [\cdot,\cdot]y),$$

s.t. $\begin{cases} A_1 x + A_2 y \leqslant b, \\ x, y \geqslant 0 \end{cases}$

$$(2.18)$$

令 $C_{ij}^l(\alpha) \in [\inf\{(\mu_{ij}^k)^{-1}(\alpha)\}, \sup\{(\mu_{ij}^k)^{-1}(\alpha)\}]$ 为主导者目标函数的梯度向量 $(C_{11}^1(\alpha), C_{12}^1(\alpha), C_{11}^2(\alpha), C_{12}^2(\alpha), \cdots, C_{11}^L(\alpha), C_{12}^L(\alpha))$，那么可以将其表示成 $L \times 2^{n_1 + n_2}$

个区间端点向量 $e_1^r(\alpha)(e_1^r \in R^{n_1+n_2}, r=1,2,\cdots,2^{n_1+n_2})$ 的凸组合。同理，跟随者目标函数的梯度向量 $(C_{21}^1(\alpha),C_{22}^1(\alpha),C_{21}^2(\alpha),C_{22}^2(\alpha),\cdots,C_{21}^F(\alpha),C_{22}^F(\alpha))$，可以表示成 $F\times 2^{n_1+n_2}$ 个区间端点向量 $e_2^r(\alpha)(e_2^r \in R^{n_1+n_2}, r=1,2,\cdots,2^{n_1+n_2})$ 的凸组合。因此，模型（2.17）可转化为如下的确定多目标两层规划问题：

$$\begin{aligned}&\max_x f_1(x,y) = (e_1^1 \cdot (x,y), e_1^2 \cdot (x,y),\cdots,e_1^{L\times 2^{n_1+n_2}} \cdot (x,y)),\\&\text{s.t. } y\text{ 是如下问题的解:}\\&\max_y f_2(x,y) = (e_2^1 \cdot (x,y), e_2^2 \cdot (x,y),\cdots,e_2^{F\times 2^{n_1+n_2}} \cdot (x,y)),\\&\text{s.t. }\begin{cases}A_1 x + A_2 y \leqslant b,\\ x,y \geqslant 0, \alpha \in [0,1]\end{cases}\end{aligned} \quad (2.19)$$

3. 非线性确定型

非线性确定一主一从的 Stackelberg 均衡规划的一般式模型如下：

$$\begin{aligned}&\max_x f_1(x,y),\\&\text{s.t. } G(x) \leqslant 0,\\&\max_x f_2(x,y),\\&\text{s.t. }\begin{cases}g(x,y) \leqslant 0,\\ x \geqslant 0, y \geqslant 0\end{cases}\end{aligned} \quad (2.20)$$

非线性确定 Stackelberg 均衡规划是指 Stackelberg 均衡模型中的目标函数或者约束条件的表达式是非线性形式，其求解方法主要包括罚函数法和 K-T 条件法：

（1）罚函数法。

罚函数法除了可用来求解一主一从的 Stackelberg 均衡规划模型，也可用于求解一主多从的 Stackelberg 均衡规划问题。文献[129,130]对应用罚函数法求解 Stackelberg 均衡规划模型的原理和步骤进行了详细介绍。

（2）K-T 条件法。

K–T 条件法可以解决复杂线性和非线性的问题，下面以 Stackelberg 均衡二次规划为例说明用 K–T 条件法求解非线性一主一从的 Stackelberg 均衡规划问题的主要步骤[131]。

$$\max_x d_1 x + d_2 x + (x,y)^T R(x,y),$$
$$\text{s.t. } k_1 x + k_2 x \leqslant k_0,$$
$$\max_x cy + (x,y)^T Q(x,y),$$
$$\text{s.t. } \begin{cases} Dx + Ay \leqslant b, \\ x \geqslant 0, y \geqslant 0 \end{cases} \quad (2.21)$$

上级决策者一旦确定 $x = \overline{x}$，则跟随者问题变为：

$$\max_x cy + (\overline{x},y)^T Q(\overline{x},y),$$
$$\text{s.t. } \begin{cases} Ay \leqslant b - D\overline{x}, \\ y \geqslant 0 \end{cases} \quad (2.22)$$

不妨将上述模型表述为：

$$\max_x c^0 y + y^T Q \cdot y + k,$$
$$\text{s.t. } \begin{cases} Ay \leqslant b - D\overline{x}, \\ y \geqslant 0 \end{cases} \quad (2.23)$$

对应的最优性必要条件即 K-T 条件为：

$$\begin{cases} 2Q^0 y - A^T \mu + v = -c^0, \\ Ay + \omega = b - D\overline{x}, \\ \mu^T \omega = 0, \\ y^T v = 0, \\ y, \mu, v, \omega \geqslant 0 \end{cases} \quad (2.24)$$

于是模型（2.20）转化为下面的模型求解：

$$\max_{x,y} d_1 x + d_2 y + (x,y)^T R(x,y),$$
$$\text{s.t. } \begin{cases} k_1 x + k_2 y \leqslant k_0, \\ 2Q^0 y - A^T \mu + v = -c - x^T Q^I, \\ Dx + Ay + \omega = b, \\ \mu \leqslant \eta M, \\ \omega \leqslant M(e - \eta), \\ y, \mu, v, \omega \geqslant 0, \\ \eta_i, \mu_i \in \{0,1\} \end{cases} \quad (2.25)$$

关于以上精确求解方法，由于存在一个主导者决策 x 以及跟随者决策 y 之间的复杂映射，简化后的 Stackelberg 均衡问题依然难以求解，而且，若遇到大型 NP-Hard 问题，以上常规的精确解法将无法生效。在这种情况下，智能算法将成为处理复杂 Stackelberg 均衡问题的有效方法。Stackelberg 均衡规划求解算法是学者们热衷的研究主题。基于文献[132]对其算法的总结，可以将求解算法分为以下几类，如表 2.1 所示。

表 2.1 Stackelberg 均衡规划算法

类 别	主要算法	文献
极点算法 （主要针对线性二层规划）	网络搜索算法	[133, 134]
	K 次最好法	[76~79]
变换算法 （将二层规划转换为单层规划）	KKT 变换方法	[80~82]
	罚函数法	[135, 136]
下降和启发算法	下降法	[137, 138]
	割平面法	[139, 140]
	分支定界法	[83, 84]
	动态规划方法	[141, 142]
智能算法	遗传算法	[73, 74]
	粒子群算法	[143]
	模拟退火算法	[144, 145]
	禁忌算法	[146, 147]
	模糊方法	[148, 149]
其他算法	内点法	[150]
	同伦法	[151]

2.2 智能算法

尽管上面提到了一些 Stackelberg 均衡规划的精确求解方法，但是这些解法通常只适用于求解规模较小的 Stackelberg 决策问题，并且往往需要较长的计算时间。研究者们常常采用智能算法来求解 Stackelberg 均衡规划问题，这是因为 Stackelberg 均衡规划问题的复杂性往往使其难以用精确方法来求解。Stackelberg 均衡规划问题，是一类典型的 NP-Hard 问题，很多 Stackelberg 均衡规划问题都无法转化为单层规划来求解。为了求解大规模 Stackelberg 均衡规划问题，以及提高计算速度，使用智能算法对 Stackelberg 均衡规划进行求解是现在的研究趋势。最广泛的使用方法是遗传算法和粒子群优化算法。

智能算法属于随机搜索算法，各个不同的智能算法基本都包括三个过程。
（1）随机初始化，并评价初始解的质量；
（2）设定更新机制和评价机制，筛选更优的解；
（3）若满足结束条件，结束算法，否则转入过程（2）。

本书涉及的算法是遗传算法和粒子群算法，下面简要回顾这两种算法的基本知识。

2.2.1 遗传算法

遗传算法（Genetic Algorithm, GA）是借鉴生物进化规律（适者生存，优胜劣汰遗传机制）演化而来的随机化搜索方法，是智能算法中应用最广泛的一种算法。John H. Holland 早在 1962 年就提出了模拟群体进化思想，引入了种群、适应值、选择、交叉、变异等基本概念[152]。经过 10 余年的发展，Holland 最终在其著作《自然系统和人工系统的适配》中系统地阐释了遗传算法的理论和技术[153]。从此，遗传算法的理论研究和应用研究都成为热门的研究领域。

1. 一般问题的求解步骤

遗传算法的主要特点是直接对结构对象进行搜索，没有要求求导和函数连续性；具有内在隐藏的并行性，以及更好的全局寻找最优解的能力；通过随机搜索方法的概率，能自适应地调整搜索方向。由于遗传算法具有这些优点，它已被广泛应用于生产决策领域，如工程建设和管理中[154-158]。它是现代智能计算的关键技术。

遗传算法首先将实际问题的参数空间进行编码，用适应值来评价种群优劣，并对种群个体进行遗传操作，建立迭代过程。一般包括五个基本组成部分：确定染色体表达问题的解、生成初始种群、选择评价函数、设计遗传算子、计算遗传参数。

运用遗传算法求解优化问题时，首先需要确定问题的决策变量集合，并针对问题特征，设计编码方法；然后在此基础上，产生初始种群，并利用给定的适应值函数计算每个染色体的适应值。基于此适应值进行比较，选择每代进化中的最优染色体；然后对种群进行遗传操作（即选择操作、交叉操作和变异操作），从而产生新的染色体。最后对新的染色体进行评价，反复重复上述操作，直到找到最优解。

标准遗传算法有以下基本步骤：

步骤 1：首先将问题的解空间个体编码为基因型个体。

步骤 2：定义适应值来评价种群，适应值往往由模型的目标值来确定。

步骤 3：确定遗传策略，即选择合适的选择、交叉、变异算子，其中要用到交叉概率和变异概率两个参数。

步骤 4：随机生成初始种群。

步骤 5：通过适应值评价初始种群的质量。

步骤 6：根据遗传策略，即选择、交叉和变异算子生成新种群。

步骤 7：检查结束条件，若满足就结束算法，并输出最优值，否则转到步骤 6。

标准遗传算法的流程图如图 2.1 所示。

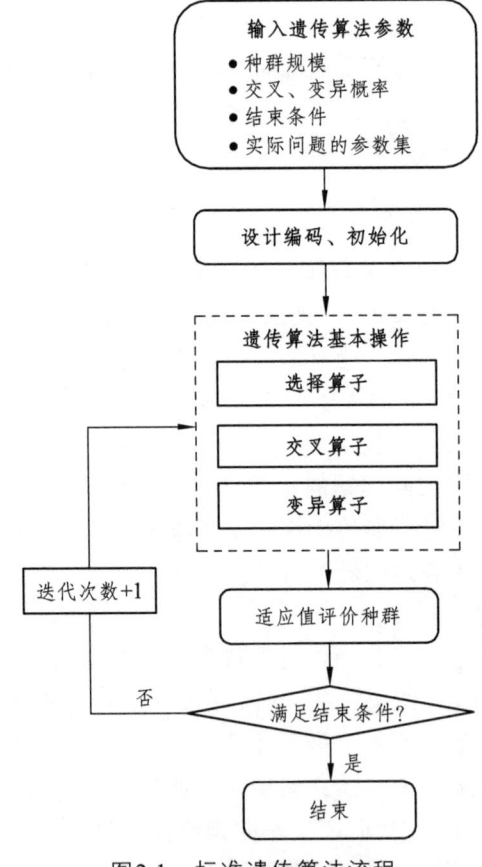

图2.1 标准遗传算法流程

在遗传算法的基本操作中，选择算子是为了从当前种群中挑出优良个体，将它们作为父代，生成子代，这一思想体现了达尔文的适者生存原则；交叉算子是为了生成新一代个体，在新个体中既继承了父代的一些特性，又体现了信息交换思想；变异算子也是为了生成新一代个体，并能够使算法跳出局部搜索，防止算法过早收敛。

遗传算法已被应用于许多车辆路径问题中[55,159,160]，其有效性和适应性得到了广泛印证。本书将在第 5 章采用遗传算法求解带时间窗口的取送货车辆路径 Stackelberg 均衡问题。

2. Stackelberg 问题的求解步骤

除了求解普通优化问题，遗传算法在 Stackelberg 均衡规划问题中也有大量应用[161~163]。遗传算法在 Stackelberg 均衡规划中的应用主要包括两部分：第一部分是对于上级决策者给定的 x，找到下级决策者的最优解 y。第二部分是将第一部分嵌入，来寻找上级决策者的有效解。

第一部分实际上是一个单目标决策问题，下面给出关于这部分遗传算法的步骤：

步骤 1：输入上级决策者的一个可行解 x。

步骤 2：在下级决策者的可行域内随机生产 $pop-size$ 个染色体 $y^{(1)}, y^{(2)}, \cdots, y^{(pop-size)}$，并检验它们的可行性，若不可行，则重新产生。

步骤 3：交叉和变异染色体，同时检测新产生后代的可行性，若不可行，则重新产生。

步骤 4：通过适应值函数，计算每个染色体 $y^{(j)}$ 的适应度。

步骤 5：采用轮盘赌方法选择染色体。

步骤 6：对步骤 3 到步骤 5 重复进行 N 次。

步骤 7：返回最好的染色体作为下级决策者的最优解。

将下级决策者的最优解记为 $y(x)$。对于上级决策者的一个决策 x，都可由上面的遗传算法，得到跟随者的一个最优解 $y(x)$。在此基础上，可以设计主导者模型的混合智能算法。

如果模型中存在多个目标函数，那么还需要考虑多目标处理问题。通常有两种多目标问题处理方式，即固定权重法和随机权重法。与固定权重法相比，随机权重法能够让遗传算法在可变的方向上进行搜索，从而获得更多有效解[164]。

对于主导者的目标 $E[F_1(x,y,\xi)], E[F_2(x,y(x),\xi)], \cdots, E[F_m(x,y(x),\xi)]$，权重和目标为

$$z = \sum_{i=1}^{m} w_i E[F_i(x,y(x),\xi] \qquad (2.26)$$

随机权重由下式计算：

$$w_i = \frac{r_i}{\sum_{j=1}^{m} r_j}, \ i = 1, 2, \cdots, m \qquad (2.27)$$

其中 r_j 是任意的非负随机数。

在选择一对父代进行交叉前，新的随机权重由式（2.27）算出。每个个体的适应值由式（2.26）算出。个体 j 被选中的概率 p_i 按下式计算：

$$p_i = \frac{z_i - z_{\min}}{\sum_{j=1}^{pop-size}(z_i - z_{\min})} \qquad (2.28)$$

其中 $z_{\min}$ 是当前种群的最差值。

整个混合智能算法可以由以下步骤实现：

步骤1：随机初始化，生成 $pop\text{-}size$ 个染色体 $x^{(1)}, x^{(2)}, \ldots, x^{(pop\text{-}size)}$，并用模糊随机模拟检验它们的可行性。

步骤2：对于每一个可行的 $x^{(j)}$，计算跟随者的最优解 $y(x^{(j)})$。

步骤3：对染色体进行交叉和变异操作，同时利用模糊随机模拟检验后代的可行性。

步骤4：用基于随机权重的方法计算各个染色体的适应度。

步骤5：采用轮盘赌方法选择染色体。

步骤6：对步骤3到步骤5重复进行 N 次。

步骤7：返回最好的染色体 x^*。

步骤8：计算 $y(x^*)$。

步骤9：返回 $(x^*, y(x^*))$。

2.2.2 粒子群算法

粒子群算法（Partical Swarm Optimization, PSO）是由 Eberhart 和 Kennedy 于 1995 年首次提出的，该算法是基于对鸟群的行为进行模仿的智能算法[165]。粒子群算法采用生物学家 Heppner 的生物群体模型通过模拟鸟群的觅食行为进行计算。粒子群算法由于其实现较为简单、自适应能力较强的特点已经成为一种重要的智能算法，并被广泛应用于各个学科和应用领域中[166,167]。

1. 基本思想

在鸟类的觅食行为模拟仿真中，每一只鸟在开始飞行时都没有特定的目标飞行，直到有一只鸟飞行抵达栖息地。当这只鸟所抵达栖息地的期望高于其他留在鸟群中的期望时，剩下的每一只鸟都将离开群体而飞向栖息地，随后就自然地形成了新的鸟群。在后来的不断改进研究中，Shi 和 Eberhart 于 1998 年首次在粒子群算法中引入惯性权重[168]，其目的是对粒子的飞行速度进行有效的控制和调整。后来很多文献将带有惯性权重的粒子群算法称为标准的粒子群算法。粒子群算法在求解优化问题的时候，称群体中的任意一只鸟的位置为"粒子"。每一个粒子具有自身的飞行速度和位置，并且有着与之对应的评价值（即离食物远近的程度）来表示当前解的品质。每只鸟（粒子）在飞行中需要根据自身的飞行经验和所在群体的飞行经验来调整自身的飞行方向和速度，从而使得自身离食物的距离越来越近（即达到全局最优解）。因此，在标准的粒子群算法中，每个粒子在每次的迭代过程中都需要进行两方面的学习，即个体最优的学习和全局最优的学习，并通过学习到的数据来调整自己即将飞行的方向和速度。具体来说，就是粒子在搜索空间进行迭代过程中，有一个适应值函数来评价其代表的解的品质。同时，粒子每进行一次飞行，需要根据适应值函数记录下自身在飞行过程中的最优位置（即个体最优值，记为 pbest）；此外，还要根据适应值函数学习所有的粒子在该次飞行中的最优位置（即全局最优位置，记为 gbest）。在下一次飞行之前，粒子需要根据这两个最优位置来调整自己的飞行方向和飞行速度，从而向着可能存在全局最优位置的区域靠拢。每次迭代时粒子的速度和位置由以下两个公式决定：

$$\begin{cases} \omega(\tau) = \omega(T) + \dfrac{\tau - T}{1 - T}[\omega(1) - \omega(T)], \\ v_d^l(\tau + 1) = \omega(\tau) v_d^l(\tau) + c_p r_1 [p_d^{l,best}(\tau) - p_d^l(\tau)] + c_g r_2 [g_d^{best}(\tau) - p_d^l(\tau)], \\ p_d^l(\tau + 1) = p_d^l(\tau) + v_d^l(\tau + 1) \end{cases}$$

（2.29）

其中 $v_d^l(\tau)$ 是第 l 个粒子第 τ 代时在第 d 维度上的速度分量，$p_d^l(\tau)$ 是第 l 个粒子第 τ 代时在第 d 维度上的位置分量，$p_d^{l,best}(\tau)$ 是第 l 个粒子第 τ 代时在第 d 维度上的历史最优位置分量，$g_d^{best}(\tau)$ 是第 τ 代时全体粒子在第 d 维度上的历史最优位置分量，c_p 是个体学习惯性，c_g 是全局学习惯性，r_1 和 r_2 是[0,1]上两个相互独立的随机数，用来保持粒子飞行的自由性，$\omega(\tau)$ 为第 τ 代粒子的惯性权重，用来控制粒子按照上一次飞行决策进行飞行的行为，以及用来协调粒子进行局部搜索以及全局搜索的能力。$\omega(\tau)$ 较大时，更倾向于全局搜索，而 $\omega(\tau)$ 较小时，则粒子具有更强的局部搜索能力。

同样地，作为一种智能算法，粒子群算法也具备 Millonas 提出的群集智能的五个基本原则[169]。但是与其他智能算法相比，粒子群算法的主要特点可以概括为以下几个方面[170, 171]。

（1）所有的粒子在搜索空间飞行时都具备一个随机的飞行速度，而且可以通过适应值函数来评价自己所在位置的优劣。

（2）所有的粒子都具有记忆功能。

（3）所有的粒子在每次飞行之前，都会根据自身的历史飞行经验和整个种群的历史飞行经验来决定飞行的速度和方向。

（4）每个粒子之前的信息不共享，而是将整个种群的全局最优信息传递给其他粒子。

2. 符号表示

下面给出粒子群算法需要用到的符号。

τ：迭代代数，$\tau = 1, \cdots, T$；

l：粒子，$l = 1, \cdots, L$；

d：维度，$d = 1, \cdots, D$；

$\omega(\tau)$：第 τ 代粒子的惯性权重；

r_1, r_2：[0, 1]上相互独立的随机数；

$v_d^l(\tau)$：第 l 个粒子第 τ 代时在第 d 维度上的速度分量；

$p_d^l(\tau)$：第 l 个粒子第 τ 代时在第 d 维度上的位置分量；

$p_d^{l,best}(\tau)$：第 l 个粒子第 τ 代时在第 d 维度上的历史最优位置分量；

$g_d^{best}(\tau)$：第 τ 代时全体粒子在第 d 维度上的历史最优位置分量；

c_p：个体加速度（个体惯性）；

c_g：全局加速度（全局惯性）；

$V^l(\tau)$：第 l 个粒子第 τ 代时的速度向量：
$$V^l(\tau) = [v_1^l(\tau), v_2^l(\tau), \cdots, v_D^l(\tau)];$$

$P^l(\tau)$：第 l 个粒子第 τ 代时的位置向量：
$$P^l(\tau) = [p_1^l(\tau), p_2^l(\tau), \cdots, p_D^l(\tau)];$$

$P^{l,best}$：第 l 个粒子第 τ 代时的历史最优位置向量：
$$P^{l,best}(\tau) = [p_1^{l,best}(\tau), p_2^{l,best}(\tau), \cdots, p_D^{l,best}(\tau)];$$

$G^{best}(\tau)$：第 τ 代时粒子群的历史最优位置向量，
$$G^{best}(\tau) = [g_1^{best}(\tau), g_2^{best}(\tau), \cdots, g_D^{best}(\tau)];$$

P_d^{max}：粒子在第 d 维度上的最大位置分量；

P_d^{min}：粒子在第 d 维度上的最小位置分量；

V_d^{max}：粒子在第 d 维度上的最大速度分量；

V_d^{min}：粒子在第 d 维度上的最小速度分量；

$Fitness(P^l(\tau))$：第 l 个粒子在第 τ 代所在位置对应的适应值函数值

3. 算法流程

其流程图如图2.2所示：

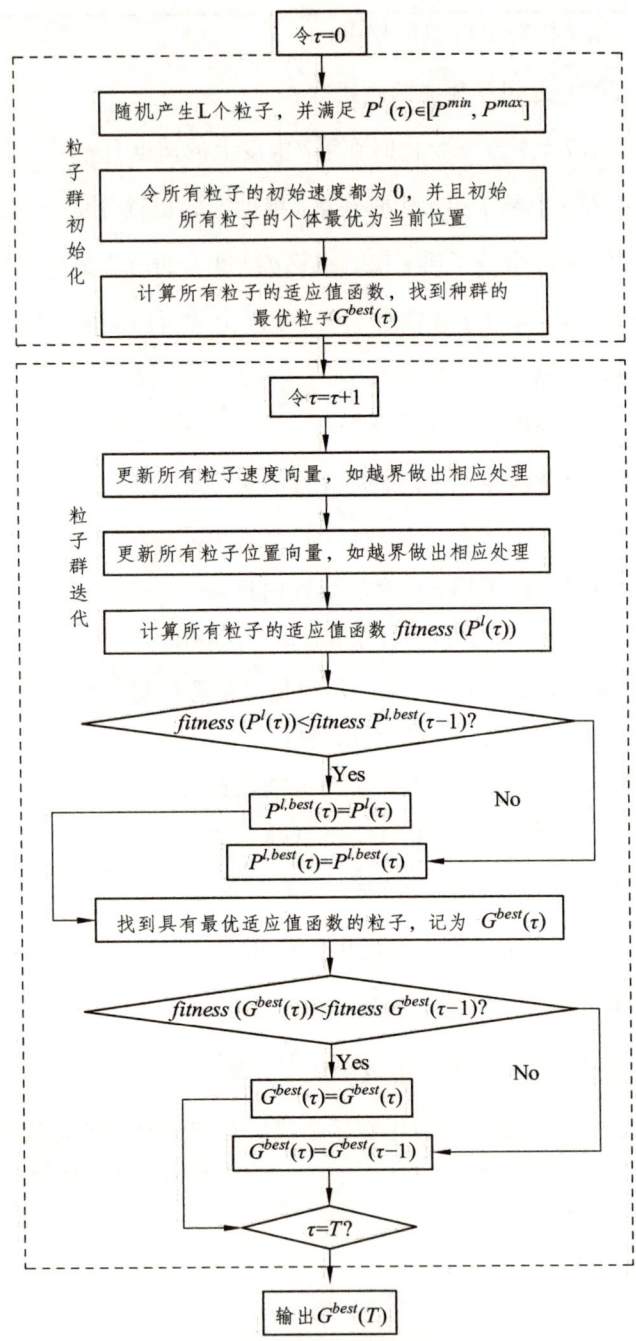

图2.2 基本粒子群算法流程

标准粒子群算法的流程如下：

Algorithm 1：基本的粒子群算法流程：

Step 1：令 $\tau = 0$；

Step 2：将粒子初始化。

 Step 2.1：初始化粒子位置，随机产生 L 个粒子，对每一个粒子 l，满足 $P^l(\tau) \in [P^{\min}, P^{\max}]$。

 Step 2.2：初始化粒子速度。令 $V^l(\tau) = \mathbf{0}$，$P^{l,best} = P^l(\tau)$。

Step 3：计算粒子适应值。对所有的粒子根据适应值函数计算它们的适应值，找到并记录全局最优粒子位置 $G^{best}(\tau)$ 及其适应值；

Step 4：令 $\tau = \tau + 1$，根据式（2.29）更新所有粒子的速度；

Step 5：更新粒子的个体最优解以及种群最优解，

 Step 5.1：更新粒子的个体最优解，若 $Fitness(P^l(\tau)) < Fitness(P^{l,best}(\tau-1))$，则 $P^{l,best}(\tau) = P^l(\tau)$；否则 $P^{l,best}(\tau) = P^{l,best}(\tau-1)$，$l = 1, 2, \cdots, L$；

 Step 5.2：更新粒子种群的最优解，根据适应值函数值找到第 τ 代的全局最优解，记为 $G^{best}(\tau)$，若 $Fitness(G^{best}(\tau)) < Fitness(G^{best}(\tau-1))$，则 $G^{best}(\tau) = G^{best}(\tau)$，否则 $G^{best}(\tau) = G^{best}(\tau-1)$，

Step 6：检查终止条件是否满足，即 τ 是否等于 T，如果是，进入 Step 7；否则进入 Step 4；

Step 7：输出全局最优粒子的位置向量以及适应值函数值。

第 3 章

基础车辆调度均衡模型及其应用

随着当今工程项目的规模越来越大，行业进一步细化，多方参与者越来越多，对大型复杂项目的材料配送计划的制订，不可能完全由一个人或者一个决策群组决定，而是需要多个决策群组或者多层级的决策者共同参与，同时决策。Stackelberg 均衡技术可以用来解决此类问题，即在某个优化决策问题中，同时考虑多个决策者，并考虑决策者之间的交互式影响。Stackelberg 均衡问题表明，在一个具有等级结构的组织中，存在有序的两个优化问题，其中主导者的约束条件是由跟随者的最优解决定的[172,173]。在 Stackelberg 均衡问题中，上级目标才是至关重要的，故而模型最优解是由主导者决定的。

Stackelberg 均衡问题具有以下一些特征[127,172,173]：

（1）在一个具有主从递阶结构的组织中，存在相对独立的交互式决策单位，并且每个单位都有自己可以控制的决策变量。

（2）下级决策者或者跟随者进行决策时，只能在上级决策者做出上级决策之后，并且需要考虑上级决策内容。

（3）主导者和追随者均可独立制订决策，以追求各自的利益最大化目标；上级决策者的权力比较大，可以根据其个人目标和决策调整下级的决策行为，当然跟随者的决策同样影响上级目标的实现，两者呈现一种相互牵制的主从关系。

（4）在制订决策时，主导者和跟随者的交互式影响，在模型的目标和约束中都有体现，双方最后制订的决策应当是各自均可接受的满意决策（或满意解）。

车辆路径问题具备层次性，已经成为诸多学者广泛认定的事实[174~178]。因此，车辆路径问题可以使用 Stackelberg 均衡工具进行处理，其中，上级决策者必须考虑客户在路径上的分配情况，而下级决策者必须考虑客户的路径。为此，本书提出了车辆路径 Stackelberg 模糊随机模型及其应用，该模型中同时考虑多个参与者，以适应当今工程材料配送现状。

3.1 问题描述

本书将 Stackelberg 均衡技术应用到车辆路径问题中，考虑了车辆路径问题中的多个决策群体，同时考虑其包含的不确定因素，提出了新的主从车辆路径模糊随机数学模型。下面依次介绍此问题的主从结构层次性和不确定性。

3.1.1 不确定性

在介绍模型中涉及的不确定性之前，先介绍模糊随机变量的基本概念，随后介绍此问题涉及的模糊随机需求量。

1. 模糊随机变量概念

模糊随机变量是基于模糊集理论提出的，下面先简要介绍模糊集理论。

设 U 为论域，集合 A 定义为包含 U 中的具有某种性质的元素 x 的全部，而这些元素可以完全清晰地被区分为在这个集合 A 中或者不在这个集合 A 中。所以，这样的集合可以通过很多形式来描述，譬如说，完全列举出集合中的所有元素，定义集合中元素的特征，等等。然而，在很多情况下，元素和集合的关系并不十分明确。也就是说，不能简单地采用"元素在集合中"或者"元素不在集合中"这样的判断来描述元素和集合的关系，例如，"这是个年轻人"或者"今天天气有点热"等。此时经典的集合论或者概率论都不足以正确而又清晰地处理上述描述。为此，Zedeh 于 1965 年首次提出模糊集概念，并沿用至今[22]。经过近半个世纪的研究，模糊集理论已经成为解决实际问题的有力工具之一[179]。

【定义 3.1】[27]　设 U 为论域，$\overline{A}$ 是论域 U 的一个子集。对于 $\forall x \in U$，函数 $\mu_{\overline{A}}: U \to [0,1]$ 确定了一个值 $\mu_{\overline{A}}(x) \in [0,1]$ 与之对应。$\mu_{\overline{A}}(x)$ 在元素 x 处的值反映了元素 x 隶属于 $\overline{A}$ 的程度，集合 $\overline{A}$ 称为模糊子集，$\mu_{\overline{A}}(x)$ 称为 $\overline{A}$ 的隶属度函数，记为：

$$\overline{A} = \{(x, \mu_{\overline{A}}(x)) | x \in X\}$$

【定义 3.2】[27]　模糊集 $\widetilde{A}$ 的 α-截集定义为：

$$A_\alpha = \{x \in X | \mu_{\widetilde{A}}(x) \geqslant \alpha\},\ \alpha \in [0,1]$$

这里 α 称为置信水平值。

【定义 3.3】[27]　设 $\widetilde{A}$ 为一个模糊集，其隶属度函数为 $\mu_{\widetilde{A}}: R \to [0,1]$。如果：（1）$\widetilde{A}$ 是上半连续的，即 α-截集 $A_\alpha = \{x \in R | \mu_{\widetilde{A}}(x) \geqslant \alpha\}$ 是闭集，对 $\forall 0 \leqslant \alpha \leqslant 1$；

（2）$\widetilde{A}$ 是正规的，即 $A_1 \neq \varnothing$；

（3）$\widetilde{A}$ 是凸的，即 A_α 是 R 的一个凸子集，对 $\forall 0 \leqslant \alpha \leqslant 1$；

（4）$\widetilde{A}$ 的支撑的闭凸包 $A_0 = \text{cl}\left[\text{co}\{x \in R | \mu_{\widetilde{A}}(x) > 0\}\right]$ 是紧的，

则称 $\widetilde{A}$ 为模糊数。

由上述定义可知，模糊数 $\widetilde{A}$ 的 α-截集 A_α 是一个 R 上的闭区间（R 为实数域），即

$$A_\alpha = \{x \in R | \mu_{\widetilde{A}}(x) \geqslant \alpha\} = [A_\alpha^L, A_\alpha^R],\ \alpha \in [0,1]$$

其中 A_α^L 是闭区间 A_α 的左端点，A_α^R 表示闭区间 A_α 的右端点。

【定义 3.4】[27]　称 $\overline{A}$ 为 LR 型模糊数，当它的隶属函数满足如下形式：

$$\mu_{\overline{A}}(x) = \begin{cases} L\left(\dfrac{a-x}{l}\right), & 若 a-l \leqslant x < a, l > 0, \\ 1, & 若 x = a, \\ R\left(\dfrac{x-a}{r}\right), & 若 a < x \leqslant a+r, r > 0 \end{cases}$$

并且 $L(x)$ 与 $R(x)$ 均为连续不增函数，$L, R: [0,1] \to [0,1]$，$L(0) = R(0) = 1$，

$L(1)=R(1)=0$，此时记 $\overline{A}$ 为 $\widetilde{A}=(a,l,r)_{LR}$，其中 a 为模糊数 $\widetilde{A}$ 的中心值，$l,r>0$ 分别称为左宽度和右宽度，如图 3.1 所示。

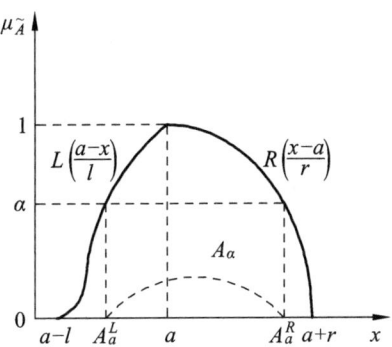

图 3.1　LR 型模糊数 $\overline{A}$ 及其 α - 截集 A_α 示意

模糊理论提出后，Kaufmann 提出了模糊变量的概念[180]。之后，Zadeh 等人对模糊变量做了进一步研究[28,181]。Zadeh 在 1978 年首次建立了可能性理论[28]。之后，很多学者对这一理论进行了深入研究，其中，Dubois 和 Prade 提出用可能性分布函数来描述模糊变量[182]。根据可能性理论，一个模糊变量可以被定义为一个凸的正规模糊集，一个模糊变量的可能性分布函数则被定义为其对应的模糊集的隶属度函数。

假设 $\pi_A(x)$ 为模糊变量 a 的可能性分布函数，$\mu_B(x)$ 为模糊集 $\overline{B}$ 的隶属度函数，则"模糊变量 a 在模糊集 B 中"这一个模糊事件的可能性测度和必然性测度分别定义为：

$$\Pi_A(B)=\sup_x \min\{\pi_A(x),\mu_B(x)\}$$

$$N_A(B)=\inf_x \max\{1-\pi_A(x),\mu_B(x)\}$$

其中 $\Pi_A(B)$ 表示模糊变量 a 一定在模糊集 $\overline{B}$ 的程度，而 $N_A(B)$ 则表示模糊变量 a 可能在模糊集 $\overline{B}$ 的程度。特别地，当 B 这个集合是确定的，此时有：

$$\Pi_A(B)=\sup_{x\in B}\pi_A(x),\quad N_A(B)=\inf_{x\notin B}[1-\pi_A(x)]$$

设 r 为一个实数，t 为模糊数，$Pos\{t \geq r\}$ 表示模糊事件 $t \geq r$ 的可能性，而 $Nec\{t \geq r\}$ 表示模糊事件 $t \geq r$ 的必然性，于是：

$$Pos\{t \geq r\} = \Pi_T([r, +\infty]) = \sup_x \{\phi_A(x) | x \geq t\}$$

$$Nec\{t \geq r\} = N_T([r, +\infty]) = 1 - \sup_x \{\phi_A(x) | x < t\}$$

其中 $Pos\{t \geq r\}$ 和 $Nec\{t \geq r\}$ 的关系如图 3.2 所示。

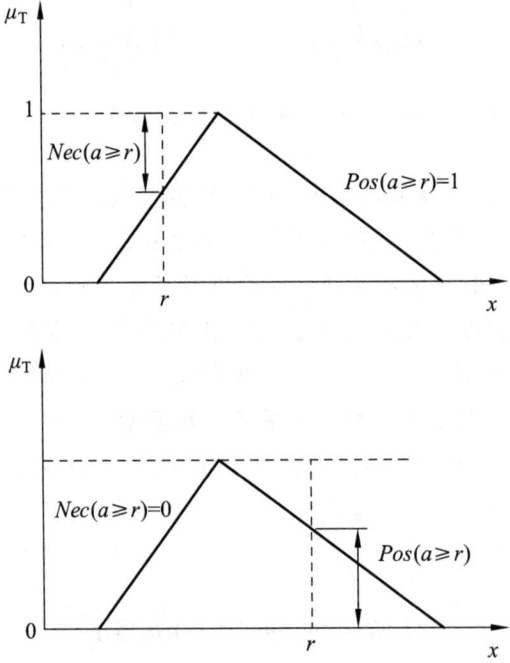

图 3.2 模糊事件 $t \geq r$ 的可能性与必然性示意

Liu 则提出了用可信性测度概念来描述模糊事件 $t \geq r$，为

$$Cr\{t \geq r\} = \frac{1}{2}(Pos\{t \geq r\} + Nec\{t \geq r\})$$

即用该事件的可能性测度与必然性测度的算术平均值来描述。

模糊随机变量是用来描述模糊随机事件的一种有效的数学工具。模糊随机变量是一个取模糊值的随机变量，当 Θ 中只存在单一元素时，模糊随机变量退化为模糊变量[183]。模糊随机变量首先由 Kwakernaak 提出[93,184]。此后，根据不同的可测度要求，Kruse 和 Meyer[185]，Puri 和 Ralescu[97]以及 Liu 和 Liu[186]均定义了模糊随机变量。近年来，不断有学者在前人研究的基础上从其他角度对模糊随机变量进行了定义[187~191]。

下面给出几个典型的并且具有重要影响的关于模糊随机变量的定义。

【定义 3.5】[93] 一个模糊随机变量是概率空间 $(\Omega, \mathscr{F}, P)$ 上的一个映射 $X: \Omega \to S$，使得

$$\omega \xrightarrow{X} X_\omega$$

其中 S 是一族分段连续函数 $\mathfrak{R} \to [0,1]$。S 中的每一个元素是一个模糊数的隶属度函数。映射 X 要求满足下列性质：

（1）对于任意的 $\alpha \in (0,1]$，按如下方式定义的 $U_\alpha^*(\omega)$ 和 $U_\alpha^{**}(\omega)$ 是概率空间 $(\Omega, \mathscr{F}, P)$ 上的一个随机变量，且有有限的数学期望：

$$U_\alpha^*(\omega) = \inf\{t \in \mathfrak{R} | X_\omega(t) \geqslant \alpha\}$$

$$U_\alpha^{**}(\omega) = \sup\{t \in \mathfrak{R} | X_\omega(t) \geqslant \alpha\}$$

（2）对于任意的 $\omega \in \Omega$ 以及 $\alpha \in (0,1]$，有

$$X_\omega(U_\alpha^*) \geqslant \alpha, X_\omega(U_\alpha^{**}) \geqslant \alpha$$

最终，一个模糊变量 ξ 定义为一个模糊集 $\xi = (\tilde{\chi}, X)$，其中 $\tilde{\chi}$ 是由 ξ 的"本原"构成的集合。

$Ch\{f(\xi) \leqslant 0\}(\alpha)$ 表示在概率水平 α 下模糊事件 $f(\xi) \leqslant 0$ 成立的可能性（必然性或者可信性）程度。而 $Ch\{f(\xi) \leqslant 0\}(\alpha) \geqslant \beta$ 则表示在概率水平 α 下模糊事件 $f(\xi) \leqslant 0$ 成立的可能性（必然性或者可信性）大于等于 β，如图 3.3 所示。

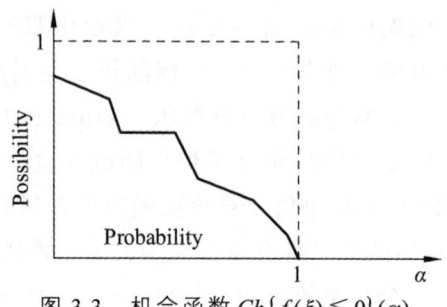

图 3.3 机会函数 $Ch\{f(\xi)\leqslant 0\}(\alpha)$

【定义 3.6】[131] $\mathcal{A}$ 为样本空间 Ω 的非空子集，并满足以下条件：

（1） $\Omega \in \mathcal{A}$；

（2）若 $A \in \mathcal{A}$，则 A 的补集 $\overline{A} \in \mathcal{A}$；

（3）若 $A_i \in \mathcal{A}$ 是事件的可数序列，那么 $\bigcup_i A_i \in \mathcal{A}$。

称满足上述三个条件的 $\mathcal{A}$ 为 $\sigma-$域。

若定义在事件域 $\mathcal{A}$ 上的集合函数 Pr 满足：

（1） $\forall A \in \mathcal{A}$，$Pr(A) \geqslant 0$；

（2） $Pr(\Omega)=1$；

（3）如果 $A_i \in \mathcal{A}$ 且 A_i 两两互不相容，有 $Pr\left\{\bigcup_i A_i\right\}=\sum_i Pr(A_i)$，

则称 $(\Omega, \mathcal{A}, Pr)$ 为概率空间。

设 ξ 是从概率空间 $(\Omega, \mathcal{A}, Pr)$ 到模糊变量集合的函数，并且对于 R 上的任何 Borel 集 B，$Pos\{\xi(\omega) \in B\}$ 是 ω 的可测函数，则称 ξ 为一个模糊随机变量。

由此可以看出，模糊随机变量是一个取模糊值的随机变量，当 Θ 中只存在单一元素时，模糊随机变量退化为模糊变量。

【定义 3.7】[192] 若 $\xi_1, \xi_2, \cdots, \xi_n$ 为模糊随机变量，则 $(\xi_1, \xi_2, \cdots, \xi_n)$ 为模糊随机向量。

设 ξ 是概率空间 $(\Omega, \mathscr{F}, P)$ 上的模糊随机变量，则对任意的 $r \in R$，有 $Pos\{\xi(\omega) \geqslant r\}$，$Nec\{\xi(\omega) \geqslant r\}$ 和 $Cr\{\xi(\omega) \geqslant r\}$ 是随机变量，$\omega \in \Omega$ [186]。

设 ξ 是概率空间 $(\Omega, \mathscr{F}, P)$ 上的 n 维模糊随机向量，f_i 是定义在 R^n 上的实值连续函数，$i=1,2,\cdots,m$，则有 $Pos\{f_i(\xi(\omega)) \geqslant 0, i=1,2,\cdots,m\}$，$Nec\{f_i(\xi(\omega)) \geqslant 0, i=1,2,\cdots,m\}$ 和 $Cr\{f_i(\xi(\omega)) \geqslant 0, i=1,2,\cdots,m\}$ 是随机变量，

$\omega \in \Omega$ [186]。

【定义 3.8】[193] 设 $\xi = (\xi_1, \xi_2, \cdots, \xi_n)$ 为概率空间 $(\Omega, \mathscr{F}, P)$ 上的模糊随机向量，$f: \Re^n \to \Re$ 为实值连续函数，则模糊随机事件 $f(\xi) \leq 0$ 的本原机会测度定义为从 [0,1] 到 [0,1] 的函数：

（1）概率可能性机会（Pr-Pos Chance）：

$$Ch\{f(\xi) \leq 0\}(\alpha)$$
$$= \sup\{\beta | Pr\{\omega \in \Omega | Pos\{f(\xi(\omega)) \leq 0\} \geq \beta\} \geq \alpha\} \quad (3.1)$$

（2）概率必然性机会（Pr-Nec Chance）：

$$Ch\{f(\xi) \leq 0\}(\alpha)$$
$$= \sup\{\beta | Pr\{\omega \in \Omega | Nec\{f(\xi(\omega)) \leq 0\} \geq \beta\} \geq \alpha\} \quad (3.2)$$

（3）概率可信性机会（Pr-Cr Chance）：

$$Ch\{f(\xi) \leq 0\}(\alpha)$$
$$= \sup\{\beta | Pr\{\omega \in \Omega | Cr\{f(\xi(\omega)) \leq 0\} \geq \beta\} \geq \alpha\} \quad (3.3)$$

其中 $\alpha, \beta \in [0,1]$ 为事先设定的置信水平值。

由模糊随机事件的本原机会测度的定义，可以得到[193]：

$$Ch\{f(\xi) \leq 0\}(\alpha) \geq \beta \Leftrightarrow \begin{cases} Pr\{\omega \in \Omega | Pos\{f(\xi(\omega)) \leq 0\} \geq \beta\} \geq \alpha, \\ Pr\{\omega \in \Omega | Nec\{f(\xi(\omega)) \leq 0\} \geq \beta\} \geq \alpha, \\ Pr\{\omega \in \Omega | Cr\{f(\xi(\omega)) \leq 0\} \geq \beta\} \geq \alpha \end{cases}$$

由模糊随机事件的本原机会测度的定义，可以得到[193]：

$$Ch\{f(\xi) \leq 0\}(\alpha) \Leftrightarrow \begin{cases} \sup_{pos\{A\} \geq \alpha} \inf_{\omega \in A} Pr\{f(\xi(\omega)) \leq 0\}, \\ \sup_{Nec\{A\} \geq \alpha} \inf_{\omega \in A} Pr\{f(\xi(\omega)) \leq 0\}, \\ \sup_{Cr\{A\} \geq \alpha} \inf_{\omega \in A} Pr\{f(\xi(\omega)) \leq 0\} \end{cases}$$

如果模糊随机向量 ξ 退化为随机向量，则机会测度 $Ch\{f(\xi) \leq 0\}(\alpha)$ 取

值为 0 或 1，即

$$Ch\{f(\xi)\leq 0\}(\alpha)=\begin{cases}1, 若 Pr\{f(\xi)\leq 0\}\geq \alpha,\\ 0, 否则\end{cases}$$

如果模糊随机向量 ξ 退化为模糊向量，则机会测度 $Ch\{f_i(\xi)\leq 0, i=1,2,\cdots,m\}(\alpha)$ $(\alpha>0)$ 恰好是事件的可能性（必然性、可信性）测度[193]，即

$$Ch\{f(\xi)\leq 0\}(\alpha)=\begin{cases}Pos\{f_i(\xi)\leq 0, i=1,2,\cdots,m\},\\ Nec\{f_i(\xi)\leq 0, i=1,2,\cdots,m\},\\ Cr\{f_i(\xi)\leq 0, i=1,2,\cdots,m\}\end{cases}$$

【定义 3.9】[192] 设 $f:R^m\to R$ 为可测函数，且 $x_1,x_2,\cdots,x_m$ 分别为定义在概率空间 $(\Omega,\mathcal{A},Pr)$ 上的模糊随机变量，则 $x=f(x_1,x_2,\cdots,x_m)$ 为一个模糊随机变量，定义为：

$$x(\omega)=f(x_1(\omega),x_2(\omega),\cdots,x_m(\omega)),\ \forall\omega\in\Omega_1\times\Omega_2$$

类似地，设 $f:R^m\to R$ 为可测函数，且 ξ_i 分别为定义在概率空间 $(\Omega_i,\mathcal{A},Pr_i)$ $(i=1,2,\cdots,m)$ 上的模糊随机变量，则 $\xi=f(\xi_1,\xi_2,\cdots,\xi_m)$ 是乘积概率空间 $(\Omega_1\times\Omega_2\times\cdots,\Omega_m,\mathcal{A}_1\times\mathcal{A}_2\times\cdots,\mathcal{A}_m,Pr_1\times Pr_2\times\cdots Pr_m)$ 上的模糊随机变量，即

$$\xi(\omega_1,\omega_2,\cdots,\omega_m)=f(\xi_1(\omega_1),\xi_2(\omega_2),\cdots,\xi_m(\omega_m))$$

其中 $(\omega_1,\omega_2,\cdots\omega_m)\in\Omega$。

2. 模糊随机需求量

在决策过程中，模型结果固然重要，但是模型中涉及的决策参数以及变量的设定也是至关重要的。在传统的车辆路径问题模型中，需求量往往被设定为清晰数值，即使在某些文献中这些重要的参数被设定为不确定类型（如：随机需求变量或者模糊需求变量等），这种设定同样忽略了实际信息中涵盖的不确定性。当这些参数被设定为清晰类型时，它们往往是对实际数据的近似表达，而这种近似并不能完全地、充分地体现现实中关于此类参数的信息。通常情况下，决策者或者研究人员会根据历史数据或者

历史经验来近似地给出确定值,但是这种做法必然造成实际值与估计值之间有一定偏差,而这种偏差往往会影响模型以及所得解的适用性和有效性,具有较低的鲁棒性。此外,即使某些研究将这类参数设定为不确定的类型,这种不确定的假设相对来说也是比较片面的。

通常情况下,对于路径规划的决策者来说,获得有效信息主要有以下两种途径:一种是获得历史数据,包括根据有效交易凭证的推测等;另外一种就是通过咨询或者访谈等方式获得相关方面专家的意见。很明显,通过第一种方式获得的信息具有一定的不确定性,因为历史数据虽然具有很好的参考价值,但是与目前的现实情况相比还是有一定出入,这种不确定性是客观的不确定性,具有随机性的特点。而通过第二种方式获得的是决策人、专家以及相关从业人员的主观经验值,这种信息也具有不确定性,这种不确定是主观的不确定,具有模糊性的特点。而目前涉及的路径规划问题中的不确定研究主要是针对单一类型的不确定情况,但是根据上文的描述可以看出,这两种类型的不确定是共存的。因此,在对此类重要参数设定数值的时候,需要同时考虑两种不确定类型共存的情况。而模糊随机环境可以很好地解决这个问题,从而恰当地描述这类参数。具体到所研究的车辆路径问题中,顾客需求量被考虑为模糊随机变量。

在现实情况中,需求量信息在车辆出库时往往是不能准确获取的,所以说,想要获取清晰、准确的需求量信息并不容易也不现实。很多情况下,配送车辆往往在行驶过程中才能获得客户需求的准确信息,因此,车辆的路径规划也需要根据具体情况做出相应的调整,以适应客户的需求[194]。比如,客户的需求量可能受到天气、突发事件以及其他因素的影响,而这些因素则是典型的随机事件。而且,客户给出的对于需求量的描述也存在着主观判断,从而包含了部分不确定因素。譬如:某客户对于某种产品或者原料的需求量描述为"在天气好的情况下大概需要 8 t","在天气不好的情况下大概需要 4 t"或者"在天气一般的情况下大概需要 6 t"。从客户的描述可以看出,客户难以给出具体确切的需求量,相反地,客户往往会给出在不同情况下对需求量的模糊的估计值。这里,"天气好""天气一般"以及"天气不好"是典型的随机事件。假设,"天气好"的概率为 0.5,"天气一般"的概率为 0.2,"天气不好"的概率为 0.3;那么,对于"大概 8 t""大概 6 t""大概 4 t"的假定的描述可转化为如下的三角模糊数：

$$\tilde{8}=(7,8,9),\quad \tilde{6}=(5,6,7),\quad \tilde{4}=(3,4,5)$$

此时，客户对于该产品或者原料的需求量可以用下面的模糊随机变量进行描述：

$$\xi = \begin{cases} (7,8,9) & 概率为0.5, \\ (5,6,7) & 概率为0.2, \\ (3,4,5) & 概率为0.3 \end{cases}$$

3.1.2 主从结构

Fisher和Jaikumar证明了车辆路径问题中的约束条件可以分为两个集合[195]。第一个集合是对一个广义指派问题的约束集合，它们保证每一条路径都开始和结束于一个物流中心或者仓库，每一个客户都要有一辆车提供服务，车辆的担货量不能超过其最大容量；第二个集合是对每一辆车的所有客户的旅行商问题（TSP）的一个约束。因此，他们要先解决一个类似于车辆路径问题的广义的指派问题以获得客户的分配；随后，对分配给每一辆车的客户使用旅行商算法进行排列。其构想提供了一个想法：车辆路径问题可以构成一个含有两个决策阶段的问题，或者说是有两个决策层次的问题。两个层次表示在每一个层次，有不同的问题得到解决，但是一个层次的解依赖于另外一个层次的解。特别地，跟随者根据主导者的决策结果做决策，而主导者做决策的时候要考虑这个事实，这样的结构可以表示为主从结构。

将Stackelberg均衡技术应用到车辆路径问题中，考虑了车辆路径问题中的多个决策群体，进而提出了新的车辆路径主从数学模型。在该模型中，上级决策者，可以认为是供应商或供应公司管理者，其目标是全局成本最低，包括路线初始成本、服务成本和运输成本；下级决策者，可以认为是外包运输公司或者公司运输路线规划部门，他们仅关心车辆运输成本，通过为每辆车安排最优运输路线，达到运输成本最小化的目标。模型的主从关系结构图如图3.4所示。在此主从关系中，公司管理者为主导者，其下级路线规划者应在主导者制订顾客集决策之后，再对车辆的路线优化进行决策。很明显，公司管理者的决策会影响但不能控制路线规划者的路线选择策略。同时，路线规划者需要在公司管理者的最优决策下制订其个人决策。这两者之间的关系可以用 Stackelberg 均衡问题来表示[196]。

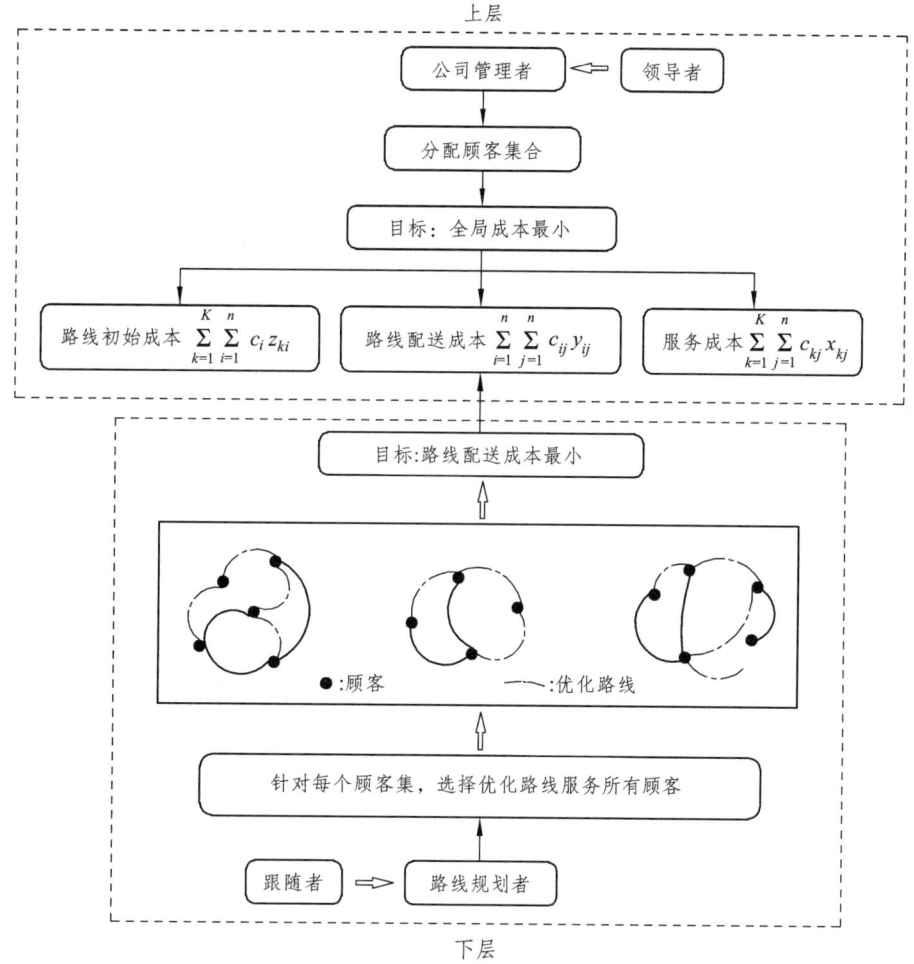

图 3.4　车辆配送主从关系结构

与传统的单层规划模型相比，Stackelberg 均衡模型有以下几个优势：

（1）在同一个决策问题的决策制订过程中，用 Stackelberg 均衡模型可以分析两个参与决策者的完全不同甚至冲突的目标。

（2）Stackelberg 均衡模型的多准则决策方法可以更好地反映实际问题。

（3）Stackelberg 均衡模型的多准则决策方法可以明确地反映公司管理者和路线规划者之间的交互关系。

3.2 模型构建

为了构建模型，下面先介绍模型构建时所需要的前提假设以及数学符号；然后依次给出主从车辆路径模型的主导者模型、跟随者模型和基础均衡模型。

3.2.1 符号与假设

为了方便数学模型描述，下面先给出模型中所需要的符号：

集合：

V：顾客和仓库集合，$V = \{0, 1, \cdots, n\}$，其中点 0 表示仓库；

C：顾客集合，$C = V / \{0\}$；

S：V 的子集，并且 $S \neq \varnothing$；

E：顾客指标对集合，例如，$(i, j) \in E$ 意味着在路线中顾客 i 一定在顾客 j 之前被服务；

H：车辆集合，$H = \{1, 2, \cdots, K\}$。

参数：

n：顾客数量；

i/j：顾客指标，$i/j = 0, 1, \cdots, n$，并且 $i = 0$ 表示仓库；

K：车辆数量；

k：车辆指标，$k = 1, 2, \cdots, K$；

$\widetilde{\widetilde{d}}_i$：顾客 i 的需求，假定为模糊随机变量；

c_i：种子顾客 i 的路线初始成本；

c_{kj}：车辆 k 服务顾客 j 的服务成本；

c_{ij}：顾客 i 与顾客 j 之间的路线配送成本；

Q：车辆载质量。

决策变量：

z_{ki}：0-1 变量，如果顾客 i 被选定为种子顾客，则 $z_{ki} = 1$，反之，$z_{ki} = 0$；

x_{kj}：0-1 变量，如果顾客 j 由车辆 k 提供服务，则 $x_{kj} = 1$，反之，$x_{kj} = 0$；

y_{ij}：0-1 变量，如果顾客 i 到顾客 j 之间的运输存在于某条路线上，则 $y_{ij} = 1$，反之，$y_{ij} = 0$。

在主从物流配送车辆路径优化问题中,路线被定义为车辆必须逐一访问并且提供相应服务的按顺序排好的地点总和[197]。每位顾客的订单不能分解,要求一次完成服务。一般情况下,直到达到车辆载质量上限或者遇到时间限制,剩余的顾客才会被安排到一个新的路线。这时候,一位新的顾客会被选定为新路线的种子顾客,紧接着路线继续安排过程。种子顾客被定义为一位还没有被安排到任何路线的顾客并作为第一位顾客,用来初始化一个新的路线。为了构建模糊随机环境下的主从物流配送车辆路径优化模型,必须有以下基本假设:

(1)每辆车辆的载质量都是一样的。

(2)假定顾客的需求 $\widetilde{d_i}$ 为模糊随机变量。

(3)所有车辆行程的起点和终点必须在仓库,且有且只有一个仓库。

(4)每位顾客都只能由一辆车提供服务。

(5)种子顾客是一个路线上第一个被服务的顾客。

(6)不同车辆的服务水平是不同的,即车辆所配劳动力的水平不同。

值得注意的是:首先,根据假设(6),不同车辆的劳动力水平不同(如车辆 1 可能有两名工人负责装卸工作,而车辆 2 可能有 6 名),导致不同车辆服务同一顾客的成本是不同的,即在顾客 j 固定而车辆 k 不固定的情况下,c_{kj} 是不同的。其次,与决策变量 z_{ki} 关联的 c_i 是种子顾客的路线初始成本,包括仓库装载成本(劳动力费用)以及仓库到种子顾客的运输成本(燃油及司机费用)。而与决策变量 x_{kj} 关联的 c_{kj} 指的是车辆 k 对顾客 j 的服务成本,主要包括卸载成本。因此,有必要设置 z_{kj} 和 x_{kj} 两个决策变量。

3.2.2 主导者模型

物流配送车辆路径问题是为了给每一辆车寻找可行并且成本最低的路线去更好地服务所有顾客。因此,在模糊随机环境下的主从模型中,上级主导者的目标就是去寻找可行并且总体成本最小的路线,该目标函数如下:

$$\min_{x,z} \sum_{k=1}^{K}\sum_{i=1}^{n} c_i z_{ki} + \sum_{k=1}^{K}\sum_{j=1}^{n} c_{kj} x_{kj} + \sum_{i=1}^{n}\sum_{j=1}^{n} c_{ij} y_{ij} \quad (3.4)$$

其中,第一部分 $\sum_{k=1}^{K}\sum_{i=1}^{n} c_i z_{ki}$ 是指种子顾客的路线初始成本之和,包括仓库装载成本（劳动力费用）及仓库到种子顾客的运输成本（燃油及司机费用）；第二部分 $\sum_{k=1}^{K}\sum_{j=1}^{n}c_{kj}x_{kj}$ 表示车辆对顾客的服务成本总和，主要包括卸载成本（劳动力费用）；第三部分 $\sum_{i=1}^{n}\sum_{j=1}^{n}c_{ij}y_{ij}$ 表示总体的路线配送成本，由顾客之间的运输成本（燃油及司机费用）构成。

接下来，讨论主导者的约束条件。由于主从物流配送车辆路径优化问题模型中存在模糊随机变量，故某些约束条件的数学意义不明确。因此，在给出这些含有不确定因素的约束条件之前，需要先对其进行处理，而机会约束规划（CCP）被认为是处理不确定约束最有效的工具之一。在实际决策过程中，决策者通常在一定概率水平下选择一个满意解，而非最优解。即在 MDVRP 模型中，每个环节的未知变化势必经常发生，这就使得决策者不得不基于一定的概率水平做出决策。

应用机会约束规划思想，结合机会约束是指在一定的置信水平下，允许决策者所做的决策在一定程度上不满足约束条件，但是该决策需使约束条件成立的概率不小于其预先设定的置信水平[170,198]。CCP 的主要思想是在机会约束条件下，给出优化目标在一定置信水平下的乐观值或者悲观值，其中，置信水平代表决策者的决策安全边界。由于决策者的置信水平能够灵活地反映决策者对不确定环境的评估，易于调整，因此 CCP 已被广泛地应用于各种环境的不确定规划中。

车辆承载量不能超过其载质量，所以，车辆载质量约束是必要的。根据假设（2），顾客需求 $\widetilde{d_j}$ 为模糊随机变量，故满足顾客需求的概率必须在决策者预设的置信水平值 $\eta_j(\eta_j \geq 0.5)$ 之内。文献[199,200]指出，在机会约束规划中，置信水平值一般不低于 0.5，故将其设定为 0.5。$\widetilde{d_j}(\omega)$ 意指在独立事件 ω 发生后，模糊随机变量 $\widetilde{d_j}$ 的一个实现。

根据模糊随机变量 $\widetilde{d_j}$ 的从属函数，满足约束的概率程度可以写作 $Pos\left\{\sum_{j=1}^{n}\widetilde{d_j}x_{kj} \leq Q\right\} \geq \theta_i$。因此，根据文献[201]，车辆载质量约束可以是一系列机会约束的集合，如下：

$$Pr\left\{\omega\left|\left\{\sum_{j=1}^{n}\tilde{\tilde{d}}_{j}x_{kj}\leqslant Q\right\}\geqslant\theta_{i}\right.\right\}\geqslant\eta_{j},\forall k\in H \quad (3.5)$$

其中 x_{kj} 指顾客 j 是否由车辆 k 提供服务。此约束使得所有由车辆 k 提供服务的顾客的需求量之和不能超过车辆 k 的载质量。

种子顾客是一个新路线的起始点，一个新路线同时也意味着上一辆车已经不能再满足约束条件，需要安排另外一辆车。所以，种子顾客的数量与车辆数量相同，即

$$\sum_{i=1}^{n} z_{ki} = K, \quad \forall k \in H \quad (3.6)$$

根据假设（4），每位顾客只能由一辆车提供服务：

$$\sum_{k=1}^{K} x_{kj} = 1, \quad \forall j \in C \quad (3.7)$$

最后，由于 z_{ki} 和 x_{kj} 是 0-1 变量，所以以下约束是必要的：

$$z_{ki} = \{0,1\}, \quad \forall k \in H, \quad \forall i \in C \quad (3.8)$$

$$x_{kj} = \{0,1\}, \quad \forall k \in H, \quad \forall j \in C \quad (3.9)$$

综上，主从车辆路径优化问题模型的主导者模型如下：

$$\min_{x,z} \sum_{k=1}^{K}\sum_{i=1}^{n} c_i z_{ki} + \sum_{k=1}^{K}\sum_{j=1}^{n} c_{kj} x_{kj} + \sum_{i=1}^{n}\sum_{j=1}^{n} c_{ij} y_{ij},$$

$$\text{s.t.} \begin{cases} \sum_{i=1}^{n} z_{ki} = K, \quad \forall k \in H, \\ Pr\left\{\omega\left|\left\{\sum_{j=1}^{n}\tilde{\tilde{d}}_{j}x_{kj}\leqslant Q\right\}\geqslant\theta_{i}\right.\right\}\geqslant\eta_{j}, \quad \forall k \in H, \\ \sum_{k=1}^{K} x_{kj} = 1, \quad \forall j \in C, \\ z_{ki} = \{0,1\}, \forall k \in H, \forall i \in C, \\ x_{kj} = \{0,1\}, \forall k \in H, \quad \forall j \in C \end{cases} \quad (3.10)$$

3.2.3 跟随者模型

众所周知,跟随者模型可以被认为是主导者模型的约束条件。而在主从车辆路径优化问题中,跟随者问题可以被认为是旅行商问题。因此,下级决策者的主要目标是寻找优化路线,数学形式如下:

$$\min_y \sum_{i=1}^n \sum_{j=1}^n c_{ij} y_{ij} \tag{3.11}$$

旅行商问题需要解决的是由特定车辆服务一组顾客的问题。并且根据假设(4),一辆车可以服务多位顾客,而一位顾客只能由一辆车提供服务,故可以用下式表达此情况:

$$y_{ij} \leq x_{kj}, \forall k \in H, \forall i/j \in C \tag{3.12}$$

根据假设(4),每条路线的任务必须有且仅有一辆车来完成。该要求具有两个意义:对于运输规划者而言,能够有效地减少所使用车辆以及人力资源的浪费,而对于顾客需求点而言,能够减少其准备次数,方便管理。该约束要求每个顾客点有且仅有一次被安排进入或者离开一条路线,表达式如下:

$$\sum_{i=1}^n y_{ij} = 1, \ \forall j \in C \tag{3.13}$$

$$\sum_{j=1}^n y_{ij} = 1, \ \forall i \in C \tag{3.14}$$

对于顾客点之间的配送是否存在约束,有如下表达式:

$$\sum_{i \in V} \sum_{j \in V} y_{ij} \leq |S| - 1, \forall S \subset V, S \neq \varnothing \tag{3.15}$$

与 z_{ki}, x_{kj} 相同, y_{ij} 也是 0-1 变量,故而

$$y_{ij} = \{0,1\}, \forall i/j \in V \tag{3.16}$$

综上所述,主从车辆路径优化问题模型的跟随者模型如下:

$$\min_{y} \sum_{i=1}^{n}\sum_{j=1}^{n} c_{ij} y_{ij},$$

$$\text{s.t.} \begin{cases} y_{ij} \leqslant x_{kj}, \ \forall k \in H, \ \forall i/j \in C, \\ \sum_{i=1}^{n} y_{ij} = 1, \ \forall j \in C, \\ \sum_{j=1}^{n} y_{ij} = 1, \ \forall i \in C, \\ \sum_{i \in V}\sum_{j \in V} y_{ij} \leqslant |S|-1, \ \forall S \subset V, S \neq \varnothing, \\ y_{ij} = \{0,1\}, \ \forall i/j \in V \end{cases} \quad (3.17)$$

3.2.4 基础均衡模型

综上所述,通过汇总可获得模糊随机环境下的主从车辆路径优化问题的总体模型,其数学表达式如下:

$$(\mathrm{M_0}) \begin{cases} \min_{x,z} \sum_{k=1}^{K}\sum_{i=1}^{n} c_i z_{ki} + \sum_{k=1}^{K}\sum_{j=1}^{n} c_{kj} x_{kj} + \sum_{i=1}^{n}\sum_{j=1}^{n} c_{ij} y_{ij}, \\ \text{s.t.} \begin{cases} \sum_{i=1}^{n} z_{ki} = K, \ \forall k \in H \\ Pr\left\{\omega \left| \left\{\sum_{j=1}^{n} \tilde{\bar{d}}_j x_{kj} \leqslant Q\right\} \geqslant \theta_i \right.\right\} \geqslant \eta_j, \ \forall k \in H, \\ \sum_{k=1}^{K} x_{kj} = 1, \ \forall j \in C, \\ z_{ki} = \{0,1\}, \forall k \in H, \forall i \in C, \\ x_{kj} = \{0,1\}, \ \forall k \in H, \ \forall j \in C, \\ \min_{y} \sum_{i=1}^{n}\sum_{j=1}^{n} c_{ij} y_{ij}, \\ \text{s.t.} \begin{cases} y_{ij} \leqslant x_{kj}, \ \forall k \in H, \ \forall i/j \in C, \\ \sum_{i=1}^{n} y_{ij} = 1, \ \forall j \in C, \\ \sum_{j=1}^{n} y_{ij} = 1, \ \forall i \in C, \\ \sum_{i \in V}\sum_{j \in V} y_{ij} \leqslant |S|-1, \ \forall S \subset V, S \neq \varnothing, \\ y_{ij} = \{0,1\}, \ \forall i/j \in V \end{cases} \end{cases} \end{cases} \quad (3.18)$$

从模型中可以看出，上级决策者为管理者，下级决策者为路线规划者，两者之间存在互相影响互相依存的矛盾统一关系。上级决策者为了达到总体成本最低的目标，包括路线初始费用、顾客服务费用和运输配送费用，需要对顾客进行分配（顾客集合和种子顾客），当然需要满足车辆承载量约束、车辆总数约束以及一些必需的逻辑约束条件。其中，顾客需求量描述往往既包含模糊不确定又含有随机不确定，故而假定其为模糊随机变量。随后，上级决策者会根据下级决策者路线规划的可能决策，进一步对顾客分配决策进行调整，以获取最终的总体最低成本。另外，下级决策者也需要根据上级决策者的可能决策来决定或者调整每辆车的运输路线，以使总的运输配送成本最小，从而实现利润最大化，并且在制订决策时，需要考虑车辆服务顾客的条件和车辆配送逻辑约束。根据对问题的描述可以看到，顾客需求量被考虑为模糊随机变量，而当模型中存在不确定参数变量的时候，该模型是不具备准确的数学意义的，同时也无法直接求解。因此，需要根据决策者的需求对含有不确定信息的初始模型进行处理；根据建模前的假设，采用相关机会思想（CCP）进行建模。综合主导者决策模型以及下级决策模型，可以得到模糊随机主从车辆路径问题机会约束模型的总体模型。

3.3 算法设计

从理论基础部分可以看出，粒子群算法已经得到了广泛应用，尤其在各类优化问题求解方面，其效率及有效性均获得了普遍认可。相较于其他智能算法，粒子群算法由于没有编码和解码的过程，其程序编写相对简单。目前，很多研究者在使用粒子群算法解决 NP 困难问题以及 Stackelberg 均衡问题方面已经取得了一定的研究成果[75,202]。然而，经过测试观察发现，基本的粒子群算法存在一定的缺陷。这是因为，一个种群中的粒子易向全局最优粒子附近聚集，这将导致该种群易频繁陷入局部最优解并且不再更新。为了处理这种过早收敛于局部最优解的缺陷，重新启动或引导除当前全局最优粒子外的部分或全部粒子继续更新是一种比较受欢迎的方式。Veeramachaneni 等提出了一种将一个种群分解成几个子群的方法以解决此问题[203]。随后，Kachitvichyanukul 在粒子群分组基础上对基本的粒子群算法进行了改进，提出了全局-局部-邻域粒子群算法，并且证明了用该算法处理此缺陷的有效性[204]。为了解决带模糊随机变量的主从物流配送车辆路径问题，本书提出了基于CCP模糊随机模拟的全局-局部-邻域粒子群算法。在本章最后，将提出的模型及算法应用到二滩水电站运输配送实例中，以验证该模型的实用性，并通过算法对比证明该算法的有效性。

3.3.1 算法符号

粒子群算法包括的基本元素有粒子、种群、速度、惯性权重、个体最优、全局最优、学习系数和停止判则[205]。对应这些元素，全局-局部-邻域粒子群算法所需要的符号如下：

τ：迭代次数指标，$\tau = 1, 2, \cdots, T$；

d：维度指标，$d = 1, 2, \cdots, D$；

i：粒子指标，$i = 1, 2, \cdots, I$；

$\omega(\tau)$：第 τ-th 代的惯性权重；

$v_{id}(\tau)$：第 τ-th 代时，第 i-th 粒子在 d-th 维度上的速度；

$p_{id}(\tau)$：第 τ-th 代时，第 i-th 粒子在 d-th 维度上的位置；

$p_{id}^{best}(\tau)$：第 τ-th 代时，第 i-th 粒子在 d-th 维度上的个人最优位置；

$p_{gd}^{best}(\tau)$：第 τ-th 代时，第 d-th 维度上的全局最优位置；

$p_{id}^{Lbest}(\tau)$：第 τ-th 代时，第 d-th 维度上的局部最优位置；

$p_{id}^{Nbest}(\tau)$：第 τ-th 代时，第 d-th 维度上的邻域最优位置；

c_p：个人最优位置加速常数；

c_g：全局最优位置加速常数；

c_l：局部最优位置加速常数；

c_n：邻域最优位置加速常数；

P^{max}：最大位置值；

P^{min}：最小位置值；

P_i：第 i-th 粒子的位置向量，$P_i = [p_{i1}, p_{i2}, \cdots, p_{iD}]$；

V_i：第 i-th 粒子的速度向量，$V_i = [v_{i1}, v_{i2}, \cdots, v_{iD}]$；

P_i^{best}：第 i-th 粒子的个人最优位置向量，$P_i^{best} = [p_{i1}^{best}, p_{i2}^{best}, \cdots, p_{iD}^{best}]$；

P_g^{best}：全局最优位置向量，$P_g^{best}=[p_{g1}^{best},p_{g2}^{best},\cdots,p_{gD}^{best}]$；

P_i^{Lbest}：第 i-th 粒子的局部最优位置向量，$P_i^{Lbest}=[p_{i1}^{Lbest},\cdots,p_{iD}^{Lbest}]$；

r_1,r_2,r_3,r_4：在区间[0,1]内均匀分布的随机数；

$Fitness(P_i)$：P_i 的适应值；

FDR：适应值距离比率。

3.3.2 CCP 模拟

众所周知，求解 NP 困难问题有一定的难度，而带模糊随机因素的 NP 困难问题会使求解的难度变得更大，因此，在求解 NP 困难问题之前，有必要先将问题中的不确定因素进行处理，以降低问题的难度。通常情况下，模糊随机变量很难转变为确定的等价形式，故本书提出了基于机会约束规划（CCP）的模糊随机模拟，以便通过随机模拟和模糊模拟的结合来求解此类不确定问题[201]。此类模拟是通过使用机会约束算子，在一定置信度水平上，获得模糊随机约束下的满意解。程序的具体步骤见算法 1：

算法 1：针对机会约束模型的模糊随机模拟

Step 1. 设置 $n=1$，$m=1$。

Step 2. 据概率测度 Pr，在可能性集合 Ω 内，随机产生 $\omega=(\omega_1,\omega_2,\cdots,\omega_N)^T$。

Step 3. 在 θ_i-cut 下模糊向量 $\tilde{\tilde{d}}_j(\omega), j=1,2,\cdots,n$，以均匀分布形式随机产生确定向量 d_j。

Step 4. 如果 $\sum_{j=1}^{n}\tilde{\tilde{d}}_j x_{kj} \leqslant Q$，输入可行 d_j，进入 Step 6，并且 $n=n+1$；反之，则进入 Step 5，并且 $m=m+1$。

Step 5. 如果 $m \leqslant M$，回到 Step 3；反之，进入 Step 7。

Step 6. 如果 $n \leqslant N$，回到 Step 2；反之，进入 Step 7。

Step 7. 设置 N' 为 d_j 可行的次数，同时设置 N 是一个足够大的数。如果 $N'/N \geqslant \eta_j$，输出 d_j，反之，d_j 不可行，$j=1,2,\cdots,n$。

为了更加清晰地了解算法步骤和总体流程，可参见算法流程图 3.5。

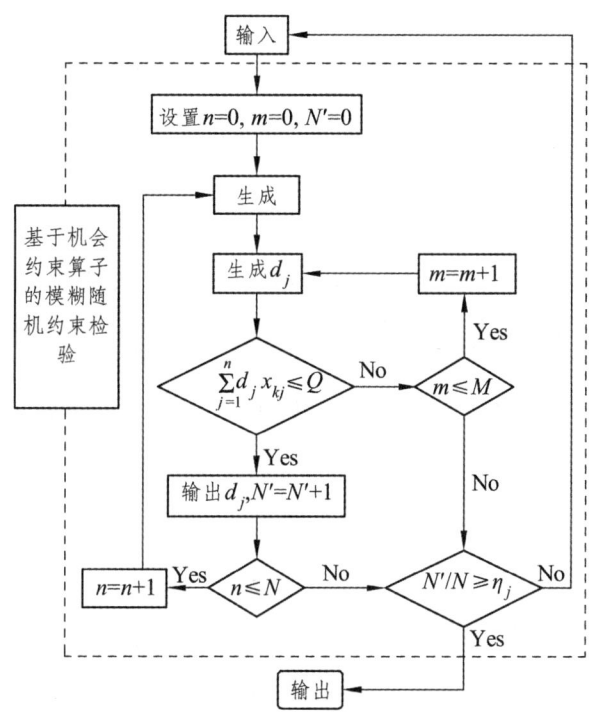

图 3.5 CCP 模糊随机模拟流程

3.3.3 解的表示

可使用两个向量来表示一个配送方案的解,其中一个向量是车辆向量,另外一个向量为顺序向量。下面用一个简单的例子来解释如何解码。

假设公司有 3 辆车,编号为 1,2,3,有 10 位需要服务的顾客,编号为 1,2,…,10。这样可以有一个配送方案的解表示如下:

顾客:1 2 3 4 5 6 7 8 9 10
车辆向量:1 1 3 2 2 3 1 1 3 2
顺序向量:4 2 2 1 3 1 3 1 3 2

将此解进行解码后,得到三条路线:

车辆 1:$8 \to 2 \to 7 \to 1$
车辆 2:$4 \to 10 \to 5$
车辆 3:$6 \to 3 \to 9$

3.3.4 更新策略

全局-局部-邻域粒子群算法最早由 Ai 和 Kachitvichyanukul（2009）提出。该算法指的是在粒子群"社会学习"部分，不仅包括学习基本粒子群算法的全局最优粒子，而且要有向局部最优粒子及邻域最优粒子学习的粒子。其中，局部最优粒子是指在粒子邻近的几个粒子中最优的一个[204]。本书提出的基于 CCP 模糊随机模拟的全局-局部-邻域粒子群算法的惯性权重、速度和位置更新公式如下：

$$\begin{cases} \omega(\tau) = \omega(T) + \dfrac{\tau - T}{1 - T}[\omega(1) - \omega(T)], \\ v_{ld}(\tau+1) = \omega(\tau)v_{ld}(\tau) + c_p r_1 [p_{ld}^{best}(\tau) - p_{ld}(\tau)] \\ \qquad\qquad + c_g r_2 [p_{gd}^{best}(\tau) - p_{ld}(\tau)] + c_l r_3 [p_{ld}^{lbest}(\tau) - p_{ld}(\tau)] \\ \qquad\qquad + c_n r_4 [p_{ld}^{nbest}(\tau) - p_{ld}(\tau)], \\ p_{ld}(\tau+1) = p_{ld}(\tau) + v_{ld}(\tau+1) \end{cases} \quad (3.19)$$

邻域最优粒子概念是由 Veeramachaneni 等提出的[203]，其值由适应值距离比率（fitness-distance-ratio，FDR）决定，表达式如下：

$$FDR = \dfrac{Fitness(P_i) - Fitness(P_o)}{|p_{id} - p_{od}|} \quad (3.20)$$

全局-局部-邻域粒子群算法在阻止粒子群陷入局部最优的效用方面已获得认可。随后在案例分析中，我们将证明基于 CCP 模糊随机模拟的全局-局部邻域粒子群算法对于解决前面提出的模糊随机环境下的主从物流配送车辆路径优化问题的有效性。

3.3.5 总体框架

综上所述，基于 CCP 模糊随机模拟的全局-局部-邻域粒子群算法的总体框架如下：

Step 1. 初始化粒子群 I（粒子为上级决策者决策变量）。

Step 2. 基于机会约束算子的约束检验。如果所有粒子都在可行域内，进入 Step 3，反之，返回 Step 1。

Step 3. 对 $i=1,2,\cdots,I$，获取下级决策者的反应。

Step 3.1 对 $i=1,2,\cdots,I$，计算跟随者的优化路径，即 $\min\sum_{i=1}^{n}\sum_{j=1}^{n}c_{ij}y_{ij}$。

Step 3.2 对 $i=1,2,\cdots,I$，将所有粒子的优化路线返回到上级目标函数，也就是粒子群算法的适应值函数。

Step 4. 更新粒子的位置和速度。

Step 4.1 对 $i=1,2,\cdots,I$，解码并分组。计算每个粒子的适应值，将 i-th 粒子的位置设为个人最优位置，并在所有个人最优位置中选择最好的作为全局最优位置。适应值函数如下：

$$\min_{x,z}\sum_{k=1}^{K}\sum_{i=1}^{n}c_{i}z_{ki}+\sum_{k=1}^{K}\sum_{j=1}^{n}c_{kj}x_{kj}+\sum_{i=1}^{n}\sum_{j=1}^{n}c_{ij}y_{ij}$$

Step 4.2 更新个人最优位置：若 $Fitness(P_i) > Fitness(P_i^{best})$，$P_i^{best}=P_i$，$i=1,2,\cdots,I$。

Step 4.3 更新全局最优位置：若 $Fitness(P_i) > Fitness(P_g^{best})$，$P_g^{best}=P_i$，$i=1,2,\cdots,I$。

Step 4.4 更新局部最优位置：对 $i=1,2,\cdots,I$，在 i-th 附近 K 个邻近的个人最优位置中，选择适应值最小的作为 P_i^{Lbest}。

Step 4.5 生成邻域最优位置：对 $i=1,2,\cdots,I$ 和 $d=1,2,\cdots D$，寻找使得 FDR（公式（3.20））取得最大值的 P_{od}，将其设定为 P_{id}^{Nbest}。

Step 4.6 根据公式（3.19），更新每个粒子的速度和位置。

Step 4.7 检查粒子是否超出边界值：如果 $P_{id}>P^{\max}$，则 $P_{id}=P^{\max}$；如果 $P_{id}<P^{\min}$，则 $P_{id}=P^{\min}$。

Step 5. 在分组基础上，根据分组顺序向量，选择最小的标记为 1，将剩余粒子依次进行标记，并用赋予的标记替代顺序向量。

Step 6. 如果满足停止判则，则停止计算；反之，$\tau=\tau+1$，返回 Step 3。

算法中使用的符号均可见段落 3.3.1。为了更加清晰地了解算法步骤和总体流程，可参见算法流程图 3.6。

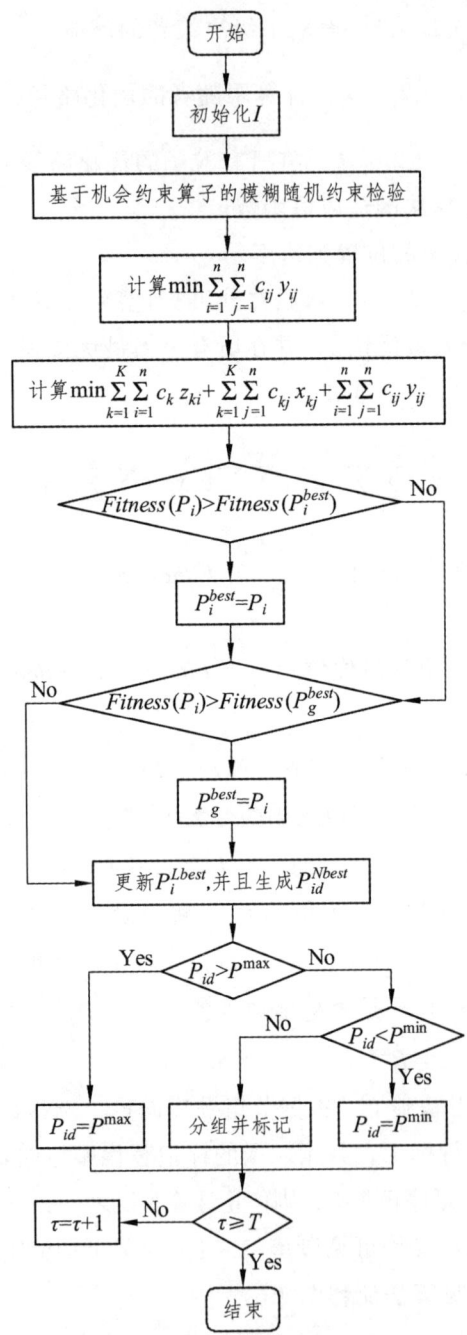

图 3.6　基于 CCP 模拟的全局-局部-邻域粒子群算法流程

3.4 实际应用

本节将上文提出的模型和算法应用到二滩水电站工程建设项目材料配送案例中,下面先介绍此案例的工程背景和数据获取过程,然后对算法结果以及算法和模型等进行对比。

3.4.1 工程背景

位于雅砻江水电基地的第一个水电项目为二滩水电站。二滩水电站地处中国四川省西南边陲攀枝花市盐边与米易两县交界处,处于雅砻江下游,坝址距雅砻江与金沙江的交汇口 33 km,距攀枝花市区 46 km,系雅砻江水电基地梯级开发的第一个水电站,上游为官地水电站,下游为桐子林水电站。水电站最大坝高 240 m,水库正常蓄水位海拔 1 200 m,总库容 58 亿 m^3,调节库容 33.7 亿 m^3,装机总容量 330 万 kW,保证出力 100 万 kW,多年平均发电量 170 亿 kW·h,投资 286 亿元。工程以发电为主,兼有其他等综合利用效益。二滩水电站的主体工程及导流工程土石方明挖 814.72 万 m^3,土石方洞挖 336.83 万 m^3,土石方填筑量 140 万 m^3,混凝土量为 598 万 m^3。金属结构安装 1.9 万 t。

3.4.2 数据获取

经过对案例的描述,不难看出,在二滩水电站工程中,会有各种各样的工程材料需要被运输到某个特定的地方。更糟糕的是,二滩水电站地处中国西部,气候及运输条件均十分恶劣。因此,工程材料运输在这些项目建设中尤为关键和重要。在该案例中,考虑 18 个顾客点,主要分布在二滩水电站以及其他位于雅砻江基地的水电项目。顾客信息主要通过调查获取,每位顾客与仓库之间的距离及其货物上载时间见表 3.1,该数据与路线初始化成本 c_k 相关。任意两位顾客之间的距离参见表 3.2,距离数据与路线配送成本 c_{ij} 有关。一般情况下,很多关于顾客需求的描述一般是不确定的,如"大概需要 2.3 t","需要 1 t 左右,但是未来可能需要更多一些",也就是说,模糊不确定以及随机不确定同时出现在这些描述中。因此,根据顾客不同的表述,可以使用模糊随机变量对其进行描述。每位顾客的模糊随机需求见表 3.3，顾客需求与服务成本 c_{kj} 关联。

表 3.1 顾客与仓库的距离及其货物上载时间

节点	上载时间/h	距离/km	节点	上载时间/h	距离/km
1	1	65.875 2	10	0.8	36.970 9
2	1	43.200 0	11	0.5	67.989 6
3	1.5	25.740 6	12	1.5	56.646 4
4	0.5	65.943 8	13	0.5	59.609 6
5	0.7	42.728 6	14	0.7	49.546 4
6	1.2	45.319 4	15	0.75	61.939 5
7	1	32.416 8	16	1.25	40.132 3
8	0.75	38.121 5	17	1.75	54.663 1
9	1.25	42.077 7	18	0.75	52.755 5

表 3.2 任意两位顾客之间的距离 单位：km

Note	1	2	3	4	5	6	7	8	9
1	0	35.427	40.44	31.972	34.797	32.404	46.639	28.383	28.094
2	35.427	0	27.209	56.257	41.602	41.643	44.639	25.827	33.245
3	40.44	27.209	0	42.957	20.995	22.769	18.278	12.381	17.204
4	31.972	56.257	42.957	0	23.217	20.679	35.145	33.418	26.196
5	34.797	41.602	20.995	23.217	0	2.953	13.242	15.778	8.9196
6	32.404	41.643	22.769	20.679	2.953	0	16.191	15.942	8.4119
7	46.639	44.639	18.278	35.145	13.242	16.191	0	21.541	18.604
8	28.383	25.827	12.381	33.418	15.778	15.942	21.541	0	7.7279
9	28.094	33.245	17.204	26.196	8.9196	8.4119	18.604	7.7279	0
10	36.744	38.122	15.4	29.002	5.8873	8.3487	9.9005	12.947	8.7144
11	21.8	50.743	43.108	11.18	26.852	23.908	40.015	31.667	26.005
12	21.645	42.432	31.845	13.846	16.305	13.379	29.531	20.787	14.682
13	7.2028	33.029	33.961	27.688	27.676	25.36	39.437	21.69	20.906
14	16.369	25.307	24.075	31.264	22.69	21.227	32.337	12.202	14.174
15	37.205	57.378	40.643	7.4108	19.795	17.89	30.099	32.82	25.139
16	49.159	52.286	26.788	31.387	14.416	16.776	8.8527	27.64	22.572
17	40.071	54.821	35.007	14.912	14.16	13.285	22.418	29.22	21.597
18	50.585	61.173	37.802	25.121	19.725	20.441	21.101	35.424	28.56

续表

Note	10	11	12	13	14	15	16	17	18
1	36.744	21.8	21.645	7.2028	16.369	37.205	49.159	40.071	50.585
2	38.122	50.743	42.432	33.029	25.307	57.378	52.286	54.821	61.173
3	15.4	43.108	31.845	33.961	24.075	40.643	26.788	35.007	37.802
4	29.002	11.18	13.846	27.688	31.264	7.4108	31.387	14.912	25.121
5	5.8873	26.852	16.305	27.676	22.69	19.795	14.416	14.16	19.725
6	8.3487	23.908	13.379	25.36	21.227	17.89	16.776	13.285	20.441
7	9.9005	40.015	29.531	39.437	32.337	30.099	8.8527	22.418	21.101
8	12.947	31.667	20.787	21.69	12.202	32.82	27.64	29.22	35.424
9	8.7144	26.005	14.682	20.906	14.174	25.139	22.572	21.597	28.56
10	0	31.782	20.718	29.543	22.653	25.66	14.705	19.616	23.303
11	31.782	0	11.345	19.016	25.543	17.998	38.46	23.903	34.814
12	20.718	11.345	0	15.649	17.445	16.56	29.443	18.425	29.033
13	29.543	19.016	15.649	0	10.259	31.966	42.07	33.878	44.097
14	22.653	25.543	17.445	10.259	0	33.408	36.732	32.779	41.562
15	25.66	17.998	16.56	31.966	33.408	0	25.134	8.2006	17.769
16	14.705	38.46	29.443	42.07	36.732	25.134	0	16.943	12.644
17	19.616	23.903	18.425	33.878	32.779	8.2006	16.943	0	10.99
18	23.303	34.814	29.033	44.097	41.562	17.769	12.644	10.99	0

表 3.3 顾客的模糊随机需求

节点	需求/t	参数 ρ	节点	需求/t	参数 ρ
1	$(1.8, \rho_1, 2.2)$	$\rho_1 \sim \mathcal{N}(2, 1)$	10	$(1.25, \rho_{10}, 1.7)$	$\rho_{10} \sim \mathcal{N}(1.5, 2)$
2	$(1.7, \rho_2, 2.0)$	$\rho_2 \sim \mathcal{N}(1.8, 1)$	11	$(1.1, \rho_{11}, 1.5)$	$\rho_{11} \sim \mathcal{N}(1.25, 1)$
3	$(2.3, \rho_3, 2.7)$	$\rho_3 \sim \mathcal{N}(2.5, 2)$	12	$(2.0, \rho_{12}, 2.6)$	$\rho_{12} \sim \mathcal{N}(2.5, 1)$
4	$(1.0, \rho_4, 1.4)$	$\rho_4 \sim \mathcal{N}(1.2, 1)$	13	$(0.8, \rho_{13}, 1.2)$	$\rho_{13} \sim \mathcal{N}(1, 1)$
5	$(1.0, \rho_5, 2.0)$	$\rho_5 \sim \mathcal{N}(1.5, 1)$	14	$(1.0, \rho_{14}, 1.5)$	$\rho_{14} \sim \mathcal{N}(1.25, 2)$
6	$(1.5, \rho_6, 2.0)$	$\rho_6 \sim \mathcal{N}(1.75, 3)$	15	$(1.3, \rho_{15}, 1.7)$	$\rho_{15} \sim \mathcal{N}(1.5, 2)$
7	$(1.9, \rho_7, 2.1)$	$\rho_7 \sim \mathcal{N}(2, 2)$	16	$(1.2, \rho_{16}, 2.0)$	$\rho_{16} \sim \mathcal{N}(1.75, 1)$
8	$(1.5, \rho_8, 2.0)$	$\rho_8 \sim \mathcal{N}(1.8, 2)$	17	$(2.8, \rho_{17}, 3.5)$	$\rho_{17} \sim \mathcal{N}(3, 1)$
9	$(2.3, \rho_9, 2.8)$	$\rho_9 \sim \mathcal{N}(2.5, 1)$	18	$(1.6, \rho_{18}, 1.7)$	$\rho_{18} \sim \mathcal{N}(1.5, 1)$

3.4.3 算法结果

在前文描述基础之上，可以将上文中的数据应用到本书提出的车辆路径主从模型中，并用提出的基于 CCP 模糊随机模拟的全局-局部-邻域粒子群算法进行求解。对于算法中的参数值进行如下设置：种群大小：$N=20$；最大迭代次数：$T=200$；惯性权重：$\omega(1)=0.9$，$\omega(\tau)=0.1$，其中 $\omega(\tau)$ 随着迭代次数的增加从 0.9 线性递减到 0.4；加速常数 $c_p=c_g=c_l=c_n=2$。使用 MATLAB 对算法进行编译，使用上文所提供的数据对算法的性能进行测试。

将算法程序运行 10 次后，获得了最满意的解。图 3.7 为改进算法 GLNPSO-based FRS 取得的不同迭代次数下的最优解的分布情况。可以看出，主导者模型的目标全局成本随着迭代次数的增加，呈现逐渐变小的趋势，这与改进算法粒子的进化思想一致。最终，可获得最优目标函数值，即全局成本最小值为 20773.9 RMB，与之相对的解的构成如下：

车辆 1：$7 \to 16 \to 9$
车辆 2：$17 \to 18 \to 15 \to 14 \to 11$
车辆 3：$3 \to 6 \to 12 \to 10 \to 5$
车辆 4：$8 \to 2 \to 14 \to 1 \to 13$

由于主导者的目标是全局目标最小，而全局目标由三部分组成，其中主导者只能控制其中两部分，因此，使用本书所提出的模型及方法可以解决此类问题。本书提出的模型已考虑到主导者及跟随者两个决策群组之间的交互式影响，其中主导者可以通过自身的决策行为影响跟随者的决策。首先，主导者分别选择顾客节点 7, 17, 3 和 8 作为各个车辆的种子顾客，这样路线的初始化总成本 $\sum_{k=1}^{K}\sum_{i=1}^{n}c_k z_{ki}$ 主要由上载成本和初始运输成本构成，最终为 9 532.3 RMB。其次，顾客集合也由主导者决定，决策如下：顾客节点 7, 9, 16 均由车辆 1 提供服务，节点 11, 14, 15, 17, 18 均由车辆 2 提供服务，节点 3, 5, 6, 10, 12 均由车辆 3 提供服务，节点 1, 2, 8, 13, 14 均由车辆 4 提供服务。由此产生的车辆服务顾客的费用分别为：车辆 1 为 1 890 RMB，车辆 2 为 2 040 RMB，车辆 3 为 2 508 RMB，车辆 4 为

2 370 RMB。这样总体的服务费用 $\sum_{k=1}^{K}\sum_{j=1}^{n}c_{kj}x_{kj}$ 主要由卸载费用构成，最终为 8 808 RMB。

接下来，考虑跟随者的决策行为及其带来的效果，跟随者的主要目标是使总体的车辆配送成本（线路运输成本）最小化。由于主导者的决策行为会对跟随者的决策产生巨大影响，换句话说，跟随者的决策是建立在主导者的决策之上的，因此，当主导者决定了每辆车的种子顾客以及顾客集合之后，跟随者只能在这个决策范围内安排车辆配送计划。前文已给出主导者的决策信息，这时跟随者制订的决策如下：车辆 1 的配送路线为 7→16→9，车辆 2 的配送路线为 17→18→15→14→11，车辆 3 的配送路线为 3→6→12→10→5，车辆 4 的配送路线为 8→2→14→1→13。由此，每辆车的配送成本依次为：353.53 RMB，532.68 RMB，705.99 RMB，840.43 RMB。最终，总体的车辆配送成本 $\sum_{j=1}^{n}c_{ij}y_{ij}$ 主要考虑运输成本，为 2 432.63 RMB。

3.4.4 算法对比

为了更好地验证改进算法的有效性，下面对改进算法 GLNPSO-based FRS 和传统的粒子群算法进行比较。在算法对比中，对于传统的粒子群算法参数设置如下：种群大小：$N=50$；最大迭代次数：$T=200$；惯性权重：$\omega(1)=0.9$，$\omega(\tau)=0.1$，其中 $\omega(\tau)$ 随着迭代次数的增加从 0.9 线性递减到 0.4；加速常数 $c_p=c_g=2$。同样使用 MATLAB 对算法进行编译，并对算法的性能进行测试。

将改进算法及传统算法分别运行 10 次，均获得了最满意解，如图 3.7 和图 3.8 所示。其中，图 3.7 为改进算法 GLNPSO-based FRS 取得的不同迭代次数下的最优解的分布情况，图 3.8 为改进算法和传统算法在不同迭代次数下取得的最优解的分布对比情况。从图 3.8 可以看出，所有粒子在代表这两种算法的曲线中都有相同的移动趋势，即所有的粒子均朝着全局最优粒子的位置移动。所以，随着迭代次数的增加，粒子之间的距离越来越近并且算法结果越来越好。

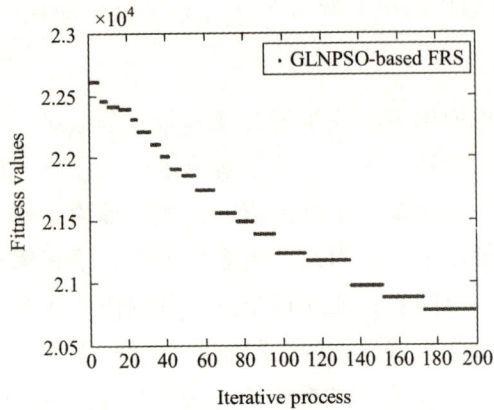

图 3.7 GLNPSO-based FRS 迭代

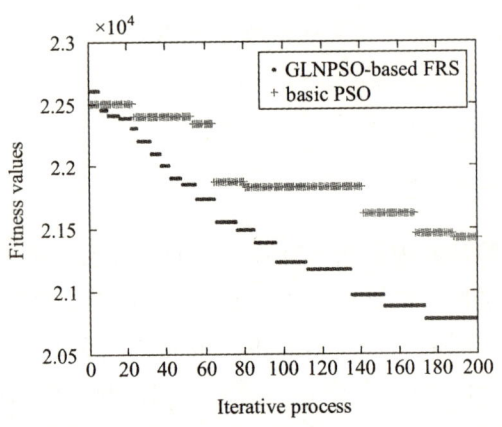

图 3.8 算法对比

为了验证改进算法的优越性，程序记录了每一代粒子群动态移动的离散指数和速度指数。粒子群的动态移动在这两种算法中也是不同的。对于传统的粒子群算法，图 3.8 所示的"+"散点的离散指数显示，粒子的适应函数值随着迭代次数的增加，其减小的速度逐渐减慢，这意味着粒子在解空间的探索范围随着迭代次数的增加而越来越小。因此，粒子群能够完全地探索问题空间的各个部分。然而，在迭代过程的最后，粒子群的离散指标仍然不稳定，或者说粒子的适应函数值没有达到足够小。

更糟糕的是，因为迭代过程不够稳定，我们不能够确定是否获得了最满意的解。通过对图 3.8 所示的"+"散点的分析，可以得出粒子群对于解空间探索的时间是充足的，但对于解空间的挖掘和开发过程的时间或能力是不充分的。

接下来，分析图 3.8 中的"."曲线部分，即改进的基于 CCP 模糊随机模拟的全局-局部-邻域粒子群算法的迭代过程。从图 3.8 可以看出，在算法迭代初期，由于粒子超出可行域并造成了对适应值函数的惩罚，粒子的适应函数值的结果不好。随着程序的继续运行和迭代次数的增加，粒子的适应函数值减小的速度加大，并且大概在 100 代之后，粒子的适应函数值已经比较稳定。

在迭代过程的前半部分，种群规模足够大，粒子群可以集中力量去探索到解空间的每个角落。随后，进入迭代过程的后半部分。由于粒子一般收敛于某一个较小区域，这样算法可以更加关注于如何更加精确地定位最优解的位置，这意味着对于算法的探索和开发过程的时间都是充足的。因此，可以得出结论，改进算法在探索和开发两个性能方面有一个很好的均衡，而这种均衡可能是改进算法获取结果优于传统算法的原因之一。

将 CCP 模糊随机模拟的全局-局部-邻域粒子群算法运行 10 次之后，将 10 次的运行结果放在表 3.4 中。由于在 Stackelberg 均衡问题中，主导者的目标才是主要目标，而跟随者的目标仅作为主导者决策后的反馈或结果，所以，主导者的目标值优劣才是判定解是否优秀的依据。章节 3.4.3 的最满意解在表 3.4 中出现了 5 次，最满意解的目标值为 20 773.9 RMB，最差解的目标值为 21 550.5 RMB；最好解与最差解之间相差 776.6 个单位，差异率仅为 3.7%。同样将传统粒子群算法运行 10 次，并将 10 次的解放在表 3.5 中。最好解仅出现 3 次，为 21 333.2 RMB，并且结果劣于章节 3.4.3 中得到的最满意解；最差解出现 2 次，为 22 229.5 RMB，与最好解相差 896.3 个单位，差异率为 4.3%。由此可见，本书提出的改进算法更加适合求解复杂 Stackelberg 均衡模型。将这两种算法得到的 10 个结果做一个简单的比较，结果如表 3.6 所示，从表 3.6 中可以清楚地看到，改进算法相较于传统算法优越。

表 3.4 改进算法运行结果　　　　单位：RMB

节点	车辆	主导者决策		跟随者决策	最优解	
		种子顾客	顾客集	路线选择	主导者	跟随者
1	1	16	（4 11 12 16 18）	16 → 18 → 12 → 11 → 4	21 007.6	2 564.9
	2	14	（7 8 9 14）	14 → 8 → 9 → 7		
	3	10	（5 6 10 15 17）	10 → 17 → 15 → 6 → 5		
	4	3	（1 2 3 13）	3 → 13 → 1 → 2		
2	1	7	（7 9 16）	7 → 16 → 9	20 773.9	2 432.6
	2	17	（4 11 15 17 18）	17 → 18 → 15 → 14 → 11		
	3	3	（3 5 6 10 12）	3 → 6 → 12 → 10 → 5		
	4	8	（1 2 8 13 14）	8 → 2 → 14 → 1 → 13		
3	1	7	（7 9 16）	7 → 16 → 9	20 773.9	2 432.6
	2	17	（4 11 15 17 18）	17 → 18 → 15 → 14 → 11		
	3	3	（3 5 6 10 12）	3 → 6 → 12 → 10 → 5		
	4	8	（1 2 8 13 14）	8 → 2 → 14 → 1 → 13		
4	1	16	（4 11 12 16 18）	16 → 18 → 12 → 11 → 4	21 007.6	2 564.9
	2	14	（7 8 9 14）	14 → 8 → 9 → 7		
	3	10	（5 6 10 15 17）	10 → 17 → 15 → 6 → 5		
	4	3	（1 2 3 13）	3 → 13 → 1 → 2		
5	1	3	（1 2 3）	3 → 2 → 1	21 182.8	2 729.5
	2	9	（7 8 9 10 14）	9 → 8 → 10 → 7 → 14		
	3	16	（11 12 13 16 17）	16 → 17 → 12 → 11 → 13		
	4	18	（4 5 6 15 18）	18 → 15 → 4 → 5 → 6		
6	1	7	（7 9 16）	7 → 16 → 9	20 773.9	2 432.6
	2	17	（4 11 15 17 18）	17 → 18 → 15 → 14 → 11		
	3	3	（3 5 6 10 12）	3 → 6 → 12 → 10 → 5		
	4	8	（1 2 8 13 14）	8 → 2 → 14 → 1 → 13		

续表

节点	车辆	主导者决策		跟随者决策	最优解	
		种子顾客	顾客集	路线选择	主导者	跟随者
7	1	16	（4 11 12 16 18）	16→18→12→11→4	21 007.6	2 564.9
	2	14	（7 8 9 14）	14→8→9→7		
	3	10	（5 6 10 15 17）	10→17→15→6→5		
	4	3	（1 2 3 13）	3→13→1→2		
8	1	7	（7 9 16）	7→16→9	20 773.9	2 432.6
	2	17	（4 11 15 17 18）	17→18→15→14→11		
	3	3	（3 5 6 10 12）	3→6→12→10→5		
	4	8	（1 2 8 13 14）	8→2→14→1→13		
9	1	2	（2 3 8 9 14）	2→14→8→3→9	21 550.5	3 010.8
	2	6	（1 6 11 13）	6→11→1→13		
	3	5	（4 5 10 12 16 18）	5→4→16→18→12→10		
	4	7	（7 15 17）	7→17→15		
10	1	7	（7 9 16）	7→16→9	20 773.9	2 432.6
	2	17	（4 11 15 17 18）	17→18→15→14→11		
	3	3	（3 5 6 10 12）	3→6→12→10→5		
	4	8	（1 2 8 13 14）	8→2→14→1→13		

表 3.5 传统算法运行结果　　　　　　　　单位：RMB

节点	车辆	主导者决策		跟随者决策	最优解	
		种子顾客	顾客集	路线选择	主导者	跟随者
1	1	6	（6 11 13 14）	6→11→14→13	21 882.3	3 108.4
	2	7	（7 12 16 18）	7→12→16→18		
	3	2	（2 3 4 5 9）	2→3→9→5→4		
	4	10	（1 8 10 15 17）	10→17→15→8→1		

续表

节点	车辆	主导者决策		跟随者决策	最优解	
		种子顾客	顾客集	路线选择	主导者	跟随者
2	1	18	（3 8 16 18）	18→16→8→3	21 333.2	2 347.4
	2	14	（1 12 13 14）	14→13→1→12		
	3	17	（2 4 11 15 17）	17→15→4→11→2		
	4	7	（5 6 7 9 10）	7→6→10→5→9		
3	1	15	（1 2 4 11 15）	15→11→4→2→1	22 086.5	3 351.7
	2	3	（3 7 10 17）	3→17→7→10		
	3	14	（6 8 9 13 14）	14→13→6→9→8		
	4	16	（5 12 16 18）	16→18→12→5		
4	1	6	（6 11 13 14）	6→11→14→13	21 882.3	3 108.4
	2	7	（7 12 16 18）	7→12→16→18		
	3	2	（2 3 4 5 9）	2→3→9→5→4		
	4	10	（1 8 10 15 17）	10→17→15→8→1		
5	1	2	（4 8 12 15）	8→12→15→4	22 229.5	3 562.7
	2	6	（6 9 14 16）	16→6→14→9		
	3	5	（3 5 10 17）	10→17→5→3		
	4	7	（1 2 7 11 13 18）	18→13→11→1→2→7		
6	1	18	（3 8 16 18）	18→16→8→3	21 333.2	2 347.4
	2	14	（1 12 13 14）	14→13→1→12		
	3	17	（2 4 11 15 17）	17→15→4→11→2		
	4	7	（5 6 7 9 10）	7→6→10→5→9		
7	1	6	（6 11 13 14）	6→11→14→13	21 882.3	3 108.4
	2	7	（7 12 16 18）	7→12→16→18		
	3	2	（2 3 4 5 9）	2→3→9→5→4		
	4	10	（1 8 10 15 17）	10→17→15→8→1		
8	1	2	（4 8 12 15）	8→12→15→4	22 229.5	3 562.7
	2	6	（6 9 14 16）	16→6→14→9		
	3	5	（3 5 10 17）	10→17→5→3		
	4	7	（1 2 7 11 13 18）	18→13→11→1→2→7		

续表

节点	车辆	主导者决策		跟随者决策	最优解	
		种子顾客	顾客集	路线选择	主导者	跟随者
9	1	15	（1 2 4 11 15）	15 → 11 → 4 → 2 → 1	22 086.5	3 351.7
	2	3	（3 7 10 17）	3 → 17 → 7 → 10		
	3	14	（6 8 9 13 14）	14 → 13 → 6 → 9 → 8		
	4	16	（5 12 16 18）	16 → 18 → 12 → 5		
10	1	18	（3 8 16 18）	18 → 16 → 8 → 3	21 333.2	2 347.4
	2	14	（1 12 13 14）	14 → 13 → 1 → 12		
	3	17	（2 4 11 15 17）	17 → 15 → 4 → 11 → 2		
	4	7	（5 6 7 9 10）	7 → 6 → 10 → 5 → 9		

表 3.6 算法对比结果　　　　　　　　　　单位：RMB

项目	改进算法	传统算法
最优解	20 773.9	21 333.2
最差解	21 550.5	22 229.5
平均解	20 962.56	21 827.85
最优解与最差解的差距	776.6	896.3
平均解与最差解的差距	188.66	494.65

3.4.5　模型对比

根据数据特征，假定顾客需求为模糊随机变量。由于定义的模糊随机变量是对模糊变量的改善和变形，此处将模糊随机模型和由模糊模型获取的结果进行对比，以确定模糊随机变量的必要性。在对比中，忽略数据中的随机现象，仅考虑数据的模糊特点。随后，将模糊数据导入本书提出的全局-局部-邻域粒子群算法的程序中，运行 10 次，运行结果见表 3.7。

表 3.7　模型对比结果

类型	最优解	最差解	平均解
模糊随机模型	20 773.9	21 550.5	20 962.56
模糊模型	22 161.7	22 508.2	22 354.975

从表 3.7 可以看出，考虑模糊随机因子可能带来更大的经济效益。从表 3.7 还可看到，节约成本达到 1 392.4 RMB，约占 6.6%。同时考虑模糊因子和随机因子有可能使决策者对问题的信息了解得更全面，而对问题了解的细节越多，可能会带来更成功的决策。由于模糊数据多少忽略了部分实际情况，故模糊随机变量可能更贴近真实情况，运行效果可能更好。因此，模糊随机变量被证实是更加有用和有效的。

3.5 本章小结

首先，研究了模糊随机环境下的主从车辆路径问题，考虑了该问题中的两个主体：一个是上级决策者，如供应商或者供应公司管理者，而另一个是下级决策者，如外包运输公司或者供应公司运输规划部门。上级主体考虑的规划目标是全局成本最小，包括车辆初始化费用、车辆服务顾客费用和车辆运输费用；而下级主体在上级决策者决策之后，仅考虑运输成本最低这一目标。由于在决策过程中涉及不确定变量，故使用模糊随机变量的机会约束理论进行处理。其次，鉴于该问题的复杂性和不确定性，使用智能优化算法对其进行求解。为了提高粒子群算法的性能，并使之对提出的双重不确定和主从问题结构同样适用，本书对该算法进行了一定的改进：① 使用全局-局部-邻域粒子群算法更新策略，改善基本算法易陷入局部最优的缺陷；② 引入 CCP 模糊随机模拟，解决模型中的模糊随机不确定性；③ 为了适应模型的具体特点，设计时，使算法具有主从结构，并设计合理的解的表示和解码过程。最后，将本书提出的模型和算法应用到二滩水电站工程建设项目材料配送案例中，以验证该模型和该算法的有效性和实用性。在实际应用中，首先介绍了此案例的工程背景和数据获取，随后通过算法结果讨论证明了该算法对模型的适用性，通过算法对比分析证实了改进算法的有效性，通过模型对比分析探讨了考虑模糊随机环境的必要性。

第4章

时间窗口车辆调度均衡模型及其应用

在所有的车辆路径问题扩展模型中，带时间窗口的车辆路径问题近几年来吸引了越来越多的学者的注意力，并得到了广泛研究。例如，Lee使用车辆运载能力计划系统求解带时间窗口的车辆路径问题[206]；Aminua 和 Eglese 将带时间窗口的中国邮差问题转化为等价的带时间窗口的车辆路径问题[207]；Alvarenga 等通过改进高效的遗传算法求解带时间窗口的车辆路径问题[208]；Figliozzi 在考虑行车时间和车辆载重约束下研究了带时间窗口的车辆路径问题[209]；Cheng 和 Wang 使用分解技术和遗传算法对该问题进行了求解[210]。带时间窗口的车辆路径问题通常有两种类型：一种是硬时间窗口约束，这是刚性约束，即如果一条路线中对任何一位顾客的服务开始时间没有在已确立的时间窗口内，那么该条路线为无效路线[211]；另一种是软时间窗口约束，它是对硬时间窗口约束的缓和，即在有处罚的情况下，允许开始服务顾客时间超出已定的时间窗口范围[212~214]。在实际案例中，有很多不确定因素使得服务开始时间超出硬时间窗口范围，此时软时间窗口问题模型可以解决此类问题[32,177]。有很多不确定因素，也使得某段路程的行车时间无法确定，如天气情况、交通事故、车辆故障、交通管制以及司机技术和经验等[215]，而在过去的研究中，这些不确定通常被认定为随机变量[215,216]。但是近几年，越来越多的学者在研究车辆路径问题的时间窗口时，开始使用模糊隶属度函数来刻画与违反时间窗口约束相关联的顾客服务满意度，这种问题称为带模糊时间窗口的车辆路径问题[32,217,218]。综上所述，带时间窗口的车辆路径问题既包含模糊不确定因素又包含随机不确定因素，故而，可以使用模糊随机理论来描述带时间窗口的车辆路径问题，即带模糊随机时间窗口的主从车辆路径问题。

4.1 关键问题

本章在这里提出模糊随机时间窗口，并将其加入第 3 章提出的主从车辆路径优化模型中，从而提出新的时间窗口主从车辆路径数学模型。下面依次介绍模型的模糊随机成本、模糊随机时间窗口和模糊随机变量处理。

4.1.1 成本参数

由于运输时间及服务时间的不确定，运输成本常常被处理成不确定变量。Jiménez 和 Verdegay 用两种方法处理可能出现的不确定：间断多模式运输问题和模糊多模式运输问题[219]。其中，第一种方法用于处理数据问题是间断不连续的情况，而第二种方法则适用于数据信息属性是模糊的、不明确的情况。在 Sheng 和 Yao 的运输模型中，单位成本、物资和需求都被视为不确定变量[31]。运输成本的不确定由两部分组成，即由不确定需求带来的不确定成本和预计未能满足需求而带来的不确定惩罚[220]。

在大型工程建设项目中，精确的统计数据是稀缺的，故而统计数据及司机经验等更适合用模糊理论去处理。实际上，当制订决策时，不仅要考虑过去的数据，还要考虑未来信息对决策的影响，如天气变化。下面举一个简单的例子。司机对于某段路程的运输时间描述为"晴天要用两个小时左右"，而"遇到阴雨天气，可能要三个小时以上"。从司机的表述中可以看出，很难给出具体确定的车辆运输时间；并且，从描述中还可以看出，司机给出了不同天气情况下的运输时间的模糊估计值："两个小时左右"和"可能三个小时以上"。可以看出，"晴天"和"阴雨天"是典型的随机事件。假设"晴天"的概率为 0.6，"阴雨天"的概率为 0.4，由此可以得出"运输时间为两个小时左右的概率为 0.6"，而"可能要三个小时以上的概率为 0.4"。这时，司机给出的运输时间既有模糊信息又有随机信息，这就需要用模糊随机理论来处理此种不确定性。假定运输时间是三角模糊数，则"两个小时左右"和"可能要三个小时以上"的数学表达式如下：

$$\tilde{2}=(1.8,2,2.5), \quad \tilde{3}=(3,3.5,4)$$

若加上天气情况这个随机因素后，使用模糊随机理论来描述司机的运输时间的数学表达式如下：

$$\tilde{\bar{t}} = \begin{cases} (1.8,2,2.5), & \text{概率为}0.6 \\ (3,3.5,4), & \text{概率为}0.4 \end{cases}$$

运输时间的不确定，必将导致运输成本的不确定。所以，在模糊随机时间窗口主从车辆路径问题中，认为运输成本是模糊随机变量。

4.1.2 时间窗口

在传统的带时间窗口的车辆路径问题中，时间窗口的描述如下：所服务顾客需要在特定时间窗口内被服务，并且不接受延迟服务。这样的时间窗口可以用 $[e,l]$ 表示，其中，e 和 l 分别表示顾客能接受的最早和最晚被服务的时间。而对于带软时间窗口的车辆路径问题，车辆服务顾客的时间可以早于 e 并晚于 l。但是研究者认为这种违背顾客时间要求的行为应该受到惩罚，如成本增加，并且惩罚的程度要与违背顾客要求时间的程度关联[32,47,221]。

使用软时间窗口意味着在一定程度上降低了顾客的满意度，未能在顾客要求的时间内提供服务。因此，使用软时间窗口虽然可以缓解司机或者调度者的压力或者在一定程度上降低成本，但是长此以往，给客户带来的不满意情绪势必会使客户流失，造成一定的经济损失。因此，有必要在使成本最小化的同时，使客户满意度保持在某个特定水平之上。Tang 等使用模糊理论描述了客户的满意度[32]。在他们的研究中，客户的满意度水平与服务开始时间有关。即在传统的硬时间窗口问题中，假定顾客要求开始服务时间区间为 $[e,l]$，早于 e 或晚于 l 都是不能被接受的，这些情况下客户的满意度水平为 0；反之，开始服务时间在 $[e,l]$ 之间，顾客是满意的并且满意度为 1。而当考虑软时间窗口时，开始服务时间早于 e 或者晚于 l，但是不能早于 EET 或者晚于 ELT[32]，其中，EET 和 ELT 分别为顾客所能忍受的最早和最晚被服务时间。此时，如果服务开始时间在 e 和 l 之间，顾客的满意度为 1；如果在 EET 和 e 之间或者 l 和 ELT 之间，顾客的满意度水平在 $[0,1]$ 之间，否则，顾客的满意度水平为 0。从硬时间窗口到软时间窗口的顾客满意度转变如图 4.1 所示。

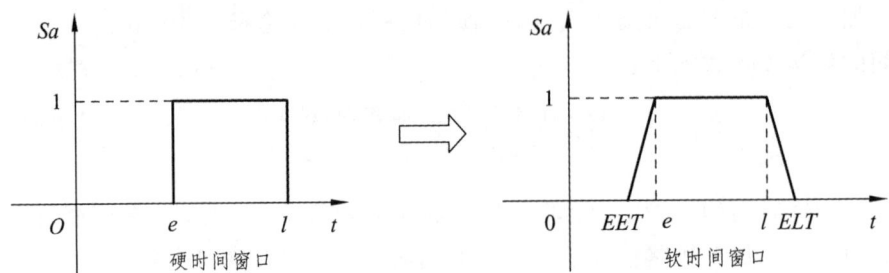

图 4.1 从硬时间窗口到软时间窗口的顾客满意度

在以往的研究中，EET 和 ELT 一般被处理为已知的或确定的，然而实际上很难取得这些数据的确切形式。通常有两种方式来确定这些数据：推理和咨询客户。下面举例说明如何推理。如在一个建设项目中 9:00 开始浇筑混凝土，而混凝土的卸载时间为 10 min，那么经过推理，ELT 应该是 8:50，然而实际上项目经理可以接受的 ELT 可能是 8:30。所以说，推理由于缺少弹性，可能会导致一个错误的 EET 或 ELT。关于另外一种方式，当咨询客户时，由于客户一般会给出一些模棱两可的信息，故很难获取确定的数据。如顾客可能会给出一些类似"不要太早"或者"不要晚于 10:00"的信息，在获取这些信息后，仍然难以取得明确的数据，并且如果将这些信息处理成确定的数据，将失去顾客所提供的信息。总之，经过推理和咨询后，得到的回应一般既包括随机信息又包括模糊信息。故而，本章将模糊随机理论应用到时间窗口问题中，提出了主从模糊随机时间窗口车辆路径问题，其中 EET 和 ELT 分别为模糊随机变量，即 $\widetilde{\overline{EET}}$ 和 $\widetilde{\overline{ELT}}$。

4.1.3 参数处理

实际上，不确定是绝对的，而确定是相对的，现在，模糊随机变量已经被应用到很多领域，如仓储问题[222]、项目进度问题[116]、报酬更新过程问题[38]以及供应链问题[223]。这些研究已经证明，模糊随机理论在处理随机信息和模糊信息共存的问题上具有一定的有效性。

然而，处理不确定变量，尤其是模糊随机变量，是十分困难的。针对模糊随机变量，Kwakernaak 给出了其数学表达式[93,184]，随后 Puri 和

Ralescu 将此数学形式定义得更加清晰[97]。在 Kwakernaak 或 Puri 和 Ralescu 的理论中，模糊随机变量被看作一组典型的取实值的随机变量的"模糊感知、观察或者印象"。由于不能够直接获取或者计算出模糊随机变量的数值，故提出一个用期望值算子对包含模糊随机变量的目标函数进行处理。根据可测集值函数的 Aumann 积分，Puri 和 Ralescu 将模糊随机变量的期望值定义为模糊数[97]。

【定义 4.1】[97] 给定概率空间 $(\Omega,\mathscr{F},P)$，如果对 $\forall \omega \in \Omega$，$\alpha \in [0,1]$，映射 $\omega \mapsto \xi_\alpha^-(\omega)$ 和 $\omega \mapsto \xi_\alpha^+(\omega)$ 是可积的，则称 ξ 为关于概率空间 $(\Omega,\mathscr{F},P)$ 的积分有界的模糊变量。

【定义 4.2】[97] 设 ξ 是概率空间 $(\Omega,\mathscr{F},P)$ 上积分有界的模糊随机变量，ξ 的期望值 $E(\xi)$ 被定义为 R 上唯一的模糊集，对 $\forall \alpha \in (0,1]$，满足：

$$(E(\xi))_\alpha = \int_\Omega \xi_\alpha dP = \left\{ \int_\Omega f(\omega)dP(\omega) : f \in L^1(P), f(\omega) \in \xi_\alpha(\omega) \right\} \quad (4.1)$$

其中 $\int_\Omega \xi_\alpha dP$ 是 ξ_α 关于 P 的 Aumann 积分，$L^1(P)$ 表示关于概率测度 P 可积的全部函数 $f:\Omega \to R$。

设 $(\Omega,\mathscr{F},P)$ 为完备概率空间，$\xi:\Omega \to \mathscr{F}_C(R)$ 为积分有界的模糊随机变量[107]，则对 $\forall \alpha \in (0,1]$，$\tilde{E}(\xi)$ 的 α-截集可以表示为如下的紧凸区间：

$$(\tilde{E}(\xi))_\alpha = [(\tilde{E}(\xi))_\alpha^-, (\tilde{E}(\xi))_\alpha^+] = \left[\int_\Omega (\xi(\omega))_\alpha^- dP(\omega), \int_\Omega (\xi(\omega))_\alpha^+ dP(\omega) \right] \quad (4.2)$$

设 $(\Omega,\mathscr{F},P)$ 为完备概率空间，ξ_1,ξ_2 为定义在 $(\Omega,\mathscr{F},P)$ 上积分有界的模糊随机变量，$\lambda,\gamma \in R$，则有[107]：

$$\tilde{E}(\lambda \xi_1 + \gamma \xi_2) = \lambda \tilde{E}(\xi_1) + \gamma \tilde{E}(\xi_2) \quad (4.3)$$

【定义 4.3】[186] 设 ξ 是定义在概率空间 $(\Omega,\mathscr{F},P)$ 上的一个模糊随机变量，它的期望值定义为：

$$E[\xi] = \int_0^{+\infty} Pr\{\omega \in \Omega | E[\xi(\omega)] \geqslant r\}dr - \int_{-\infty}^0 Pr\{\omega \in \Omega | E[\xi(\omega)] \leqslant r\}dr \quad (4.4)$$

在等式（4.4）两边同时出现符号 E，然而这两个 E 代表不同的含义，其中一个为模糊随机变量的期望值算子，另一个为模糊变量的期望值算子。

当模糊随机变量 ξ 退化为随机变量时，（4.4）式可改写为：

$$E[\xi] = \int_0^{+\infty} Pr\{\xi \geq r\} dr - \int_{-\infty}^0 Pr\{\xi \leq r\} dr$$

它变成了随机变量的期望值。

当模糊随机变量 ξ 退化为模糊变量时，（4.4）式可改写为：

$$E[\xi] = \int_0^{+\infty} Cr\{\xi \geq r\} dr - \int_{-\infty}^0 Cr\{\xi \leq r\} dr$$

它变成了模糊随机变量的期望值[186]。

设 ξ 和 η 是期望值有限的模糊随机变量，则对于任意常数 a,b，有

$$E[a\xi + b\eta] = aE[\xi] + bE[\eta] \tag{4.5}$$

【定义 4.4】[186] 设 ξ 是期望值有限的模糊随机变量，则 ξ 的方差定义为

$$V[\xi] = E[(\xi - E[\xi])^2] \tag{4.6}$$

有关不同方差的定义和性质可参见文献[88, 224~226]。

从 Puri 和 Ralescu 所给出的定义可以看出，模糊随机变量是从一个可能性空间到一批次的模糊变量的可测函数。粗略地说，模糊随机变量是一个带有随机值的模糊变量。根据文献[222]，可以将模糊随机变量转变为一个模糊区间，由此，该模糊区间可以用一个模糊数来表示。但是，处理含有模糊变量的目标函数仍然比较困难，无法直接获取确定的最优值。为了尽可能地减少信息的缺失，使用 Heilpern 提出的期望值理论，将不确定模型转化为清晰等价模型[227]。综上，根据模糊随机理论，提出了一种将模糊随机变量转变为清晰等价变量的转化方法。下面以典型的模糊随机变量 $\widetilde{\widetilde{EET}}$，其中 $\widetilde{\widetilde{EET}} = ([m]_L, \rho(\omega), [m]_R), \rho(\omega) \sim \mathcal{N}(\mu_0, \sigma_0^2)$ 为例，介绍此转化方法的一般步骤。

Step 1. 将客户所能忍受的最早服务时间 $\widetilde{\widetilde{EET}}$，考虑为模糊随机变量。通过历史统计数据及由经验获取的数据，估计模糊随机变量几个参数 $[m]_L$，$[m]_R$，μ_0 和 σ_0^2。

Step 2. 模糊随机变量的内部参数由群决策方式获得，其取值受决策者保守程度的影响。根据 Puri 和 Ralescu 所给出的定义[97]，将模糊随机变量 $\widetilde{\widetilde{EET}}$ 表示为 $\widetilde{\widetilde{EET}} = ([m]_L, \rho(\omega), [m]_R)$，其中 $\rho(\omega) \sim \mathcal{N}(\mu_0, \sigma_0^2)$ 的概率密度分布函数为 $\varphi_\rho(x)$，其数学表达式为 $\varphi_\rho(x) = \dfrac{1}{\sqrt{2\pi}\sigma_0 x} e^{-\dfrac{(x-\mu_0)^2}{2\sigma_0^2}}$。假设 σ，$\sigma \in [0, \sup\varphi_\rho(x)]$，是概率水平，$r$ 是可能性水平且 $r \in [r_l, 1]$，其中 $r_l = \dfrac{[m]_R - [m]_L}{[m]_R - [m]_L + \rho_\sigma^R - \rho_\sigma^L}$，则 σ 和 r 均体现决策者的保守程度。

Step 3. 设定 ρ_σ 为随机变量 $\rho(\omega)$ 的 σ-cut。

Xu 和 Liu 在他们的文章中提出了一个可以将模糊随机变量转化为类似于梯形模糊数的模糊变量。文献[222]中的研究调整了这个定理及其证明，使其能够更加适用于离散随机变量，而且有着具有模糊性质的浮动上边界、中值、下边界参数。

【定理 4.1】[222] $\widetilde{\widetilde{\xi}} = \begin{cases} (a_{1L}, a_{1C}, a_{1R}), & \text{对应的概率} p_1, \\ \cdots & \cdots \\ (a_{iL}, a_{iC}, a_{iR}), & \text{对应的概率} p_i, \\ \cdots & \cdots \\ (a_{IL}, a_{IC}, a_{IR}), & \text{对应的概率} p_I, \end{cases}$ 是模糊随机变量，有

着离散随机分布，在上边界、中值、下边界参数上具有模糊性质的浮动，其中，离散随机分布为 $P_\psi(x)$。设 δ 是任意给定的一个随机变量的概率水平，η 是任意给定的一个模糊变量的可能性水平，那么模糊随机变量可以转化为 (δ, η) 水平梯形模糊变量。

根据 Xu 和 Liu[222] 所给出的引理，$\rho_\sigma = [\rho_\sigma^L, \rho_\sigma^R] = \{x \in R | \varphi_\rho(x) \geq \sigma\}$，其中 ρ_σ^L 和 ρ_σ^R 的取值可以如下表示：

$$\rho_\sigma^L = \inf\{x \in R | \varphi_\rho(x) \geq \sigma\} = \inf \varphi_\rho^{-1}(\sigma) = \mu_0 - \sqrt{-2\sigma_0^2 \ln(\sqrt{2\pi}\sigma_0\sigma)}$$

$$\rho_\sigma^R = \sup\{x \in R | \varphi_\rho(x) \geq \sigma\} = \sup \varphi_\rho^{-1}(\sigma) = \mu_0 + \sqrt{-2\sigma_0^2 \ln(\sqrt{2\pi}\sigma_0\sigma)}$$

Step 4. 将模糊随机变量 $\widetilde{\widetilde{EET}} = ([m]_L, \rho(\omega), [m]_R)$ 转化为 (r, σ)-level 梯形模糊变量 $\widetilde{\omega}_{\widetilde{\widetilde{EET}}(r,\sigma)}$，转化公式如下：

$$\widetilde{\widetilde{EET}} \to \tilde{\omega}_{\widetilde{\widetilde{EET}}(r,\sigma)} = ([m]_L, \underline{m}, \overline{m}, [m]_R)$$

其中，

$$\underline{m} = [m]_R - r([m]_R - \rho_\sigma^L) = [m]_R - r\left([m]_R - \mu_0 + \sqrt{-2\sigma_0^2 \ln(\sqrt{2\pi}\sigma_0 \sigma)}\right)$$

$$\overline{m} = [m]_L + r(\rho_\sigma^R - [m]_L) = [m]_L + r\left(\mu_0 - [m]_L + \sqrt{-2\sigma_0^2 \ln(\sqrt{2\pi}\sigma_0 \sigma)}\right)$$

进而，$\widetilde{\widetilde{EET}}$ 可由 $\tilde{\omega}_{\widetilde{\widetilde{EET}}(r,\sigma)} = ([m]_L, \underline{m}, \overline{m}, [m]_R)$ 表示，其隶属度函数为：

$$\mu_{\tilde{\omega}_{\widetilde{\widetilde{EET}}(x)}} = \begin{cases} 0, & \text{for } x > [m]_R, \\ \dfrac{[m]_R - x}{[m]_R - \overline{m}}, & \text{for } \overline{m} \leqslant x \leqslant [m]_R, \\ 1, & \text{for } \underline{m} \leqslant x \leqslant \overline{m}, \\ \dfrac{x - [m]_L}{\underline{m} - [m]_L}, & \text{for } [m]_L \leqslant x \leqslant \underline{m}, \\ 0, & \text{for } x < [m]_L \end{cases}$$

将模糊随机变量 $\widetilde{\widetilde{EET}}$ 转化为 (r,σ)-level 梯形模糊数 $\tilde{\omega}_{\widetilde{\widetilde{EET}}(r,\sigma)}$ 的过程参见图 4.2。

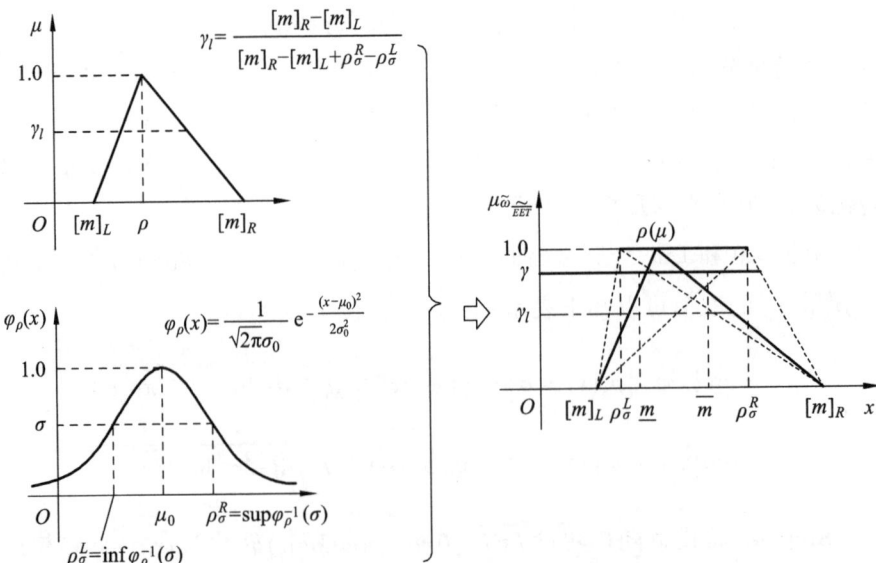

图 4.2 模糊随机变量 $\widetilde{\widetilde{EET}}$ 转化过程

Step 5. 期望值算子可以将 (r,σ)-level 梯形模糊变量转变为其清晰等价形式。根据 Heilpern[227]的模糊区间理论和期望值理论，假定一个模糊数 $\tilde{N}=(a,b,c,d)$，其隶属度函数如下：

$$\mu_{\tilde{N}}(x)=\begin{cases}0, & \text{for } x<a,\\ f_{\tilde{N}}(x), & \text{for } a\leqslant x\leqslant b,\\ 1, & \text{for } b\leqslant x\leqslant c,\\ g_{\tilde{N}}(x), & \text{for } c\leqslant x\leqslant d,\\ 0, & \text{for } x>d\end{cases}$$

其中 $f_{\tilde{N}}(x)$ 和 $g_{\tilde{N}}(x)$ 分别是模糊数的上限和下限，此时，模糊数 $\tilde{N}$ 的期望值定义为式（4.7）[227]：

$$E(\tilde{N})=\frac{\int_0^1 f_{\tilde{N}}(x)\mathrm{d}x+\int_0^1 g_{\tilde{N}}(x)\mathrm{d}x}{2} \quad (4.7)$$

所以，模糊变量 $\tilde{\bar{\omega}}_{\overline{EET}(r,\sigma)}$ 的期望值如下：

$$EV\left[\tilde{\bar{\omega}}_{\overline{EET}(r,\sigma)}\right]=\frac{1}{2}\left[\left(\underline{m}-\int_{[m]_L}^{\underline{m}}f_{\tilde{\bar{\omega}}_{\overline{EET}(r,\sigma)}}(x)\mathrm{d}x\right)+\left(\overline{m}+\int_{\overline{m}}^{[m]_R}g_{\tilde{\bar{\omega}}_{\overline{EET}(r,\sigma)}}(x)\mathrm{d}x\right)\right] \quad (4.8)$$

根据以上讨论，可以获得模糊随机时间窗口，如图 4.3 所示。同样的转换过程可以应用到模糊随机程成本 $\tilde{\bar{c}}_i$，$\tilde{\bar{c}}_{kj}$ 和 $\tilde{\bar{c}}_{ij}$ 上。

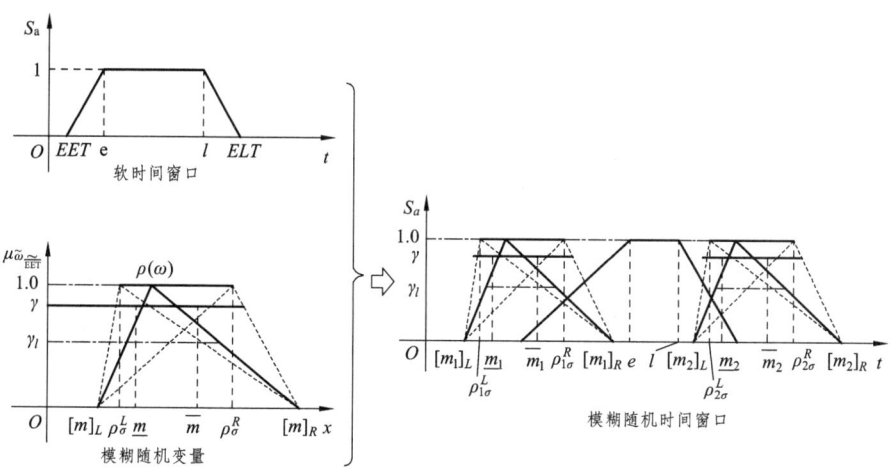

图 4.3　模糊随机时间窗口 $\widetilde{\overline{EET}}$

综上，对模糊随机时间窗口的处理过程可参见图 4.4。

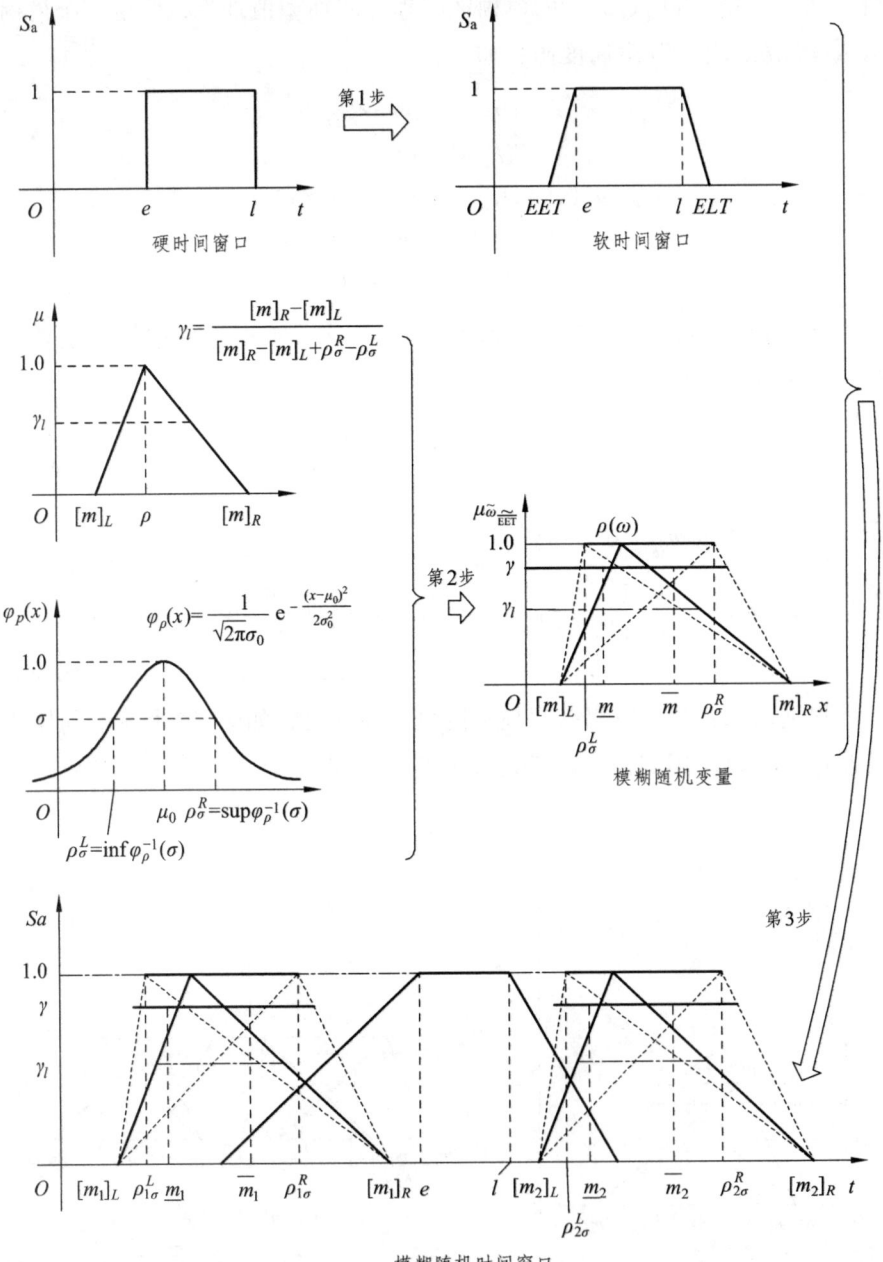

图 4.4 模糊随机时间窗口处理过程

4.2 模型建立

为了建立时间窗口车辆路径模型,下面先介绍模型建立所需要的符号定义,然后依次给出上级顾客分配方案模型、下级运输方案选择模型,最后给出时间窗口主从车辆路径总体模型。

4.2.1 模型符号定义

建立模型之前,要先了解模型所包含符号的定义,如下:

集合:

V:顾客和仓库集合,$V = \{0,1,\cdots,n\}$,其中点 0 表示仓库;

C:顾客集合,$C = V / \{0\}$;

S:V 的子集,并且 $S \neq \varnothing$;

E:顾客对集合,如 $(i,j) \in E$ 指在路线中顾客 i 一定在顾客 j 之前得到服务;

H:车辆集合,$H = \{1,2,\cdots,K\}$。

参数:

n:顾客数量;

i/j:顾客指标,$i/j = 0,1,\cdots,n$,并且 $i=0$ 表示仓库;

K:车辆数量;

k:车辆指标,$k = 1,2,\cdots,K$;

d_i:顾客 i 的需求;

$\tilde{c}_i$:种子顾客 i 的路线初始成本,假设为模糊随机变量;

$\tilde{c}_{kj}$:车辆 k 服务顾客 j 的服务成本,假设为模糊随机变量;

$\tilde{c}_{ij}$:顾客 i 与顾客 j 之间的路线配送成本,假设为模糊随机变量;

Q_k:车辆 k 的载质量;

t_i:车辆对顾客 i 的开始服务时间;

t_{ij}:从顾客 i 到顾客 j 的运输时间;

s_i:车辆对顾客 i 的服务持续时间;

$\widetilde{EET_i}$：顾客 i 能容忍的最早开始服务时间，假设为模糊随机变量；

$\widetilde{ELT_i}$：顾客 i 能容忍的最晚开始服务时间，假设为模糊随机变量；

S_a：最低平均客户满意度水平；

$L_i(t_i)$：顾客满意度水平，其隶属度函数如下[32]：

$$L_i(t_i) = \begin{cases} 0, & t_i < EET_i, \\ \dfrac{t_i - EET_i}{e_i - EET_i}, & EET_i \leq t_i < e_i, \\ 1, & e_i \leq t_i < l_i, \\ \dfrac{ELT_i - t_i}{ELT_i - l_i}, & l_i \leq t_i < ELT_i, \\ 0, & t_i \geq ELT_i \end{cases}$$

决策变量：

z_{ki}：0-1 变量，如果顾客 i 被选定为种子顾客，则 $z_{ki}=1$，反之，$z_{ki}=0$；

x_{kj}：0-1 变量，如果顾客 j 由车辆 k 提供服务，则 $x_{kj}=1$，反之，$x_{kj}=0$；

y_{ij}：0-1 变量,如果顾客 i 到顾客 j 之间的运输存在在某条路线上，则 $y_{ij}=1$，反之，$y_{ij}=0$。

4.2.2 顾客分配方案

一般而言，工程材料运输需要大量人力、物力及财政资源，尤其在大型建设项目中，所以，决策者试图尽可能地最小化工程运输成本。材料运输问题是为每辆车选择一条低成本且可行的路线，所以，上级决策者的目标是在模糊随机环境中，找到可以使总体成本最小且可行的顾客分配方案。最小化目标可以写作 $\min\limits_{x,z}(\tilde{\tilde{c}}_i, \tilde{\tilde{c}}_{kj}, \tilde{\tilde{c}}_{ij})$，其中 $\tilde{\tilde{c}}_i$，$\tilde{\tilde{c}}_{kj}$ 和 $\tilde{\tilde{c}}_{ij}$ 是此问题中包括的三类成本。根据章节 4.1.3 中关于模糊随机变量的转换过程，可以得到含有模糊随机变量的目标的清晰等价形式，见公式（4.9）：

$$\min_{x,z} \sum_{k=1}^{K}\sum_{i=1}^{n} EV\left[\tilde{\omega}_{\tilde{\tilde{c}}_i(r_i,\sigma_i)}\right]z_{ki} + \sum_{k=1}^{K}\sum_{j=1}^{n} EV\left[\tilde{\omega}_{\tilde{\tilde{c}}_{kj}(r_{kj},\sigma_{kj})}\right]x_{kj}$$
$$+ \sum_{i=1}^{n}\sum_{j=1}^{n} EV\left[\tilde{\omega}_{\tilde{\tilde{c}}_{ij}(r_{ij},\sigma_{ij})}\right]y_{ij} \quad (4.9)$$

其中 $EV\left[\tilde{\omega}_{\tilde{\tilde{c}}_i(r_i,\sigma_i)}\right]$，$EV\left[\tilde{\omega}_{\tilde{\tilde{c}}_{kj}(r_{kj},\sigma_{kj})}\right]$ 和 $EV\left[\tilde{\omega}_{\tilde{\tilde{c}}_{ij}(r_{ij},\sigma_{ij})}\right]$ 分别是模糊变量 $E(\tilde{\tilde{c}}_i)$，$E(\tilde{\tilde{c}}_{kj})$ 和 $E(\tilde{\tilde{c}}_{ij})$ 的期望值；$\tilde{\tilde{c}}_i$ 是种子顾客 i 的路线初始化成本，$\tilde{\tilde{c}}_{kj}$ 是车辆 k 服务顾客 j 的成本，而 $\tilde{\tilde{c}}_{ij}$ 是顾客 i 和顾客 j 之间的运输成本。上级决策者为了达到总体成本最低的目标，包括路线初始费用、顾客服务费用和运输配送费用，可对顾客进行分配（顾客集合 x_{kj} 和种子顾客 z_{ki} 分配）。

假定不同车辆的劳动力水平不同（如车辆 1 可能有两名工人负责装卸工作，而车辆 2 可能有 6 名），所以不同车辆服务同一顾客的成本是不同的，即在顾客 j 固定而车辆 k 不固定的情况下，$\tilde{\tilde{c}}_{kj}$ 是不同的。另外，与决策变量 z_{ki} 关联的 $\tilde{\tilde{c}}_i$ 是种子顾客的路线初始成本，包括仓库装载成本（劳动力费用）及仓库到种子顾客的运输成本（燃油及司机费用）。而与决策变量 x_{kj} 关联的 $\tilde{\tilde{c}}_{kj}$ 指的是车辆 k 对顾客 j 的服务成本，主要包括卸载成本。因此，有必要设置 z_{ki} 和 x_{kj} 两个决策变量。其中第一部分 $\sum_{k=1}^{K}\sum_{i=1}^{n}EV\left[\tilde{\omega}_{\tilde{\tilde{c}}_i(r_i,\sigma_i)}\right]z_{ki}$ 指的是种子顾客的路线初始成本之和，包括仓库装载成本（劳动力费用）以及仓库到种子顾客的运输成本（燃油及司机费用）；第二部分 $\sum_{k=1}^{K}\sum_{j=1}^{n}EV\left[\tilde{\omega}_{\tilde{\tilde{c}}_{kj}(r_{kj},\sigma_{kj})}\right]x_{kj}$ 表示车辆对顾客的服务成本总和，主要包括卸载成本（劳动力费用）；第三部分 $\sum_{i=1}^{n}\sum_{j=1}^{n}EV\left[\tilde{\omega}_{\tilde{\tilde{c}}_{ij}(r_{ij},\sigma_{ij})}\right]y_{ij}$ 表示总体的路线配送成本，由顾客之间的运输成本（燃油及司机费用）构成。

值得注意的是 EV 包括两次求解期望值过程：第一次求解是根据 Puri 和 Ralescu 提出的理论，将模糊随机变量转化为模糊数[97]；第二次求解要将模糊数转化为其清晰等价形式，这是基于 Heilpern 的理论[227]。为了避免混淆，标记 EV 是双重的 &。

每辆车都有特定的载质量，其承载不能超过其载质量，故而车辆载质量约束是必要的：

$$\sum_{j=1}^{n} d_j x_{kj} \leq Q_k, \ \forall k \in H \quad （4.10）$$

其中 x_{kj} 指顾客 j 是否由车辆 k 提供服务。此约束使得所有由车辆 k 提供服务的顾客的需求量之和不能超过车辆 k 的载质量 Q_k。

种子顾客是一个新路线的起始点，一个新路线同时也意味着上一辆车已经不能再满足约束条件，需要安排另外一辆车。所以，种子顾客的数量与车辆数量相同，即

$$\sum_{i=1}^{n} z_{ki} = K, \ \forall k \in H \quad （4.11）$$

每一位顾客只能由一辆车提供服务：

$$\sum_{k=1}^{K} x_{kj} = 1, \ \forall j \in C \quad （4.12）$$

最后，由于 z_{ki} 和 x_{kj} 是 0-1 变量，所以以下约束是必要的：

$$z_{ki} = \{0,1\}, \ \forall k \in H, \ \forall i \in C \quad （4.13）$$

$$x_{kj} = \{0,1\}, \ \forall k \in H, \ \forall j \in C \quad （4.14）$$

其中 z_{ki} 是一个 0-1 变量，表示顾客 i 是否被选定为种子顾客。如果顾客 i 被选定为种子顾客，则 $z_{ki}=1$；反之，$z_{ki}=0$。同样，x_{kj} 也是 0-1 变量，表示顾客 j 是否由车辆 k 提供服务。如果顾客 j 由车辆 k 提供服务，则 $x_{kj}=1$；反之，$x_{kj}=0$。z_{ki} 和 x_{kj} 是上级决策者的决策变量。

综上所述，物流配送带时间窗口的主从车辆路径优化问题模型的上级顾客分配方案模型如下：

$$(M_0) \begin{cases} \min\limits_{x,z} \sum\limits_{k=1}^{K}\sum\limits_{i=1}^{n} EV\left[\tilde{\bar{\omega}}_{\tilde{\bar{c}}_i(r_i,\sigma_i)}\right]z_{ki} + \sum\limits_{k=1}^{K}\sum\limits_{j=1}^{n} EV\left[\tilde{\bar{\omega}}_{\tilde{\bar{c}}_{kj}(r_{kj},\sigma_{kj})}\right]x_{kj} + \sum\limits_{i=1}^{n}\sum\limits_{j=1}^{n} EV\left[\tilde{\bar{\omega}}_{\tilde{\bar{c}}_{ij}(r_{ij},\sigma_{ij})}\right]y_{ij}, \\ \text{s.t.} \begin{cases} \sum\limits_{j=1}^{n} d_j x_{kj} \leqslant Q_k, \forall k \in H, \\ \sum\limits_{i=1}^{n} z_{ki} = K, \forall k \in H, \\ \sum\limits_{k=1}^{K} x_{kj} = 1, \forall j \in C, \\ z_{ki} = \{0,1\}, \forall k \in H, \forall i \in C, \\ x_{kj} = \{0,1\}, \forall k \in H, \forall j \in C \end{cases} \end{cases}$$

(4.15)

4.2.3 配送路线选择

在物流配送时间窗口主从车辆路径优化问题中，跟随者问题可以被认为是旅行商问题（TSP），主要目标是寻找优化路线，以使运输成本最低。其中目标函数中模糊随机变量 $\tilde{\bar{c}}_{ij}$ 的转化过程同公式（4.9），数学形式如下：

$$\min_{y} \sum_{i=1}^{n}\sum_{j=1}^{n} EV\left[\tilde{\bar{\omega}}_{\tilde{\bar{c}}_{ij}(r_{ij},\sigma_{ij})}\right]y_{ij}$$

（4.16）

其中 $\tilde{\bar{c}}_{ij}$ 是从顾客 i 到顾客 j 的运输成本。EV 指对模糊随机变量求双重期望值。y_{ij} 是一个 0-1 变量，表示边缘顾客 i 到顾客 j 是否存在于某条路线上：如果顾客 i 到顾客 j 之间的运输存在于某条路线上，则 $y_{ij}=1$，反之，$y_{ij}=0$；同时 y_{ij} 是跟随者，即下级决策者，决策变量。

接下来我们考虑服务开始时间约束。如果车辆早于 $\widetilde{\overline{EET}}$ 到达，它必须等待直到 $\widetilde{\overline{EET}}$，才能开始服务；如果它晚于 $\widetilde{\overline{EET}}$ 但早于 $\widetilde{\overline{ELT}}$ 到达，车辆可以即刻开始服务，此时时间为 $t_i + s_i + t_{ij}$。因此，在相邻顾客之间的服务开始时间约束的数学表达式如下：

$$t_j \geqslant \max\left\{EV\left[\tilde{\bar{\omega}}_{\widetilde{\overline{EET}_j}(r_j,\sigma_j)}\right], t_i + s_i + t_{ij}\right\}$$

（4.17）

$$t_j \leqslant EV\left[\tilde{\omega}_{\overline{ELT_j}(r_j,\sigma_j)}\right] \quad (4.18)$$

其中 t_i 是车辆开始服务顾客 i 的时间；s_i 是车辆服务顾客 i 的持续时间；t_{ij} 是顾客 i 到顾客 j 的运输时间。

关于客户满意度，有一个决策者能够接受的最低水平 S_a[32]，如下：

$$\frac{1}{n}\sum_{i=1}^{n}L_i(t_i) \geqslant S_a \quad (4.19)$$

其中 n 是顾客数量；$L_i(t_i)$ 是顾客 i 的满意度水平。

旅行商问题需要解决的是由特定车辆服务一组顾客的问题。其中，一辆车可以服务多位顾客，而一位顾客只能由一辆车提供服务，可以用下式表达此情况：

$$y_{ij} \leqslant x_{kj}, \forall k \in H, \forall i/j \in C \quad (4.20)$$

每条路线的任务必须有且仅有一辆车为其服务，该约束要求每位顾客点有且仅有一次被安排进入或者离开一条路线，表达式如下：

$$\sum_{i=1}^{n}y_{ij} = 1, \forall j \in C \quad (4.21)$$

$$\sum_{j=1}^{n}y_{ij} = 1, \forall i \in C \quad (4.22)$$

对于顾客点之间的配送是否存在约束，如下：

$$\sum_{i \in V}\sum_{j \in V}y_{ij} \leqslant |S|-1, \forall S \subset V, S \neq \varnothing \quad (4.23)$$

与 z_{ki}，x_{kj} 相同，y_{ij} 也是 0-1 变量，故有：

$$y_{ij} = \{0,1\}, \forall i/j \in V \quad (4.24)$$

综上所述，物流配送带时间窗口的主从车辆路径优化问题模型的下级配送路线选择模型如下：

$$\min_y \sum_{i=1}^{n}\sum_{j=1}^{n} EV\left[\tilde{\omega}_{\widetilde{\bar{c}_{ij}(r_{ij},\sigma_{ij})}}\right] y_{ij},$$

$$\text{s.t.} \begin{cases} t_j \geqslant \max\left\{ EV\left[\tilde{\omega}_{\widetilde{EET_j(r_j,\sigma_j)}}\right], t_i+s_i+t_{ij}\right\}; \\ t_j \leqslant EV\left[\tilde{\omega}_{\widetilde{ELT_j(r_j,\sigma_j)}}\right], \\ \dfrac{1}{n}\sum_{i=1}^{n} L_i(t_i) \geqslant S_a, \\ y_{ij} \leqslant x_{kj}, \forall k \in H, \forall i/j \in C, \\ \sum_{i=1}^{n} y_{ij} = 1, \forall j \in C, \\ \sum_{j=1}^{n} y_{ij} = 1, \forall i \in C, \\ \sum_{i \in V}\sum_{j \in V} y_{ij} \leqslant |S|-1, \forall S \subset V, S \neq \varnothing, \\ y_{ij} = \{0,1\}, \forall i/j \in V \end{cases} \quad (4.25)$$

4.2.4 时间窗口模型

综上，可以得到使用 Stackelberg 均衡规划技术下的带模糊随机时间窗口的车辆路径优化问题模型。它反映了作为主导者的公司管理者与跟随者的路线规划者之间的交互关系，即主导者根据对各种成本的预期，用模糊随机参数来描述这些估计值，而后通过确定种子顾客（初始化新路线）和顾客集合（由同一车辆提供服务的顾客），达到全局成本最小化的目标。而跟随者会根据各个车辆的条件和运输路径的可能优化结果达到线路运输成本最低的目标，同时考虑满足顾客时间窗口约束、顾客服务满意度约束和车辆服务逻辑约束等。跟随者路线规划决策应在主导者的决策结果之后，而主导者全局成本最小化的目标受到跟随者路线优化的影响。由于决策过程中不可避免地存在不确定信息，比如准确的行车成本是无法预知的，一般由决策者根据历史数据以及个人经验综合而得，其中，历史数据为随机现象预测，而个人经验为主观模糊判断；另外，顾客时间窗口的描述往往既含有模糊不确定因素又含有随机不确定因素。鉴于以上考虑，将车辆成本以及顾客时间窗口均处理为模糊随机参数。很显然，当模型中涉及不确定信息的时候，无法对模型直接求解，必须根据某种处理思想来建立具有明确数学意义的 Stackelberg 均衡规划模型。这时，假定主导者希望能够在平均意义下满足约束并且优化结果在平均意义下能够实现，于是得到该问题的总体模型，其数学形式如式（4.26）：

$$\min_{x,z} \sum_{k=1}^{K}\sum_{i=1}^{n} EV\left[\tilde{\tilde{\omega}}_{\tilde{\tilde{c}}_i(r_i,\sigma_i)}\right]z_{ki} + \sum_{k=1}^{K}\sum_{j=1}^{n} EV\left[\tilde{\tilde{\omega}}_{\tilde{\tilde{c}}_{kj}(r_{kj},\sigma_{kj})}\right]x_{kj} + \sum_{i=1}^{n}\sum_{j=1}^{n} EV\left[\tilde{\tilde{\omega}}_{\tilde{\tilde{c}}_{ij}(r_{ij},\sigma_{ij})}\right]y_{ij},$$

$$\text{s.t.}\begin{cases} \sum_{j=1}^{n} d_j x_{kj} \leqslant Q_k, \forall k \in H, \\ \sum_{i=1}^{n} z_{ki} = K, \forall k \in H, \\ \sum_{k=1}^{K} x_{kj} = 1, \forall j \in C, \\ z_{ki} = \{0,1\}, \forall k \in H, \forall i \in C, \\ x_{kj} = \{0,1\}, \forall k \in H, \forall j \in C, \\ \min_{y} \sum_{i=1}^{n}\sum_{j=1}^{n} EV\left[\tilde{\tilde{\omega}}_{\tilde{\tilde{c}}_{ij}(r_{ij},\sigma_{ij})}\right]y_{ij}, \\ \text{s.t.}\begin{cases} t_j \geqslant \max\left\{EV\left[\tilde{\tilde{\omega}}_{\overline{EET_j}(r_j,\sigma_j)}\right], t_i + s_i + t_{ij}\right\}, \\ t_j \leqslant EV\left[\tilde{\tilde{\omega}}_{\overline{ELT_j}(r_j,\sigma_j)}\right], \\ \frac{1}{n}\sum_{i=1}^{n} L_i(t_i) \geqslant S_a, \\ y_{ij} \leqslant x_{kj}, \forall k \in H, \forall i/j \in C, \\ \sum_{i=1}^{n} y_{ij} = 1, \forall j \in C, \\ \sum_{j=1}^{n} y_{ij} = 1, \forall i \in C, \\ \sum_{i\in V}\sum_{j\in V} y_{ij} \leqslant |S|-1, \forall S \subset V, S \neq \emptyset, \\ y_{ij} = \{0,1\}, \forall i/j \in V \end{cases} \end{cases} \quad (4.26)$$

4.3 算法构建

目前，粒子群算法已经得到了广泛应用，尤其在各类优化问题求解方面，其效率及有效性均获得了普遍认可。相较于其他智能算法，粒子群算法由于没有编码和解码的过程，其程序编写相对简单。很多研究者在使用粒子群算法解决 NP 困难问题以及 Stackelberg 均衡问题方面已经取得了一定的研究成果。然而，经过测试观察发现，基本的粒子群算法存在一定的缺陷，而第 3 章提出的全局-局部-邻域粒子群算法用来处理此缺陷已被证明是有效的。另外，在某些特殊情况下，费用或者利润不一定是运输量的线性函数或者模糊随机变量不是以上文所描述的特殊形式存在，此时就不能转化为清晰等价的模型，然而采用传统的算法也无法对其求解。因此，鉴于该种情况下无法得到其清晰等价模式的模型，本章提出了一种对期望值进行模拟的改进的粒子群算法以求其解。该算法由两部分组成：一是对模糊随机变量的期望值进行模拟；二是针对该模型设计的改进的粒子群算法。粒子群算法的改进体现在三个方面：① 基于期望值（EVO）的模糊随机模拟；② 基于正态云发生器的粒子初始化策略；③ 针对主从模型的主从算法结构。为了解决主从带模糊随机时间窗口的车辆路径问题，本章提出了基于云理论的改进粒子群算法。在本章最后，将提出的模型及算法应用到澜沧江干流水电基地物料配送实例中，以验证该模型的实用性，并通过算法对比证明该算法的有效性。

4.3.1 算法所需符号定义

粒子群算法包括的基本元素有粒子、种群、速度、惯性权重、个体最优、全局最优、学习系数和停止判则[205]。对应这些元素，基于云理论的改进粒子群算法所需要的符号如下：

τ：迭代次数指标，$\tau = 1, 2, \cdots, T$；

d：维度指标，$d = 1, 2, \cdots, D$；

i：粒子指标，$i = 1, 2, \cdots, I$；

$\omega(\tau)$：第 τ-th 代的惯性权重；

续表

$v_{id}(\tau)$：第 τ-th 代，第 i-th 粒子在 d-th 维度上的速度；

$p_{id}(\tau)$：第 τ-th 代，第 i-th 粒子在 d-th 维度上的位置；

$p_{id}^{best}(\tau)$：第 τ-th 代，第 i-th 粒子在 d-th 维度上的个人最优位置；

$p_{gd}^{best}(\tau)$：第 τ-th 代，第 d-th 维度上的全局最优位置；

$p_{id}^{Lbest}(\tau)$：第 τ-th 代，第 d-th 维度上的局部最优位置；

$p_{id}^{Nbest}(\tau)$：第 τ-th 代，第 d-th 维度上的邻域最优位置；

c_p：个人最优位置加速常数；

c_g：全局最优位置加速常数；

c_l：局部最优位置加速常数；

c_n：邻域最优位置加速常数；

P^{max}：最大位置值；

P^{min}：最小位置值；

P_i：第 i-th 粒子的位置向量，$P_i=[p_{i1},p_{i2},\cdots,p_{iD}]$；

V_i：第 i-th 粒子的速度向量，$V_i=[v_{i1},v_{i2},\cdots,v_{iD}]$；

P_i^{best}：第 i-th 粒子的个人最优位置向量，$P_i^{best}=[p_{i1}^{best},p_{i2}^{best},\cdots,p_{iD}^{best}]$；

P_g^{best}：全局最优位置向量，$P_g^{best}=[p_{g1}^{best},p_{g2}^{best},\cdots,p_{gD}^{best}]$；

P_i^{Lbest}：第 i-th 粒子的局部最优位置向量，$P_i^{Lbest}=[p_{i1}^{Lbest},p_{i2}^{Lbest},\cdots,p_{iD}^{Lbest}]$；

r_1,r_2,r_3,r_4：在区间[0,1]内均匀分布的随机数；

$Fitness(P_i)$：P_i 的适应值；

FDR：适应值距离比率。

4.3.2 云发生器的初始化

云理论是对模糊理论隶属函数的创新，是将不确定信息在语言上从定性概念转变为定量表征的一种模式。将云理论导入随机变化的粒子群优化可以确保搜索到的粒子个体的多样性，以免粒子陷入局部最优解。此外，粒子群算法的稳定趋势能有效保护优秀个体迅速锁定全局最优位置。设 U 是一个存在于一维的、二维的或多维的用精确数值表示的论域；$\tilde{A}$ 是在论域 U 上对应着定性概念，且对于论域 U 中的任意一个元素 x，都存在一个稳定倾向的随机数；$y = e^{\frac{-(x-Ex)^2}{2(En)^2}}$，称为 x 对概念 $\tilde{A}$ 的确定度，这样，可将 x 在 U 上的分布称为云。云的数字特征用期望 Ex，熵 En 和超熵 He 来表示，它们反映了定性概念 $\tilde{A}$ 在整体上的定量特征。

基于云理论的粒子初始化策略过程如下：

算法 1：基于云理论的粒子初始化

Step 1. 生成以 En 为期望值，He 为标准差的一个正态随机数 En'。

Step 2. 生成以 Ex 为期望值，En' 的绝对值为标准差的一个正态随机数 x，x 称为论域空间中的一个云滴。

Step 3. 计算 $y = e^{\frac{-(x-Ex)^2}{2(En')^2}}$，令 y 属于定性概念 $\tilde{A}$ 的确定度。

Step 4. 重复 Step 1 到 Step 3，直到产生 N 个云滴为止。

4.3.3　EVO 模糊随机模拟

众所周知，求解 NP 困难问题有一定的难度，而带模糊随机因素的 NP 困难问题会使求解的难度更大，因此，在求解 NP 困难问题之前，要先将问题中的不确定因素进行处理，以降低问题的难度。通常情况下，模糊随机变量很难转变为确定的等价形式，故本章提出了基于期望值理论的模糊随机模拟，以便通过随机模拟和模糊模拟的结合来求解此类不确定问题。此类模拟是通过使用期望值算子，在一定置信度水平上，获得模糊随机环境下的满意解。算法的流程图如图 4.5 所示。

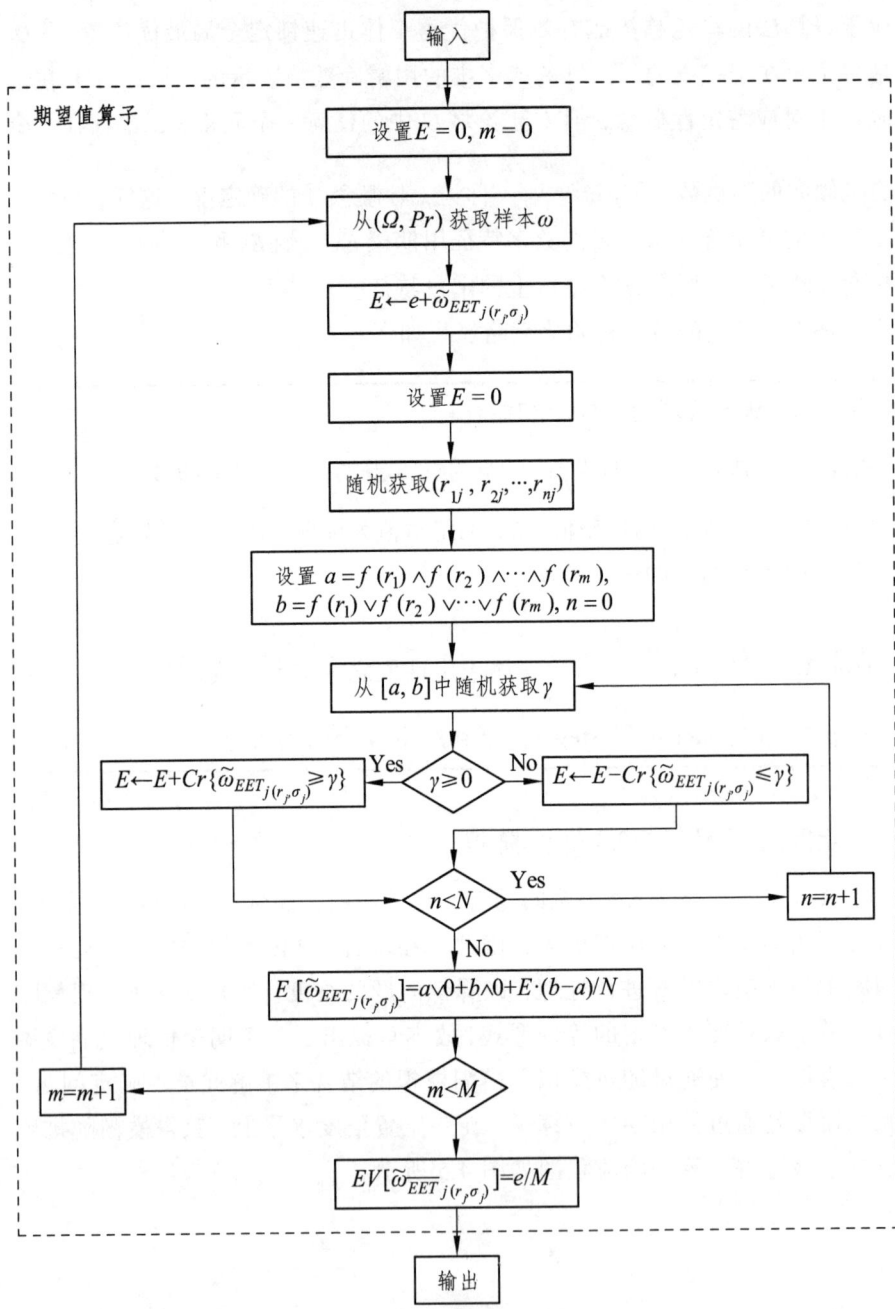

图 4.5 期望值算子

算法程序的具体步骤如下：

算法 2：EVO 模糊随机模拟

Step 1. 设置 $E=0$，$m=0$。

Step 2. 根据概率测度 Pr，从集合 Ω 中随机获取样本 ω。

Step 3. 通过以下几个步骤计算 $E \leftarrow e + \tilde{\omega}_{\overline{EET_j(r_j,\sigma_j)}}$ 和 $\tilde{\omega}_{\overline{EET_j(r_j,\sigma_j)}}$：

Step 3.1 设 $E=0$。

Step 3.2 从 $\omega_1,\omega_2,\cdots,\omega_n$ 的 σ-level 集合中，随机生成 $r_{1j},r_{2j},\cdots,r_{nj}$，并将之表示为 $r_j=(r_{1j},r_{2j},\cdots,r_{nj})$，$j=1,2,\cdots,m$，其中 σ 足够小。

Step 3.3 设 $a=f(r_1) \wedge f(r_2) \wedge \cdots \wedge f(r_m)$，$b=f(r_1) \vee f(r_2) \vee \cdots \vee f(r_m)$。

Step 3.4 从 $[a,b]$ 随机生成 γ。

Step 3.5 如果 $\gamma \geq 0$，则 $E \leftarrow E + Cr\{\tilde{\omega}_{\overline{EET_j(r_j,\sigma_j)}} \geq \gamma\}$。

Step 3.6 如果 $\gamma < 0$，则 $E \leftarrow E - Cr\{\tilde{\omega}_{\overline{EET_j(r_j,\sigma_j)}} \geq \gamma\}$。

Step 3.7 重复 Step 3.4 到 Step 3.6 N 次

Step 3.8 $E[\tilde{\omega}_{\overline{EET_j(r_j,\sigma_j)}}] = a \vee 0 + b \wedge 0 + E*(b-a)/N$。

Step 4. 重复 Step 2. 到 Step 4. M 次。

Step 5. $EV[\tilde{\omega}_{\overline{EET_j(r_j,\sigma_j)}}] = e/M$。

4.3.4 算法结构及其更新

Stackelberg 均衡决策主要有以下几个特点：① 系统是分层管理的，跟随者服从主导者，但是下级决策者具有一定的决策权；② 各层决策者具有各自的决策目标，这些目标往往是矛盾的；③ 各层决策者分别控制一部分决策变量，从而实现各自目标的优化；④ 主导者决策者优先做出决策，下级决策者在优化自己的目标时不能违背上级决策者的意愿；⑤ 主导者的决策可能影响跟随者的决策集,因而部分地影响跟随者目标的达成,但主导者不能完全控制跟随者的决策,在主导者决策允许的范围内跟随者有自主决策权;⑥ 跟随者的决策不但决定自身目标的达成,同时也影响主导者目标的达成,因此,主导者在对选择策略进行优化时,必须考虑跟随者可能采取的策略对自己的影响;⑦ 各层决策者的容许策略集通常是不可分离的,他们往往形成一个相关联的整体。根据主从决策特点使用 Stackelberg 均衡规划技术建立的数学模型,在求解过程中一定要考虑主从决策交互式影响,具体求解结构如图 4.6 所示。

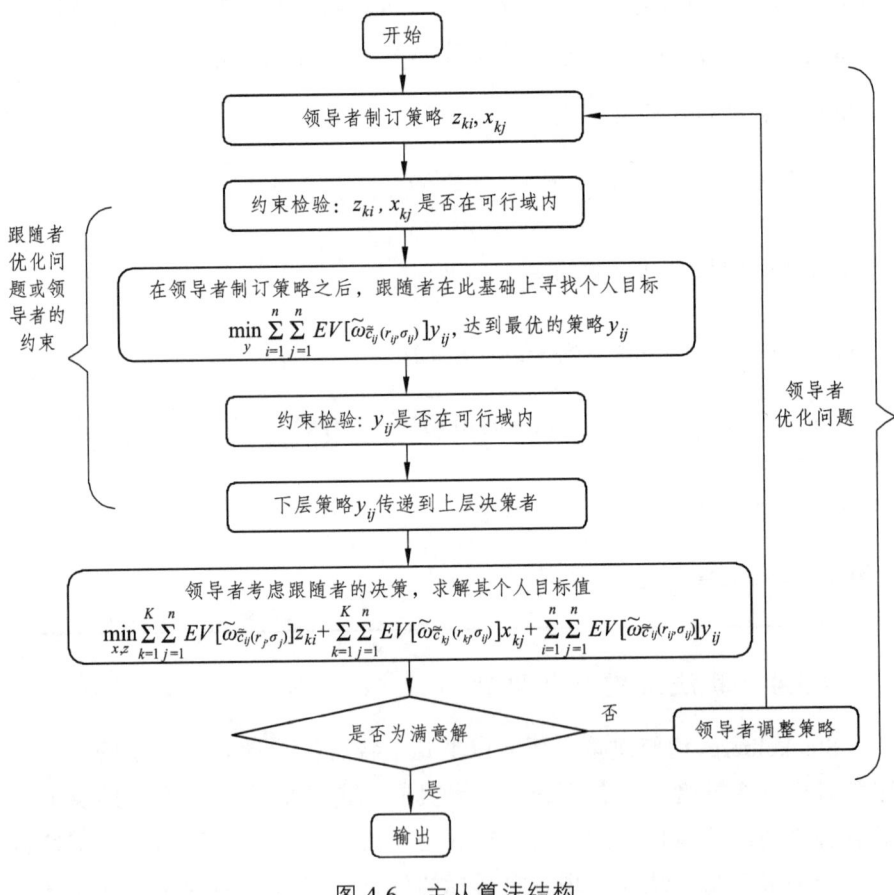

图 4.6　主从算法结构

全局-局部-邻域粒子群算法最早由 Ai and Kachitvichyanukul（2009）提出。该算法指的是在粒子群"社会学习"部分，不仅要有学习基本粒子群算法的全局最优粒子，还要有向局部最优粒子及邻域最优粒子学习的粒子，其中，局部最优粒子是指在粒子邻近的几个粒子中最优的一个[204]。基于云理论的全局-局部-邻域粒子群算法的惯性权重、速度和位置更新公式如下：

$$\begin{cases} \omega(\tau) = \omega(T) + \dfrac{\tau - T}{1 - T}[\omega(1) - \omega(T)], \\ v_{ld}(\tau+1) = \omega(\tau)v_{ld}(\tau) + c_p r_1[p_{ld}^{best}(\tau) - p_{ld}(\tau)] \\ \qquad\qquad + c_g r_2[p_{ld}^{best}(\tau) - p_{ld}(\tau)] + c_l r_3[p_{ld}^{lbest}(\tau) - p_{ld}(\tau)] \\ \qquad\qquad + c_n r_4[p_{ld}^{nbest}(\tau) - p_{ld}(\tau)], \\ p_{ld}(\tau+1) = p_{ld}(\tau) + v_{ld}(\tau+1) \end{cases} \quad (4.27)$$

邻域最优粒子概念是由 Veeramachaneni 等提出的[203]，其值由适应值距离比率（FDR）决定，表达式如下：

$$FDR = \frac{Fitness(P_i) - Fitness(P_o)}{|p_{id} - p_{od}|} \quad (4.28)$$

全局-局部-邻域粒子群算法在阻止粒子群陷入局部最优的效用方面已获得认可。随后在案例分析中，我们将证明基于云理论的全局-局部-邻域粒子群算法对于解决前面提出的主从模糊随机时间窗口物流配送车辆路径优化问题的有效性。

4.3.5 改进算法总体流程

为了求解含有不确定变量和主从结构的主从模糊随机时间窗口车辆路径问题模型，本章提出了基于云理论的全局-局部-邻域粒子群算法。该算法中，使用 EVO 模糊随机模拟算子处理模型中的不确定性，使用主从算法结构解决 Stackelberg 均衡规划数学模型。基于云理论带 EVO 模糊随机模拟的全局-局部-邻域粒子群算法的流程图如图 4.7 所示。

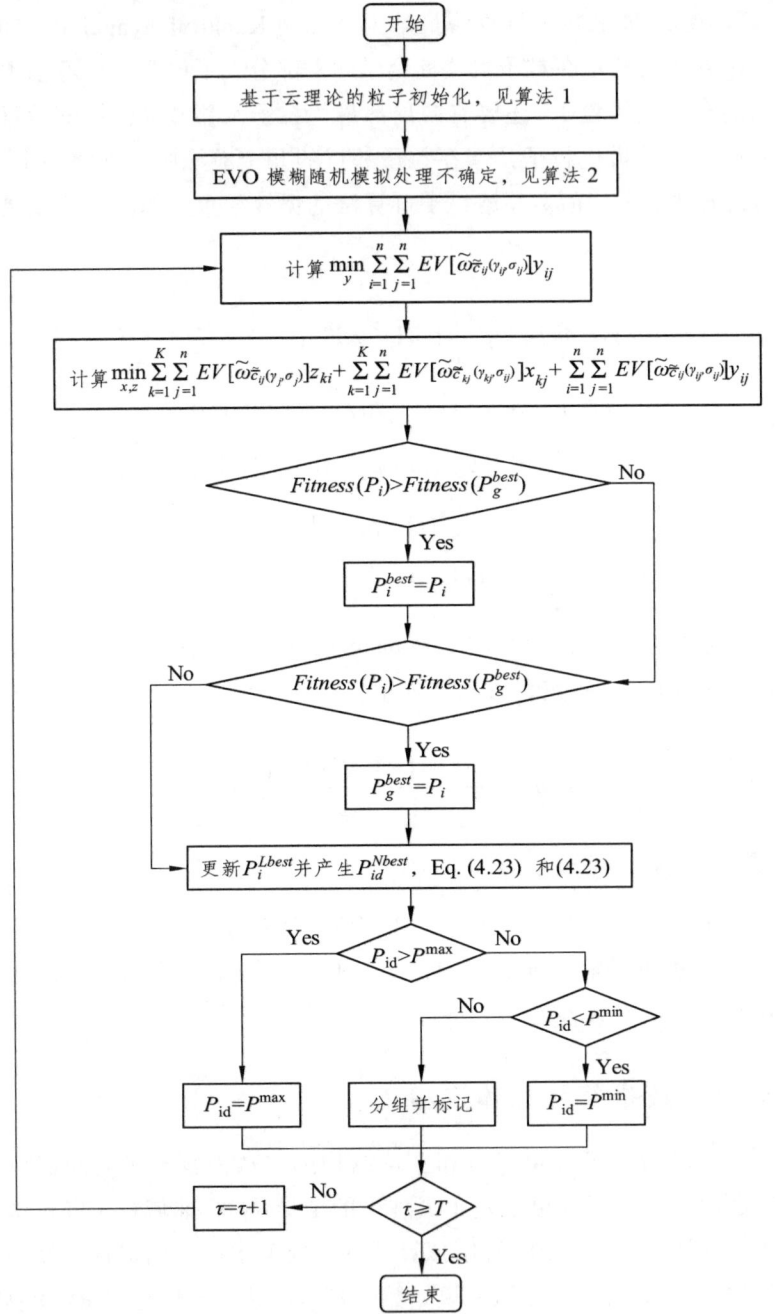

图4.7 基于云理论的改进粒子群算法流程

4.4 案例分析

本节将上文提出的模型和算法应用到澜沧江干流水电基地物料配送案例中,首先介绍案例背景描述和相关数据采集过程,随后对提出的算法进行算法参数测评、计算结果讨论和求解算法测评。

4.4.1 案例背景描述

澜沧江干流水电基地位列"中国十三大水电基地规划"之七。十三大水电基地的提出对我国实现水电流域梯级滚动开发,实行资源优化配置,带动西部经济发展等起到了极大的促进作用。澜沧江发源于青海省,流经西藏后入云南,在西双版纳州南腊河口处流出国境,称之为湄公河。澜沧江在我国境内长 2 130 km,落差约 5 000 m,流域面积 17.4 万 km²(三者分别占全河的 44.4%、90.9%和 23.4%),水能资源蕴藏量约 3 656 万 kW,其中,干流约 2 545 万 kW。干流从布衣至南腊河口全长 1 240 km,落差 1 780 m,流域面积 91 000 km²,出境处多年平均流量 2 180 m³/s,年径流量 688 亿 m³,水能蕴藏量约 1 800 万 kW。目前,已开发的水能不到 1%。中下游河段功果桥至中缅边界南阿河口,1986 年完成,经部、省联合审查通过后的规划报告推荐,自上而下地建有两库八级开发方案,即:功果桥水电站、小湾水电站、漫湾水电站、大朝山水电站、糯扎渡水电站、景洪水电站、橄榄坝水电站(15.5 万 kW)和勐松水电站。总装机容量 1 590 万 kW,年发电量 721.76 亿 kW·h。由于有小湾水库(调节库容近 100 亿 m³)及糯扎渡水库(调节库容 113.35 亿 m³)两座多年调节水库的补偿调节,其保证出力可达 721.31 万 kW。澜沧江中下游八个梯级合计淹没土地搬迁人口指标与一些大型水利水电工程比较,工程淹没占地和移民量相对小,由于河流特点与条件,淹没占地和移民搬迁人数,与其他水电开发项目比相对较小,见表 4.1。

表 4.1 澜沧江中下游八个梯级与一些大型水利水电工程的比较

工程名称	建设地点	装机容量/MW	淹没耕地/ha	单位容量淹地/ha/MW	搬迁安置人口/人	单位容量搬迁/人/MW
澜沧江八个水电站	澜沧江	15 900	10 264	0.7	79 908	5
三峡枢纽	湖北	18 200	19 213	1.1	1 100 000	60.4
水口水电站	福建闽清	1 400	2 093	1.5	63 495	45.4
龙羊峡水电站	青海共和	1 280	5 780	4.5	29 700	23.2
刘家峡水电站	甘肃永靖	1 225	5 180	4.2	33 800	27.6
岩滩水电站	广西大化	1 210	3 143	2.6	36 435	30.1
五强溪水电站	湖南沅陵	1 200	2 971	2.5	120 407	100.3

4.4.2 相关数据采集

考虑到运输公司的灵活性以及可能面对的风险，上级决策者决定提供载质量为 10 t 的货车 6 辆，剩下的考虑外包给其他公司。在澜沧江水电基地中下游的梯级水电站工程中，有各种各样的工程材料需要在特定的时间运送到特定的地点。在此案例中，共有 26 个顾客需求点，客户需求信息见表 4.2。每位顾客作为种子顾客的初始化路线成本见表 4.3，每辆车对每位顾客的服务费用见表 4.4。种子顾客的选定以及服务顾客车辆由上级决策者决定，下级决策者在初始化顾客（种子顾客）及顾客集合决定之后，为每辆车安排最优运输路线。顾客之间的运输成本见表 4.5。

表 4.2 顾客信息

节点	需求	卸载时间	节点	需求	卸载时间
1	2	1	7	2	1
2	1.8	1	8	1.8	0.75
3	2.5	1.5	9	2.5	1.25
4	1.2	0.5	10	1.5	0.8
5	1.5	0.7	11	1.25	0.5
6	1.75	1.2	12	2.5	1.5

续表

节点	需求	卸载时间	节点	需求	卸载时间
13	1	0.5	20	3	2
14	1.25	0.7	21	1	0.7
15	1.5	0.75	22	2.5	1.75
16	1.75	1.25	23	1.5	0.8
17	3	1.75	24	2	1.5
18	1.5	0.75	25	2	1.25
19	2	1	26	2.5	1.5

表 4.3　种子顾客初始化路线成本 $\tilde{\bar{c}}_i$　　　　单位：1×10^4CNY

节点	$\tilde{\bar{c}}_i$	参数 $\bar{\zeta}$	节点	$\tilde{\bar{c}}_i$	参数 $\bar{\zeta}$
1	$(1.28, \bar{\zeta}_1, 1.35)$	$\bar{\zeta}_1 \sim \mathcal{N}(1.33, 0.02)$	14	$(1.27, \bar{\zeta}_{14}, 1.35)$	$\bar{\zeta}_{14} \sim \mathcal{N}(1.31, 0.04)$
2	$(1.25, \bar{\zeta}_2, 1.34)$	$\bar{\zeta}_2 \sim \mathcal{N}(1.30, 0.04)$	15	$(1.29, \bar{\zeta}_{15}, 1.37)$	$\bar{\zeta}_{15} \sim \mathcal{N}(1.33, 0.04)$
3	$(1.25, \bar{\zeta}_3, 1.30)$	$\bar{\zeta}_3 \sim \mathcal{N}(1.28, 0.02)$	16	$(1.25, \bar{\zeta}_{16}, 1.35)$	$\bar{\zeta}_{16} \sim \mathcal{N}(1.30, 0.05)$
4	$(1.30, \bar{\zeta}_4, 1.36)$	$\bar{\zeta}_4 \sim \mathcal{N}(1.33, 0.03)$	17	$(1.28, \bar{\zeta}_{17}, 1.35)$	$\bar{\zeta}_{17} \sim \mathcal{N}(1.32, 0.04)$
5	$(1.25, \bar{\zeta}_5, 1.33)$	$\bar{\zeta}_5 \sim \mathcal{N}(1.30, 0.03)$	18	$(1.26, \bar{\zeta}_{18}, 1.35)$	$\bar{\zeta}_{18} \sim \mathcal{N}(1.31, 0.04)$
6	$(1.28, \bar{\zeta}_6, 1.34)$	$\bar{\zeta}_6 \sim \mathcal{N}(1.31, 0.03)$	19	$(1.28, \bar{\zeta}_{19}, 1.35)$	$\bar{\zeta}_{19} \sim \mathcal{N}(1.32, 0.03)$
7	$(1.25, \bar{\zeta}_7, 1.34)$	$\bar{\zeta}_7 \sim \mathcal{N}(1.29, 0.04)$	20	$(1.27, \bar{\zeta}_{20}, 1.35)$	$\bar{\zeta}_{20} \sim \mathcal{N}(1.31, 0.04)$
8	$(1.28, \bar{\zeta}_8, 1.32)$	$\bar{\zeta}_8 \sim \mathcal{N}(1.30, 0.02)$	21	$(1.25, \bar{\zeta}_{21}, 1.33)$	$\bar{\zeta}_{21} \sim \mathcal{N}(1.29, 0.04)$
9	$(1.28, \bar{\zeta}_9, 1.32)$	$\bar{\zeta}_9 \sim \mathcal{N}(1.30, 0.02)$	22	$(1.30, \bar{\zeta}_{22}, 1.35)$	$\bar{\zeta}_{22} \sim \mathcal{N}(1.33, 0.02)$
10	$(1.25, \bar{\zeta}_{10}, 1.34)$	$\bar{\zeta}_{10} \sim \mathcal{N}(1.30, 0.04)$	23	$(1.28, \bar{\zeta}_{23}, 1.34)$	$\bar{\zeta}_{23} \sim \mathcal{N}(1.31, 0.03)$
11	$(1.30, \bar{\zeta}_{11}, 1.35)$	$\bar{\zeta}_{11} \sim \mathcal{N}(1.33, 0.02)$	24	$(1.26, \bar{\zeta}_{24}, 1.36)$	$\bar{\zeta}_{24} \sim \mathcal{N}(1.31, 0.05)$
12	$(1.28, \bar{\zeta}_{12}, 1.36)$	$\bar{\zeta}_{12} \sim \mathcal{N}(1.32, 0.04)$	25	$(1.25, \bar{\zeta}_{25}, 1.35)$	$\bar{\zeta}_{25} \sim \mathcal{N}(1.29, 0.04)$
13	$(1.30, \bar{\zeta}_{13}, 1.35)$	$\bar{\zeta}_{13} \sim \mathcal{N}(1.32, 0.02)$	26	$(1.25, \bar{\zeta}_{26}, 1.35)$	$\bar{\zeta}_{26} \sim \mathcal{N}(1.30, 0.05)$

表 4.4　运输服务成本 $\tilde{\bar{c}}_{kj}$

k	顾客 1		顾客 2	
	$\tilde{\bar{c}}_{k1}$	参数 $\bar{\xi}$	$\tilde{\bar{c}}_{k2}$	参数 $\bar{\xi}$
1	$(0.38, \bar{\xi}_{11}, 0.42)$	$\bar{\xi}_{11} \sim \mathcal{N}(0.405, 0.02)$	$(0.49, \bar{\xi}_{12}, 0.60)$	$\bar{\xi}_{12} \sim \mathcal{N}(0.54, 0.05)$
2	$(0.30, \bar{\xi}_{21}, 0.43)$	$\bar{\xi}_{21} \sim \mathcal{N}(0.36, 0.06)$	$(0.45, \bar{\xi}_{22}, 0.50)$	$\bar{\xi}_{22} \sim \mathcal{N}(0.48, 0.02)$
3	$(0.28, \bar{\xi}_{31}, 0.36)$	$\bar{\xi}_{31} \sim \mathcal{N}(0.33, 0.03)$	$(0.40, \bar{\xi}_{32}, 0.50)$	$\bar{\xi}_{32} \sim \mathcal{N}(0.44, 0.04)$
4	$(0.38, \bar{\xi}_{41}, 0.45)$	$\bar{\xi}_{41} \sim \mathcal{N}(0.405, 0.05)$	$(0.55, \bar{\xi}_{42}, 0.65)$	$\bar{\xi}_{42} \sim \mathcal{N}(0.60, 0.05)$
5	$(0.35, \bar{\xi}_{51}, 0.43)$	$\bar{\xi}_{51} \sim \mathcal{N}(0.39, 0.04)$	$(0.47, \bar{\xi}_{52}, 0.53)$	$\bar{\xi}_{52} \sim \mathcal{N}(0.50, 0.03)$
6	$(0.38, \bar{\xi}_{61}, 0.45)$	$\bar{\xi}_{61} \sim \mathcal{N}(0.415, 0.03)$	$(0.50, \bar{\xi}_{62}, 0.55)$	$\bar{\xi}_{62} \sim \mathcal{N}(0.53, 0.02)$
k	顾客 3		顾客 4	
	$\tilde{\bar{c}}_{k3}$	参数 $\bar{\xi}$	$\tilde{\bar{c}}_{k4}$	参数 $\bar{\xi}$
1	$(0.60, \bar{\xi}_{13}, 0.95)$	$\bar{\xi}_{13} \sim \mathcal{N}(0.81, 0.14)$	$(0.22, \bar{\xi}_{14}, 0.35)$	$\bar{\xi}_{14} \sim \mathcal{N}(0.27, 0.05)$
2	$(0.62, \bar{\xi}_{23}, 0.82)$	$\bar{\xi}_{23} \sim \mathcal{N}(0.72, 0.1)$	$(0.20, \bar{\xi}_{24}, 0.26)$	$\bar{\xi}_{24} \sim \mathcal{N}(0.24, 0.02)$
3	$(0.60, \bar{\xi}_{33}, 0.71)$	$\bar{\xi}_{33} \sim \mathcal{N}(0.66, 0.05)$	$(0.20, \bar{\xi}_{34}, 0.25)$	$\bar{\xi}_{34} \sim \mathcal{N}(0.22, 0.02)$
4	$(0.7, \bar{\xi}_{43}, 1.1)$	$\bar{\xi}_{43} \sim \mathcal{N}(0.9, 0.2)$	$(0.28, \bar{\xi}_{44}, 0.33)$	$\bar{\xi}_{44} \sim \mathcal{N}(0.3, 0.02)$
5	$(0.65, \bar{\xi}_{53}, 0.78)$	$\bar{\xi}_{53} \sim \mathcal{N}(0.72, 0.06)$	$(0.25, \bar{\xi}_{54}, 0.32)$	$\bar{\xi}_{54} \sim \mathcal{N}(0.28, 0.03)$
6	$(0.72, \bar{\xi}_{63}, 0.83)$	$\bar{\xi}_{63} \sim \mathcal{N}(0.77, 0.05)$	$(0.25, \bar{\xi}_{64}, 0.33)$	$\bar{\xi}_{64} \sim \mathcal{N}(0.29, 0.04)$
k	顾客 5		顾客 6	
	$\tilde{\bar{c}}_{k5}$	参数 $\bar{\xi}$	$\tilde{\bar{c}}_{k6}$	参数 $\bar{\xi}$
1	$(0.35, \bar{\xi}_{15}, 0.41)$	$\bar{\xi}_{15} \sim \mathcal{N}(0.378, 0.03)$	$(0.63, \bar{\xi}_{16}, 0.67)$	$\bar{\xi}_{16} \sim \mathcal{N}(0.65, 0.02)$
2	$(0.30, \bar{\xi}_{25}, 0.38)$	$\bar{\xi}_{25} \sim \mathcal{N}(0.336, 0.03)$	$(0.48, \bar{\xi}_{26}, 0.68)$	$\bar{\xi}_{26} \sim \mathcal{N}(0.576, 0.1)$
3	$(0.28, \bar{\xi}_{35}, 0.33)$	$\bar{\xi}_{35} \sim \mathcal{N}(0.308, 0.02)$	$(0.5, \bar{\xi}_{36}, 0.56)$	$\bar{\xi}_{36} \sim \mathcal{N}(0.528, 0.03)$
4	$(0.38, \bar{\xi}_{45}, 0.49)$	$\bar{\xi}_{45} \sim \mathcal{N}(0.42, 0.04)$	$(0.62, \bar{\xi}_{46}, 0.82)$	$\bar{\xi}_{46} \sim \mathcal{N}(0.72, 0.1)$
5	$(0.35, \bar{\xi}_{55}, 0.39)$	$\bar{\xi}_{55} \sim \mathcal{N}(0.368, 0.01)$	$(0.55, \bar{\xi}_{56}, 0.64)$	$\bar{\xi}_{56} \sim \mathcal{N}(0.59, 0.04)$
6	$(0.38, \bar{\xi}_{65}, 0.39)$	$\bar{\xi}_{65} \sim \mathcal{N}(0.386, 0.005)$	$(0.6, \bar{\xi}_{66}, 0.65)$	$\bar{\xi}_{66} \sim \mathcal{N}(0.626, 0.03)$
k	顾客 7		顾客 8	
	$\tilde{\bar{c}}_{k7}$	参数 $\bar{\xi}$	$\tilde{\bar{c}}_{k8}$	参数 $\bar{\xi}$
1	$(0.48, \bar{\xi}_{17}, 0.60)$	$\bar{\xi}_{17} \sim \mathcal{N}(0.54, 0.06)$	$(0.48, \bar{\xi}_{18}, 0.59)$	$\bar{\xi}_{18} \sim \mathcal{N}(0.540.05)$
2	$(0.42, \bar{\xi}_{27}, 0.55)$	$\bar{\xi}_{27} \sim \mathcal{N}(0.48, 0.05)$	$(0.43, \bar{\xi}_{28}, 0.52)$	$\bar{\xi}_{28} \sim \mathcal{N}(0.48, 0.04)$
3	$(0.38, \bar{\xi}_{37}, 0.50)$	$\bar{\xi}_{37} \sim \mathcal{N}(0.44, 0.06)$	$(0.38, \bar{\xi}_{38}, 0.50)$	$\bar{\xi}_{38} \sim \mathcal{N}(0.44, 0.06)$
4	$(0.55, \bar{\xi}_{47}, 0.65)$	$\bar{\xi}_{47} \sim \mathcal{N}(0.6, 0.05)$	$(0.5, \bar{\xi}_{48}, 0.7)$	$\bar{\xi}_{48} \sim \mathcal{N}(0.6, 0.1)$
5	$(0.46, \bar{\xi}_{57}, 0.52)$	$\bar{\xi}_{57} \sim \mathcal{N}(0.5, 0.03)$	$(0.46, \bar{\xi}_{58}, 0.53)$	$\bar{\xi}_{58} \sim \mathcal{N}(0.5, 0.03)$
6	$(0.48, \bar{\xi}_{67}, 0.55)$	$\bar{\xi}_{67} \sim \mathcal{N}(0.53, 0.02)$	$(0.48, \bar{\xi}_{68}, 0.57)$	$\bar{\xi}_{68} \sim \mathcal{N}(0.53, 0.03)$

续表

k	顾客 9		顾客 10	
	$\tilde{\bar{c}}_{k9}$	参数 $\bar{\xi}$	$\tilde{\bar{c}}_{k10}$	参数 $\bar{\xi}$
1	$(0.6,\bar{\xi}_{19},0.73)$	$\bar{\xi}_{19}\sim\mathcal{N}(0.675,0.05)$	$(0.38,\bar{\xi}_{110},0.51)$	$\bar{\xi}_{110}\sim\mathcal{N}(0.43,0.06)$
2	$(0.5,\bar{\xi}_{29},0.51)$	$\bar{\xi}_{29}\sim\mathcal{N}(0.6,0.1)$	$(0.35,\bar{\xi}_{210},0.41)$	$\bar{\xi}_{210}\sim\mathcal{N}(0.38,0.03)$
3	$(0.48,\bar{\xi}_{39},0.59)$	$\bar{\xi}_{39}\sim\mathcal{N}(0.55,0.04)$	$(0.32,\bar{\xi}_{310},0.38)$	$\bar{\xi}_{310}\sim\mathcal{N}(0.35,0.03)$
4	$(0.68,\bar{\xi}_{49},0.83)$	$\bar{\xi}_{49}\sim\mathcal{N}(0.75,0.1)$	$(0.43,\bar{\xi}_{410},0.54)$	$\bar{\xi}_{410}\sim\mathcal{N}(0.48,0.05)$
5	$(0.58,\bar{\xi}_{59},0.64)$	$\bar{\xi}_{59}\sim\mathcal{N}(0.61,0.03)$	$(0.38,\bar{\xi}_{510},0.45)$	$\bar{\xi}_{510}\sim\mathcal{N}(0.41,0.03)$
6	$(0.6,\bar{\xi}_{69},0.7)$	$\bar{\xi}_{69}\sim\mathcal{N}(0.65,0.05)$	$(0.38,\bar{\xi}_{610},0.48)$	$\bar{\xi}_{610}\sim\mathcal{N}(0.43,0.05)$
k	顾客 11		顾客 12	
	$\tilde{\bar{c}}_{k11}$	参数 $\bar{\xi}$	$\tilde{\bar{c}}_{k12}$	参数 $\bar{\xi}$
1	$(0.22,\bar{\xi}_{111},0.32)$	$\bar{\xi}_{111}\sim\mathcal{N}(0.27,0.05)$	$(0.72,\bar{\xi}_{112},0.91)$	$\bar{\xi}_{112}\sim\mathcal{N}(0.81,0.12)$
2	$(0.22,\bar{\xi}_{211},0.26)$	$\bar{\xi}_{211}\sim\mathcal{N}(0.24,0.02)$	$(0.6,\bar{\xi}_{212},0.84)$	$\bar{\xi}_{212}\sim\mathcal{N}(0.73,0.11)$
3	$(0.18,\bar{\xi}_{311},0.25)$	$\bar{\xi}_{311}\sim\mathcal{N}(0.22,0.03)$	$(0.58,\bar{\xi}_{312},0.75)$	$\bar{\xi}_{312}\sim\mathcal{N}(0.66,0.08)$
4	$(0.28,\bar{\xi}_{411},0.33)$	$\bar{\xi}_{411}\sim\mathcal{N}(0.3,0.02)$	$(0.7,\bar{\xi}_{412},1.08)$	$\bar{\xi}_{412}\sim\mathcal{N}(0.9,0.2)$
5	$(0.25,\bar{\xi}_{511},0.30)$	$\bar{\xi}_{511}\sim\mathcal{N}(0.28,0.02)$	$(0.68,\bar{\xi}_{512},0.77)$	$\bar{\xi}_{512}\sim\mathcal{N}(0.72,0.05)$
6	$(0.25,\bar{\xi}_{611},0.35)$	$\bar{\xi}_{611}\sim\mathcal{N}(0.29,0.05)$	$(0.7,\bar{\xi}_{612},0.85)$	$\bar{\xi}_{612}\sim\mathcal{N}(0.77,0.08)$
k	顾客 13		顾客 14	
	$\tilde{\bar{c}}_{k13}$	参数 $\bar{\xi}$	$\tilde{\bar{c}}_{k14}$	参数 $\bar{\xi}$
1	$(0.25,\bar{\xi}_{113},0.3)$	$\bar{\xi}_{113}\sim\mathcal{N}(0.27,0.03)$	$(0.35,\bar{\xi}_{114},0.4)$	$\bar{\xi}_{114}\sim\mathcal{N}(0.378,0.02)$
2	$(0.2,\bar{\xi}_{213},0.28)$	$\bar{\xi}_{213}\sim\mathcal{N}(0.24,0.04)$	$(0.32,\bar{\xi}_{214},0.35)$	$\bar{\xi}_{214}\sim\mathcal{N}(0.336,0.008)$
3	$(0.18,\bar{\xi}_{313},0.26)$	$\bar{\xi}_{313}\sim\mathcal{N}(0.22,0.04)$	$(0.28,\bar{\xi}_{314},0.33)$	$\bar{\xi}_{314}\sim\mathcal{N}(0.308,0.02)$
4	$(0.25,\bar{\xi}_{413},0.37)$	$\bar{\xi}_{413}\sim\mathcal{N}(0.3,0.05)$	$(0.38,\bar{\xi}_{414},0.45)$	$\bar{\xi}_{414}\sim\mathcal{N}(0.42,0.03)$
5	$(0.25,\bar{\xi}_{513},0.3)$	$\bar{\xi}_{513}\sim\mathcal{N}(0.28,0.02)$	$(0.32,\bar{\xi}_{514},0.39)$	$\bar{\xi}_{514}\sim\mathcal{N}(0.368,0.04)$
6	$(0.25,\bar{\xi}_{613},0.34)$	$\bar{\xi}_{613}\sim\mathcal{N}(0.29,0.05)$	$(0.35,\bar{\xi}_{614},0.41)$	$\bar{\xi}_{614}\sim\mathcal{N}(0.386,0.03)$
k	顾客 15		顾客 16	
	$\tilde{\bar{c}}_{k15}$	参数 $\bar{\xi}$	$\tilde{\bar{c}}_{k16}$	参数 $\bar{\xi}$
1	$(0.38,\bar{\xi}_{115},0.43)$	$\bar{\xi}_{115}\sim\mathcal{N}(0.405,0.025)$	$(0.6,\bar{\xi}_{116},0.75)$	$\bar{\xi}_{116}\sim\mathcal{N}(0.675,0.08)$
2	$(0.35,\bar{\xi}_{215},0.37)$	$\bar{\xi}_{215}\sim\mathcal{N}(0.37,0.01)$	$(0.5,\bar{\xi}_{216},0.7)$	$\bar{\xi}_{216}\sim\mathcal{N}(0.6,0.1)$
3	$(0.28,\bar{\xi}_{315},0.38)$	$\bar{\xi}_{315}\sim\mathcal{N}(0.33,0.05)$	$(0.5,\bar{\xi}_{316},0.6)$	$\bar{\xi}_{316}\sim\mathcal{N}(0.55,0.05)$
4	$(0.38,\bar{\xi}_{415},0.52)$	$\bar{\xi}_{415}\sim\mathcal{N}(0.45,0.07)$	$(0.7,\bar{\xi}_{416},0.8)$	$\bar{\xi}_{416}\sim\mathcal{N}(0.75,0.05)$
5	$(0.35,\bar{\xi}_{515},0.45)$	$\bar{\xi}_{515}\sim\mathcal{N}(0.39,0.05)$	$(0.56,\bar{\xi}_{516},0.65)$	$\bar{\xi}_{516}\sim\mathcal{N}(0.61,0.05)$
6	$(0.38,\bar{\xi}_{615},0.45)$	$\bar{\xi}_{615}\sim\mathcal{N}(0.41,0.03)$	$(0.6,\bar{\xi}_{616},0.7)$	$\bar{\xi}_{616}\sim\mathcal{N}(0.65,0.05)$

续表

k	顾客 17		顾客 18	
	$\tilde{\bar{c}}_{k17}$	参数 $\bar{\xi}$	$\tilde{\bar{c}}_{k18}$	参数 $\bar{\xi}$
1	$(0.8, \bar{\xi}_{117}, 1.1)$	$\bar{\xi}_{117} \sim \mathcal{N}(0.945, 0.15)$	$(0.38, \bar{\xi}_{118}, 0.43)$	$\bar{\xi}_{118} \sim \mathcal{N}(0.405, 0.025)$
2	$(0.75, \bar{\xi}_{217}, 0.95)$	$\bar{\xi}_{217} \sim \mathcal{N}(0.84, 0.1)$	$(0.3, \bar{\xi}_{218}, 0.4)$	$\bar{\xi}_{218} \sim \mathcal{N}(0.36, 0.05)$
3	$(0.7, \bar{\xi}_{317}, 0.85)$	$\bar{\xi}_{317} \sim \mathcal{N}(0.77, 0.08)$	$(0.28, \bar{\xi}_{318}, 0.38)$	$\bar{\xi}_{318} \sim \mathcal{N}(0.33, 0.05)$
4	$(0.9, \bar{\xi}_{417}, 1.2)$	$\bar{\xi}_{417} \sim \mathcal{N}(1.05, 0.12)$	$(0.38, \bar{\xi}_{418}, 0.52)$	$\bar{\xi}_{418} \sim \mathcal{N}(0.45, 0.07)$
5	$(0.38, \bar{\xi}_{517}, 0.62)$	$\bar{\xi}_{517} \sim \mathcal{N}(0.405, 0.22)$	$(0.35, \bar{\xi}_{518}, 0.43)$	$\bar{\xi}_{518} \sim \mathcal{N}(0.39, 0.04)$
6	$(0.8, \bar{\xi}_{617}, 1.0)$	$\bar{\xi}_{617} \sim \mathcal{N}(0.89, 0.1)$	$(0.38, \bar{\xi}_{618}, 0.44)$	$\bar{\xi}_{618} \sim \mathcal{N}(0.41, 0.03)$

k	顾客 19		顾客 20	
	$\tilde{\bar{c}}_{k19}$	参数 $\bar{\xi}$	$\tilde{\bar{c}}_{k20}$	参数 $\bar{\xi}$
1	$(0.8, \bar{\xi}_{119}, 1.1)$	$\bar{\xi}_{119} \sim \mathcal{N}(0.945, 0.15)$	$(0.72, \bar{\xi}_{120}, 0.91)$	$\bar{\xi}_{120} \sim \mathcal{N}(0.81, 0.20)$
2	$(0.75, \bar{\xi}_{219}, 0.95)$	$\bar{\xi}_{219} \sim \mathcal{N}(0.84, 0.1)$	$(0.6, \bar{\xi}_{220}, 0.84)$	$\bar{\xi}_{220} \sim \mathcal{N}(0.73, 0.11)$
3	$(0.7, \bar{\xi}_{319}, 0.85)$	$\bar{\xi}_{319} \sim \mathcal{N}(0.77, 0.08)$	$(0.58, \bar{\xi}_{320}, 0.75)$	$\bar{\xi}_{320} \sim \mathcal{N}(0.66, 0.08)$
4	$(0.9, \bar{\xi}_{419}, 1.2)$	$\bar{\xi}_{419} \sim \mathcal{N}(1.05, 0.12)$	$(0.7, \bar{\xi}_{420}, 1.08)$	$\bar{\xi}_{420} \sim \mathcal{N}(0.9, 0.2)$
5	$(0.38, \bar{\xi}_{519}, 0.62)$	$\bar{\xi}_{519} \sim \mathcal{N}(0.405, 0.22)$	$(0.68, \bar{\xi}_{520}, 0.77)$	$\bar{\xi}_{520} \sim \mathcal{N}(0.72, 0.05)$
6	$(0.8, \bar{\xi}_{619}, 1.0)$	$\bar{\xi}_{619} \sim \mathcal{N}(0.89, 0.1)$	$(0.7, \bar{\xi}_{620}, 0.85)$	$\bar{\xi}_{619} \sim \mathcal{N}(0.77, 0.08)$

k	顾客 21		顾客 22	
	$\tilde{\bar{c}}_{k21}$	参数 $\bar{\xi}$	$\tilde{\bar{c}}_{k22}$	参数 $\bar{\xi}$
1	$(0.22, \bar{\xi}_{121}, 0.35)$	$\bar{\xi}_{121} \sim \mathcal{N}(0.27, 0.05)$	$(0.62, \bar{\xi}_{122}, 0.73)$	$\bar{\xi}_{122} \sim \mathcal{N}(0.675, 0.05)$
2	$(0.20, \bar{\xi}_{221}, 0.26)$	$\bar{\xi}_{221} \sim \mathcal{N}(0.24, 0.02)$	$(0.5, \bar{\xi}_{222}, 0.51)$	$\bar{\xi}_{222} \sim \mathcal{N}(0.6, 0.1)$
3	$(0.20, \bar{\xi}_{321}, 0.25)$	$\bar{\xi}_{321} \sim \mathcal{N}(0.22, 0.02)$	$(0.48, \bar{\xi}_{322}, 0.59)$	$\bar{\xi}_{322} \sim \mathcal{N}(0.55, 0.04)$
4	$(0.28, \bar{\xi}_{421}, 0.33)$	$\bar{\xi}_{421} \sim \mathcal{N}(0.3, 0.02)$	$(0.68, \bar{\xi}_{422}, 0.83)$	$\bar{\xi}_{422} \sim \mathcal{N}(0.75, 0.1)$
5	$(0.25, \bar{\xi}_{521}, 0.32)$	$\bar{\xi}_{521} \sim \mathcal{N}(0.28, 0.03)$	$(0.58, \bar{\xi}_{522}, 0.64)$	$\bar{\xi}_{522} \sim \mathcal{N}(0.61, 0.03)$
6	$(0.25, \bar{\xi}_{621}, 0.33)$	$\bar{\xi}_{621} \sim \mathcal{N}(0.29, 0.04)$	$(0.6, \bar{\xi}_{622}, 0.7)$	$\bar{\xi}_{622} \sim \mathcal{N}(0.65, 0.05)$

k	顾客 23		顾客 24	
	$\tilde{\bar{c}}_{k23}$	参数 $\bar{\xi}$	$\tilde{\bar{c}}_{k24}$	参数 $\bar{\xi}$
1	$(0.38, \bar{\xi}_{123}, 0.51)$	$\bar{\xi}_{123} \sim \mathcal{N}(0.43, 0.06)$	$(0.48, \bar{\xi}_{124}, 0.60)$	$\bar{\xi}_{124} \sim \mathcal{N}(0.54, 0.06)$
2	$(0.35, \bar{\xi}_{223}, 0.41)$	$\bar{\xi}_{223} \sim \mathcal{N}(0.38, 0.03)$	$(0.42, \bar{\xi}_{224}, 0.55)$	$\bar{\xi}_{224} \sim \mathcal{N}(0.48, 0.05)$
3	$(0.32, \bar{\xi}_{323}, 0.38)$	$\bar{\xi}_{323} \sim \mathcal{N}(0.35, 0.03)$	$(0.38, \bar{\xi}_{324}, 0.50)$	$\bar{\xi}_{324} \sim \mathcal{N}(0.44, 0.06)$
4	$(0.43, \bar{\xi}_{423}, 0.54)$	$\bar{\xi}_{423} \sim \mathcal{N}(0.48, 0.05)$	$(0.55, \bar{\xi}_{424}, 0.65)$	$\bar{\xi}_{424} \sim \mathcal{N}(0.6, 0.05)$
5	$(0.38, \bar{\xi}_{523}, 0.45)$	$\bar{\xi}_{523} \sim \mathcal{N}(0.41, 0.03)$	$(0.46, \bar{\xi}_{524}, 0.52)$	$\bar{\xi}_{524} \sim \mathcal{N}(0.5, 0.03)$
6	$(0.38, \bar{\xi}_{623}, 0.48)$	$\bar{\xi}_{623} \sim \mathcal{N}(0.43, 0.05)$	$(0.48, \bar{\xi}_{624}, 0.55)$	$\bar{\xi}_{624} \sim \mathcal{N}(0.53, 0.02)$

续表

k	顾客 25		顾客 26	
	$\tilde{\tilde{c}}_{k25}$	参数 $\bar{\xi}$	$\tilde{\tilde{c}}_{k26}$	参数 $\bar{\xi}$
1	$(0.6, \bar{\xi}_{125}, 0.75)$	$\bar{\xi}_{125} \sim \mathcal{N}(0.675, 0.08)$	$(0.72, \bar{\xi}_{126}, 0.91)$	$\bar{\xi}_{126} \sim \mathcal{N}(0.81, 0.26)$
2	$(0.5, \bar{\xi}_{225}, 0.7)$	$\bar{\xi}_{225} \sim \mathcal{N}(0.6, 0.1)$	$(0.6, \bar{\xi}_{226}, 0.84)$	$\bar{\xi}_{226} \sim \mathcal{N}(0.73, 0.11)$
3	$(0.5, \bar{\xi}_{325}, 0.6)$	$\bar{\xi}_{325} \sim \mathcal{N}(0.55, 0.05)$	$(0.58, \bar{\xi}_{326}, 0.75)$	$\bar{\xi}_{326} \sim \mathcal{N}(0.66, 0.08)$
4	$(0.7, \bar{\xi}_{425}, 0.8)$	$\bar{\xi}_{425} \sim \mathcal{N}(0.75, 0.05)$	$(0.7, \bar{\xi}_{426}, 1.08)$	$\bar{\xi}_{426} \sim \mathcal{N}(0.9, 0.2)$
5	$(0.56, \bar{\xi}_{525}, 0.65)$	$\bar{\xi}_{525} \sim \mathcal{N}(0.61, 0.05)$	$(0.68, \bar{\xi}_{526}, 0.77)$	$\bar{\xi}_{526} \sim \mathcal{N}(0.72, 0.05)$
6	$(0.6, \bar{\xi}_{625}, 0.7)$	$\bar{\xi}_{625} \sim \mathcal{N}(0.65, 0.05)$	$(0.7, \bar{\xi}_{626}, 0.85)$	$\bar{\xi}_{626} \sim \mathcal{N}(0.77, 0.08)$

表 4.5 路线配送成本 $\tilde{\tilde{c}}_{kj}$

	顾客 1		顾客 2	
	$\tilde{\tilde{c}}_{i1}$	参数 $\bar{\rho}$	$\tilde{\tilde{c}}_{i2}$	参数 $\bar{\rho}$
1	0		0	
2	$(0.38, \bar{\rho}_{21}, 0.42)$	$\bar{\rho}_{21} \sim \mathcal{N}(0.40, 0.02)$	0	0
3	$(0.4, \bar{\rho}_{31}, 0.5)$	$\bar{\rho}_{31} \sim \mathcal{N}(0.45, 0.05)$	$(0.25, \bar{\rho}_{32}, 0.35)$	$\bar{\rho}_{32} \sim \mathcal{N}(0.31, 0.05)$
4	$(0.32, \bar{\rho}_{41}, 0.4)$	$\bar{\rho}_{41} \sim \mathcal{N}(0.36, 0.04)$	$(0.5, \bar{\rho}_{42}, 0.75)$	$\bar{\rho}_{42} \sim \mathcal{N}(0.63, 0.12)$
5	$(0.35, \bar{\rho}_{51}, 0.45)$	$\bar{\rho}_{51} \sim \mathcal{N}(0.40, 0.05)$	$(0.38, \bar{\rho}_{52}, 0.57)$	$\bar{\rho}_{52} \sim \mathcal{N}(0.47, 0.1)$
6	$(0.32, \bar{\rho}_{61}, 0.4)$	$\bar{\rho}_{61} \sim \mathcal{N}(0.36, 0.04)$	$(0.38, \bar{\rho}_{62}, 0.57)$	$\bar{\rho}_{62} \sim \mathcal{N}(0.47, 0.1)$
7	$(0.45, \bar{\rho}_{71}, 0.57)$	$\bar{\rho}_{71} \sim \mathcal{N}(0.52, 0.05)$	$(0.48, \bar{\rho}_{72}, 0.53)$	$\bar{\rho}_{72} \sim \mathcal{N}(0.50, 0.02)$
8	$(0.3, \bar{\rho}_{81}, 0.35)$	$\bar{\rho}_{81} \sim \mathcal{N}(0.32, 0.02)$	$(0.25, \bar{\rho}_{82}, 0.33)$	$\bar{\rho}_{82} \sim \mathcal{N}(0.29, 0.04)$
9	$(0.3, \bar{\rho}_{91}, 0.35)$	$\bar{\rho}_{91} \sim \mathcal{N}(0.32, 0.02)$	$(0.32, \bar{\rho}_{92}, 0.43)$	$\bar{\rho}_{92} \sim \mathcal{N}(0.37, 0.05)$
10	$(0.38, \bar{\rho}_{101}, 0.45)$	$\bar{\rho}_{101} \sim \mathcal{N}(0.41, 0.02)$	$(0.38, \bar{\rho}_{102}, 0.48)$	$\bar{\rho}_{102} \sim \mathcal{N}(0.43, 0.05)$
11	$(0.23, \bar{\rho}_{111}, 0.28)$	$\bar{\rho}_{111} \sim \mathcal{N}(0.25, 0.02)$	$(0.53, \bar{\rho}_{112}, 0.62)$	$\bar{\rho}_{112} \sim \mathcal{N}(0.57, 0.05)$
12	$(0.2, \bar{\rho}_{121}, 0.3)$	$\bar{\rho}_{121} \sim \mathcal{N}(0.24, 0.05)$	$(0.45, \bar{\rho}_{122}, 0.53)$	$\bar{\rho}_{122} \sim \mathcal{N}(0.48, 0.04)$
13	$(0.05, \bar{\rho}_{131}, 0.1)$	$\bar{\rho}_{131} \sim \mathcal{N}(0.08, 0.02)$	$(0.32, \bar{\rho}_{132}, 0.42)$	$\bar{\rho}_{132} \sim \mathcal{N}(0.37, 0.05)$
14	$(0.15, \bar{\rho}_{140}, 0.2)$	$\bar{\rho}_{141} \sim \mathcal{N}(0.18, 0.02)$	$(0.22, \bar{\rho}_{142}, 0.35)$	$\bar{\rho}_{142} \sim \mathcal{N}(0.28, 0.06)$
15	$(0.38, \bar{\rho}_{151}, 0.45)$	$\bar{\rho}_{151} \sim \mathcal{N}(0.42, 0.03)$	$(0.5, \bar{\rho}_{152}, 0.8)$	$\bar{\rho}_{152} \sim \mathcal{N}(0.65, 0.15)$
16	$(0.48, \bar{\rho}_{161}, 0.62)$	$\bar{\rho}_{161} \sim \mathcal{N}(0.55, 0.08)$	$(0.38, \bar{\rho}_{162}, 0.77)$	$\bar{\rho}_{162} \sim \mathcal{N}(0.59, 0.2)$

续表

	顾客 1		顾客 2	
	$\tilde{\bar{c}}_{i1}$	参数 $\bar{\rho}$	$\tilde{\bar{c}}_{i2}$	参数 $\bar{\rho}$
17	$(0.38, \bar{\rho}_{171}, 0.53)$	$\bar{\rho}_{171} \sim \mathcal{N}(0.45, 0.07)$	$(0.58, \bar{\rho}_{172}, 0.65)$	$\bar{\rho}_{172} \sim \mathcal{N}(0.62, 0.03)$
18	$(0.5, \bar{\rho}_{181}, 0.68)$	$\bar{\rho}_{181} \sim \mathcal{N}(0.57, 0.08)$	$(0.6, \bar{\rho}_{182}, 0.79)$	$\bar{\rho}_{182} \sim \mathcal{N}(0.69, 0.1)$
19	$(0.18, \bar{\rho}_{191}, 0.29)$	$\bar{\rho}_{191} \sim \mathcal{N}(0.25, 0.05)$	$(0.32, \bar{\rho}_{192}, 0.40)$	$\bar{\rho}_{192} \sim \mathcal{N}(0.36, 0.04)$
20	$(0.5, \bar{\rho}_{201}, 0.7)$	$\bar{\rho}_{201} \sim \mathcal{N}(0.65, 0.15)$	$(0.08, \bar{\rho}_{202}, 0.12)$	$\bar{\rho}_{202} \sim \mathcal{N}(0.10, 0.02)$
21	$(0.38, \bar{\rho}_{211}, 0.53)$	$\bar{\rho}_{211} \sim \mathcal{N}(0.45, 0.07)$	$(0.22, \bar{\rho}_{222}, 0.32)$	$\bar{\rho}_{212} \sim \mathcal{N}(0.27, 0.05)$
22	$(0.25, \bar{\rho}_{221}, 0.3)$	$\bar{\rho}_{221} \sim \mathcal{N}(0.28, 0.02)$	$(0.25, \bar{\rho}_{222}, 0.35)$	$\bar{\rho}_{222} \sim \mathcal{N}(0.29, 0.05)$
23	$(0.38, \bar{\rho}_{231}, 0.58)$	$\bar{\rho}_{231} \sim \mathcal{N}(0.48, 0.1)$	$(0.18, \bar{\rho}_{232}, 0.3)$	$\bar{\rho}_{232} \sim \mathcal{N}(0.24, 0.06)$
24	$(0.25, \bar{\rho}_{241}, 0.35)$	$\bar{\rho}_{241} \sim \mathcal{N}(0.29, 0.05)$	$(0.3, \bar{\rho}_{242}, 0.35)$	$\bar{\rho}_{242} \sim \mathcal{N}(0.33, 0.02)$
25	$(0.3, \bar{\rho}_{251}, 0.5)$	$\bar{\rho}_{251} \sim \mathcal{N}(0.40, 0.1)$	$(0.2, \bar{\rho}_{252}, 0.28)$	$\bar{\rho}_{252} \sim \mathcal{N}(0.24, 0.04)$
26	$(0.35, \bar{\rho}_{261}, 0.4)$	$\bar{\rho}_{261} \sim \mathcal{N}(0.37, 0.02)$	$(0.3, \bar{\rho}_{262}, 0.4)$	$\bar{\rho}_{262} \sim \mathcal{N}(0.36, 0.05)$

	顾客 3		顾客 4	
	$\tilde{\bar{c}}_{i3}$	参数 $\bar{\rho}$	$\tilde{\bar{c}}_{i4}$	参数 $\bar{\rho}$
3	0	0		
4	$(0.38, \bar{\rho}_{43}, 0.57)$	$\bar{\rho}_{43} \sim \mathcal{N}(0.47, 0.1)$	0	0
5	$(0.2, \bar{\rho}_{53}, 0.28)$	$\bar{\rho}_{53} \sim \mathcal{N}(0.24, 0.04)$	$(0.22, \bar{\rho}_{54}, 0.32)$	$\bar{\rho}_{54} \sim \mathcal{N}(0.26, 0.05)$
6	$(0.22, \bar{\rho}_{63}, 0.32)$	$\bar{\rho}_{63} \sim \mathcal{N}(0.26, 0.05)$	$(0.2, \bar{\rho}_{64}, 0.28)$	$\bar{\rho}_{64} \sim \mathcal{N}(0.23, 0.04)$
7	$(0.15, \bar{\rho}_{73}, 0.25)$	$\bar{\rho}_{73} \sim \mathcal{N}(0.21, 0.05)$	$(0.38, \bar{\rho}_{74}, 0.43)$	$\bar{\rho}_{74} \sim \mathcal{N}(0.40, 0.02)$
8	$(0.1, \bar{\rho}_{83}, 0.18)$	$\bar{\rho}_{83} \sim \mathcal{N}(0.14, 0.04)$	$(0.32, \bar{\rho}_{84}, 0.43)$	$\bar{\rho}_{84} \sim \mathcal{N}(0.38, 0.05)$
9	$(0.15, \bar{\rho}_{93}, 0.24)$	$\bar{\rho}_{93} \sim \mathcal{N}(0.19, 0.05)$	$(0.25, \bar{\rho}_{94}, 0.33)$	$\bar{\rho}_{94} \sim \mathcal{N}(0.29, 0.04)$
10	$(0.13, \bar{\rho}_{103}, 0.2)$	$\bar{\rho}_{103} \sim \mathcal{N}(0.17, 0.03)$	$(0.3, \bar{\rho}_{104}, 0.35)$	$\bar{\rho}_{104} \sim \mathcal{N}(0.33, 0.02)$
11	$(0.45, \bar{\rho}_{113}, 0.53)$	$\bar{\rho}_{113} \sim \mathcal{N}(0.48, 0.04)$	$(0.1, \bar{\rho}_{114}, 0.15)$	$\bar{\rho}_{114} \sim \mathcal{N}(0.13, 0.02)$
12	$(0.32, \bar{\rho}_{123}, 0.43)$	$\bar{\rho}_{123} \sim \mathcal{N}(0.36, 0.05)$	$(0.13, \bar{\rho}_{124}, 0.18)$	$\bar{\rho}_{124} \sim \mathcal{N}(0.16, 0.03)$
13	$(0.32, \bar{\rho}_{133}, 0.42)$	$\bar{\rho}_{133} \sim \mathcal{N}(0.38, 0.05)$	$(0.25, \bar{\rho}_{134}, 0.35)$	$\bar{\rho}_{134} \sim \mathcal{N}(0.31, 0.05)$
14	$(0.22, \bar{\rho}_{143}, 0.32)$	$\bar{\rho}_{143} \sim \mathcal{N}(0.27, 0.05)$	$(0.31, \bar{\rho}_{144}, 0.43)$	$\bar{\rho}_{144} \sim \mathcal{N}(0.35, 0.05)$
15	$(0.42, \bar{\rho}_{153}, 0.5)$	$\bar{\rho}_{153} \sim \mathcal{N}(0.46, 0.04)$	$(0.05, \bar{\rho}_{154}, 0.1)$	$\bar{\rho}_{154} \sim \mathcal{N}(0.08, 0.02)$
16	$(0.25, \bar{\rho}_{163}, 0.35)$	$\bar{\rho}_{163} \sim \mathcal{N}(0.3, 0.05)$	$(0.31, \bar{\rho}_{164}, 0.43)$	$\bar{\rho}_{164} \sim \mathcal{N}(0.35, 0.05)$

续表

	顾客 3		顾客 4	
	$\tilde{\bar{c}}_{i3}$	参数 $\bar{\rho}$	$\tilde{\bar{c}}_{i4}$	参数 $\bar{\rho}$
17	$(0.35, \bar{\rho}_{173}, 0.43)$	$\bar{\rho}_{173} \sim \mathcal{N}(0.39, 0.04)$	$(0.12, \bar{\rho}_{174}, 0.22)$	$\bar{\rho}_{174} \sim \mathcal{N}(0.17, 0.05)$
18	$(0.38, \bar{\rho}_{183}, 0.48)$	$\bar{\rho}_{183} \sim \mathcal{N}(0.43, 0.05)$	$(0.22, \bar{\rho}_{184}, 0.35)$	$\bar{\rho}_{184} \sim \mathcal{N}(0.28, 0.06)$
19	$(0.22, \bar{\rho}_{193}, 0.28)$	$\bar{\rho}_{193} \sim \mathcal{N}(0.25, 0.03)$	$(0.32, \bar{\rho}_{194}, 0.43)$	$\bar{\rho}_{194} \sim \mathcal{N}(0.37, 0.05)$
20	$(0.25, \bar{\rho}_{203}, 0.35)$	$\bar{\rho}_{203} \sim \mathcal{N}(0.31, 0.05)$	$(0.05, \bar{\rho}_{204}, 0.14)$	$\bar{\rho}_{204} \sim \mathcal{N}(0.09, 0.05)$
21	$(0.2, \bar{\rho}_{213}, 0.28)$	$\bar{\rho}_{213} \sim \mathcal{N}(0.24, 0.04)$	$(0.25, \bar{\rho}_{214}, 0.35)$	$\bar{\rho}_{214} \sim \mathcal{N}(0.29, 0.05)$
22	$(0.42, \bar{\rho}_{223}, 0.50)$	$\bar{\rho}_{223} \sim \mathcal{N}(0.46, 0.04)$	$(0.32, \bar{\rho}_{224}, 0.40)$	$\bar{\rho}_{224} \sim \mathcal{N}(0.36, 0.04)$
23	$(0.58, \bar{\rho}_{233}, 0.65)$	$\bar{\rho}_{233} \sim \mathcal{N}(0.62, 0.03)$	$(0.15, \bar{\rho}_{234}, 0.25)$	$\bar{\rho}_{234} \sim \mathcal{N}(0.21, 0.05)$
24	$(0.18, \bar{\rho}_{243}, 0.26)$	$\bar{\rho}_{243} \sim \mathcal{N}(0.22, 0.04)$	$(0.18, \bar{\rho}_{244}, 0.22)$	$\bar{\rho}_{244} \sim \mathcal{N}(0.20, 0.02)$
25	$(0.1, \bar{\rho}_{253}, 0.15)$	$\bar{\rho}_{253} \sim \mathcal{N}(0.13, 0.02)$	$(0.12, \bar{\rho}_{254}, 0.22)$	$\bar{\rho}_{254} \sim \mathcal{N}(0.16, 0.05)$
26	$(0.2, \bar{\rho}_{263}, 0.28)$	$\bar{\rho}_{263} \sim \mathcal{N}(0.24, 0.04)$	$(0.1, \bar{\rho}_{264}, 0.18)$	$\bar{\rho}_{264} \sim \mathcal{N}(0.15, 0.03)$
	顾客 5		顾客 6	
	$\tilde{\bar{c}}_{i5}$	参数 $\bar{\rho}$	$\tilde{\bar{c}}_{i6}$	参数 $\bar{\rho}$
5	0	0		
6	$(0.022, \bar{\rho}_{65}, 0.043)$	$\bar{\rho}_{65} \sim \mathcal{N}(0.03, 0.008)$	0	0
7	$(0.1, \bar{\rho}_{75}, 0.18)$	$\bar{\rho}_{75} \sim \mathcal{N}(0.15, 0.03)$	$(0.13, \bar{\rho}_{76}, 0.24)$	$\bar{\rho}_{76} \sim \mathcal{N}(0.18, 0.05)$
8	$(0.13, \bar{\rho}_{85}, 0.24)$	$\bar{\rho}_{85} \sim \mathcal{N}(0.18, 0.05)$	$(0.13, \bar{\rho}_{86}, 0.24)$	$\bar{\rho}_{86} \sim \mathcal{N}(0.18, 0.05)$
9	$(0.08, \bar{\rho}_{95}, 0.12)$	$\bar{\rho}_{95} \sim \mathcal{N}(0.10, 0.02)$	$(0.05, \bar{\rho}_{96}, 0.14)$	$\bar{\rho}_{96} \sim \mathcal{N}(0.09, 0.05)$
10	$(0.05, \bar{\rho}_{105}, 0.1)$	$\bar{\rho}_{105} \sim \mathcal{N}(0.07, 0.02)$	$(0.05, \bar{\rho}_{106}, 0.14)$	$\bar{\rho}_{106} \sim \mathcal{N}(0.09, 0.05)$
11	$(0.25, \bar{\rho}_{115}, 0.35)$	$\bar{\rho}_{115} \sim \mathcal{N}(0.30, 0.05)$	$(0.22, \bar{\rho}_{116}, 0.32)$	$\bar{\rho}_{116} \sim \mathcal{N}(0.27, 0.05)$
12	$(0.13, \bar{\rho}_{125}, 0.24)$	$\bar{\rho}_{125} \sim \mathcal{N}(0.18, 0.05)$	$(0.1, \bar{\rho}_{126}, 0.18)$	$\bar{\rho}_{126} \sim \mathcal{N}(0.15, 0.03)$
13	$(0.25, \bar{\rho}_{135}, 0.35)$	$\bar{\rho}_{135} \sim \mathcal{N}(0.31, 0.05)$	$(0.25, \bar{\rho}_{136}, 0.35)$	$\bar{\rho}_{136} \sim \mathcal{N}(0.29, 0.05)$
14	$(0.22, \bar{\rho}_{145}, 0.32)$	$\bar{\rho}_{145} \sim \mathcal{N}(0.26, 0.05)$	$(0.2, \bar{\rho}_{146}, 0.28)$	$\bar{\rho}_{146} \sim \mathcal{N}(0.24, 0.04)$
15	$(0.16, \bar{\rho}_{155}, 0.27)$	$\bar{\rho}_{155} \sim \mathcal{N}(0.22, 0.05)$	$(0.18, \bar{\rho}_{156}, 0.22)$	$\bar{\rho}_{156} \sim \mathcal{N}(0.20, 0.02)$
16	$(0.13, \bar{\rho}_{165}, 0.18)$	$\bar{\rho}_{165} \sim \mathcal{N}(0.16, 0.03)$	$(0.15, \bar{\rho}_{166}, 0.24)$	$\bar{\rho}_{166} \sim \mathcal{N}(0.19, 0.05)$

续表

	顾客 5		顾客 6	
	$\tilde{\bar{c}}_{i5}$	参数 $\bar{\rho}$	$\tilde{\bar{c}}_{i6}$	参数 $\bar{\rho}$
17	$(0.13, \bar{\rho}_{175}, 0.18)$	$\bar{\rho}_{175} \sim \mathcal{N}(0.16, 0.03)$	$(0.1, \bar{\rho}_{176}, 0.18)$	$\bar{\rho}_{176} \sim \mathcal{N}(0.15, 0.03)$
18	$(0.18, \bar{\rho}_{185}, 0.26)$	$\bar{\rho}_{185} \sim \mathcal{N}(0.22, 0.04)$	$(0.2, \bar{\rho}_{186}, 0.26)$	$\bar{\rho}_{186} \sim \mathcal{N}(0.23, 0.03)$
19	$(0.18, \bar{\rho}_{195}, 0.22)$	$\bar{\rho}_{195} \sim \mathcal{N}(0.20, 0.02)$	$(0.25, \bar{\rho}_{196}, 0.35)$	$\bar{\rho}_{196} \sim \mathcal{N}(0.3, 0.05)$
20	$(0.2, \bar{\rho}_{205}, 0.26)$	$\bar{\rho}_{205} \sim \mathcal{N}(0.23, 0.03)$	$(0.32, \bar{\rho}_{206}, 0.43)$	$\bar{\rho}_{206} \sim \mathcal{N}(0.37, 0.05)$
21	$(0.2, \bar{\rho}_{215}, 0.28)$	$\bar{\rho}_{215} \sim \mathcal{N}(0.24, 0.04)$	$(0.38, \bar{\rho}_{216}, 0.58)$	$\bar{\rho}_{216} \sim \mathcal{N}(0.48, 0.1)$
22	$(0.32, \bar{\rho}_{225}, 0.43)$	$\bar{\rho}_{225} \sim \mathcal{N}(0.38, 0.05)$	$(0.28, \bar{\rho}_{226}, 0.38)$	$\bar{\rho}_{226} \sim \mathcal{N}(0.34, 0.05)$
23	$(0.28, \bar{\rho}_{235}, 0.38)$	$\bar{\rho}_{235} \sim \mathcal{N}(0.33, 0.05)$	$(0.1, \bar{\rho}_{236}, 0.18)$	$\bar{\rho}_{236} \sim \mathcal{N}(0.15, 0.03)$
24	$(0.38, \bar{\rho}_{245}, 0.77)$	$\bar{\rho}_{245} \sim \mathcal{N}(0.57, 0.2)$	$(0.3, \bar{\rho}_{246}, 0.35)$	$\bar{\rho}_{246} \sim \mathcal{N}(0.32, 0.02)$
25	$(0.42, \bar{\rho}_{255}, 0.50)$	$\bar{\rho}_{255} \sim \mathcal{N}(0.47, 0.04)$	$(0.32, \bar{\rho}_{256}, 0.40)$	$\bar{\rho}_{256} \sim \mathcal{N}(0.36, 0.04)$
26	$(0.05, \bar{\rho}_{265}, 0.14)$	$\bar{\rho}_{265} \sim \mathcal{N}(0.09, 0.05)$	$(0.2, \bar{\rho}_{266}, 0.26)$	$\bar{\rho}_{266} \sim \mathcal{N}(0.23, 0.03)$

	顾客 7		顾客 8	
	$\tilde{\bar{c}}_{i7}$	参数 $\bar{\rho}$	$\tilde{\bar{c}}_{i8}$	参数 $\bar{\rho}$
7	0	0		
8	$(0.2, \bar{\rho}_{87}, 0.28)$	$\bar{\rho}_{87} \sim \mathcal{N}(0.24, 0.04)$	0	0
9	$(0.15, \bar{\rho}_{97}, 0.25)$	$\bar{\rho}_{97} \sim \mathcal{N}(0.21, 0.05)$	$(0.05, \bar{\rho}_{98}, 0.14)$	$\bar{\rho}_{98} \sim \mathcal{N}(0.09, 0.05)$
10	$(0.08, \bar{\rho}_{107}, 0.13)$	$\bar{\rho}_{107} \sim \mathcal{N}(0.11, 0.02)$	$(0.1, \bar{\rho}_{108}, 0.18)$	$\bar{\rho}_{108} \sim \mathcal{N}(0.15, 0.03)$
11	$(0.38, \bar{\rho}_{117}, 0.53)$	$\bar{\rho}_{117} \sim \mathcal{N}(0.45, 0.07)$	$(0.32, \bar{\rho}_{118}, 0.40)$	$\bar{\rho}_{118} \sim \mathcal{N}(0.36, 0.04)$
12	$(0.3, \bar{\rho}_{127}, 0.35)$	$\bar{\rho}_{127} \sim \mathcal{N}(0.33, 0.02)$	$(0.2, \bar{\rho}_{128}, 0.26)$	$\bar{\rho}_{128} \sim \mathcal{N}(0.23, 0.03)$
13	$(0.38, \bar{\rho}_{137}, 0.48)$	$\bar{\rho}_{137} \sim \mathcal{N}(0.44, 0.05)$	$(0.2, \bar{\rho}_{138}, 0.28)$	$\bar{\rho}_{138} \sim \mathcal{N}(0.24, 0.04)$
14	$(0.32, \bar{\rho}_{147}, 0.40)$	$\bar{\rho}_{147} \sim \mathcal{N}(0.36, 0.04)$	$(0.1, \bar{\rho}_{148}, 0.18)$	$\bar{\rho}_{148} \sim \mathcal{N}(0.14, 0.04)$
15	$(0.3, \bar{\rho}_{157}, 0.38)$	$\bar{\rho}_{157} \sim \mathcal{N}(0.34, 0.04)$	$(0.32, \bar{\rho}_{158}, 0.43)$	$\bar{\rho}_{158} \sim \mathcal{N}(0.37, 0.05)$
16	$(0.08, \bar{\rho}_{167}, 0.12)$	$\bar{\rho}_{167} \sim \mathcal{N}(0.10, 0.02)$	$(0.25, \bar{\rho}_{168}, 0.35)$	$\bar{\rho}_{168} \sim \mathcal{N}(0.31, 0.05)$
17	$(0.23, \bar{\rho}_{177}, 0.28)$	$\bar{\rho}_{177} \sim \mathcal{N}(0.25, 0.02)$	$(0.3, \bar{\rho}_{178}, 0.35)$	$\bar{\rho}_{178} \sim \mathcal{N}(0.33, 0.02)$
18	$(0.2, \bar{\rho}_{187}, 0.28)$	$\bar{\rho}_{187} \sim \mathcal{N}(0.24, 0.04)$	$(0.32, \bar{\rho}_{188}, 0.55)$	$\bar{\rho}_{188} \sim \mathcal{N}(0.40, 0.06)$

续表

	顾客 7		顾客 8	
	$\tilde{c}_{i7}$	参数 $\bar{\rho}$	$\tilde{c}_{i8}$	参数 $\bar{\rho}$
19	$(0.22, \bar{\rho}_{197}, 0.32)$	$\bar{\rho}_{197} \sim \mathcal{N}(0.27, 0.05)$	$(0.22, \bar{\rho}_{198}, 0.32)$	$\bar{\rho}_{198} \sim \mathcal{N}(0.27, 0.05)$
20	$(0.1, \bar{\rho}_{207}, 0.17)$	$\bar{\rho}_{207} \sim \mathcal{N}(0.14, 0.04)$	$(0.15, \bar{\rho}_{208}, 0.24)$	$\bar{\rho}_{208} \sim \mathcal{N}(0.19, 0.05)$
21	$(0.22, \bar{\rho}_{217}, 0.35)$	$\bar{\rho}_{217} \sim \mathcal{N}(0.28, 0.06)$	$(0.1, \bar{\rho}_{218}, 0.15)$	$\bar{\rho}_{218} \sim \mathcal{N}(0.13, 0.02)$
22	$(0.38, \bar{\rho}_{227}, 0.45)$	$\bar{\rho}_{227} \sim \mathcal{N}(0.42, 0.03)$	$(0.32, \bar{\rho}_{228}, 0.43)$	$\bar{\rho}_{228} \sim \mathcal{N}(0.37, 0.05)$
23	$(0.3, \bar{\rho}_{237}, 0.35)$	$\bar{\rho}_{237} \sim \mathcal{N}(0.33, 0.02)$	$(0.23, \bar{\rho}_{238}, 0.28)$	$\bar{\rho}_{238} \sim \mathcal{N}(0.25, 0.02)$
24	$(0.35, \bar{\rho}_{247}, 0.52)$	$\bar{\rho}_{247} \sim \mathcal{N}(0.43, 0.08)$	$(0.22, \bar{\rho}_{248}, 0.32)$	$\bar{\rho}_{248} \sim \mathcal{N}(0.26, 0.05)$
25	$(0.38, \bar{\rho}_{257}, 0.77)$	$\bar{\rho}_{257} \sim \mathcal{N}(0.57, 0.2)$	$(0.25, \bar{\rho}_{258}, 0.35)$	$\bar{\rho}_{258} \sim \mathcal{N}(0.29, 0.05)$
26	$(0.1, \bar{\rho}_{267}, 0.18)$	$\bar{\rho}_{267} \sim \mathcal{N}(0.15, 0.03)$	$(0.2, \bar{\rho}_{268}, 0.28)$	$\bar{\rho}_{268} \sim \mathcal{N}(0.24, 0.04)$

	顾客 9		顾客 10	
	$\tilde{c}_{i9}$	参数 $\bar{\rho}$	$\tilde{c}_{i10}$	参数 $\bar{\rho}$
9	0	0		
10	$(0.08, \bar{\rho}_{109}, 0.12)$	$\bar{\rho}_{109} \sim \mathcal{N}(0.10, 0.02)$	0	0
11	$(0.25, \bar{\rho}_{119}, 0.35)$	$\bar{\rho}_{119} \sim \mathcal{N}(0.29, 0.05)$	$(0.32, \bar{\rho}_{1110}, 0.40)$	$\bar{\rho}_{1110} \sim \mathcal{N}(0.36, 0.04)$
12	$(0.12, \bar{\rho}_{129}, 0.22)$	$\bar{\rho}_{129} \sim \mathcal{N}(0.17, 0.05)$	$(0.2, \bar{\rho}_{1210}, 0.26)$	$\bar{\rho}_{1210} \sim \mathcal{N}(0.23, 0.03)$
13	$(0.2, \bar{\rho}_{139}, 0.28)$	$\bar{\rho}_{139} \sim \mathcal{N}(0.24, 0.04)$	$(0.3, \bar{\rho}_{1310}, 0.35)$	$\bar{\rho}_{1310} \sim \mathcal{N}(0.33, 0.02)$
14	$(0.13, \bar{\rho}_{149}, 0.18)$	$\bar{\rho}_{149} \sim \mathcal{N}(0.16, 0.03)$	$(0.23, \bar{\rho}_{1410}, 0.28)$	$\bar{\rho}_{1410} \sim \mathcal{N}(0.25, 0.02)$
15	$(0.22, \bar{\rho}_{159}, 0.35)$	$\bar{\rho}_{159} \sim \mathcal{N}(0.28, 0.06)$	$(0.25, \bar{\rho}_{1510}, 0.35)$	$\bar{\rho}_{1510} \sim \mathcal{N}(0.29, 0.05)$
16	$(0.23, \bar{\rho}_{169}, 0.28)$	$\bar{\rho}_{169} \sim \mathcal{N}(0.25, 0.02)$	$(0.12, \bar{\rho}_{1610}, 0.22)$	$\bar{\rho}_{1610} \sim \mathcal{N}(0.17, 0.05)$
17	$(0.2, \bar{\rho}_{179}, 0.28)$	$\bar{\rho}_{179} \sim \mathcal{N}(0.24, 0.04)$	$(0.18, \bar{\rho}_{1710}, 0.26)$	$\bar{\rho}_{1710} \sim \mathcal{N}(0.22, 0.04)$
18	$(0.3, \bar{\rho}_{189}, 0.35)$	$\bar{\rho}_{189} \sim \mathcal{N}(0.32, 0.02)$	$(0.22, \bar{\rho}_{1810}, 0.32)$	$\bar{\rho}_{1810} \sim \mathcal{N}(0.26, 0.05)$
19	$(0.3, \bar{\rho}_{199}, 0.5)$	$\bar{\rho}_{199} \sim \mathcal{N}(0.39, 0.1)$	$(0.45, \bar{\rho}_{1910}, 0.53)$	$\bar{\rho}_{1910} \sim \mathcal{N}(0.48, 0.04)$
20	$(0.32, \bar{\rho}_{209}, 0.43)$	$\bar{\rho}_{209} \sim \mathcal{N}(0.37, 0.05)$	$(0.38, \bar{\rho}_{2010}, 0.42)$	$\bar{\rho}_{2010} \sim \mathcal{N}(0.40, 0.02)$
21	$(0.23, \bar{\rho}_{219}, 0.28)$	$\bar{\rho}_{219} \sim \mathcal{N}(0.25, 0.02)$	$(0.23, \bar{\rho}_{2110}, 0.28)$	$\bar{\rho}_{2110} \sim \mathcal{N}(0.25, 0.02)$

续表

	顾客 9		顾客 10	
	$\tilde{c}_{i9}$	参数 $\bar{\rho}$	$\tilde{c}_{i10}$	参数 $\bar{\rho}$
22	$(0.16, \bar{\rho}_{229}, 0.27)$	$\bar{\rho}_{229} \sim \mathcal{N}(0.22, 0.05)$	$(0.18, \bar{\rho}_{2210}, 0.22)$	$\bar{\rho}_{2210} \sim \mathcal{N}(0.20, 0.02)$
23	$(0.12, \bar{\rho}_{239}, 0.22)$	$\bar{\rho}_{239} \sim \mathcal{N}(0.17, 0.05)$	$(0.12, \bar{\rho}_{2310}, 0.22)$	$\bar{\rho}_{2310} \sim \mathcal{N}(0.16, 0.05)$
24	$(0.2, \bar{\rho}_{249}, 0.28)$	$\bar{\rho}_{249} \sim \mathcal{N}(0.24, 0.04)$	$(0.38, \bar{\rho}_{2410}, 0.42)$	$\bar{\rho}_{2410} \sim \mathcal{N}(0.40, 0.02)$
25	$(0.22, \bar{\rho}_{259}, 0.32)$	$\bar{\rho}_{259} \sim \mathcal{N}(0.27, 0.05)$	$(0.4, \bar{\rho}_{2510}, 0.5)$	$\bar{\rho}_{2510} \sim \mathcal{N}(0.45, 0.05)$
26	$(0.15, \bar{\rho}_{269}, 0.24)$	$\bar{\rho}_{269} \sim \mathcal{N}(0.19, 0.05)$	$(0.1, \bar{\rho}_{2610}, 0.18)$	$\bar{\rho}_{2610} \sim \mathcal{N}(0.15, 0.03)$
	顾客 11		顾客 12	
	$\tilde{c}_{i11}$	参数 $\bar{\rho}$	$\tilde{c}_{i12}$	参数 $\bar{\rho}$
11	0	0		
12	$(0.1, \bar{\rho}_{1211}, 0.15)$	$\bar{\rho}_{1211} \sim \mathcal{N}(0.13, 0.02)$	0	0
13	$(0.15, \bar{\rho}_{1311}, 0.25)$	$\bar{\rho}_{1311} \sim \mathcal{N}(0.21, 0.05)$	$(0.13, \bar{\rho}_{1312}, 0.24)$	$\bar{\rho}_{1312} \sim \mathcal{N}(0.18, 0.05)$
14	$(0.25, \bar{\rho}_{1411}, 0.35)$	$\bar{\rho}_{1411} \sim \mathcal{N}(0.29, 0.05)$	$(0.18, \bar{\rho}_{1412}, 0.22)$	$\bar{\rho}_{1412} \sim \mathcal{N}(0.20, 0.02)$
15	$(0.18, \bar{\rho}_{1511}, 0.22)$	$\bar{\rho}_{1511} \sim \mathcal{N}(0.20, 0.02)$	$(0.15, \bar{\rho}_{1512}, 0.24)$	$\bar{\rho}_{1512} \sim \mathcal{N}(0.19, 0.05)$
16	$(0.38, \bar{\rho}_{1611}, 0.48)$	$\bar{\rho}_{1611} \sim \mathcal{N}(0.43, 0.05)$	$(0.3, \bar{\rho}_{1612}, 0.35)$	$\bar{\rho}_{1612} \sim \mathcal{N}(0.33, 0.02)$
17	$(0.22, \bar{\rho}_{1711}, 0.32)$	$\bar{\rho}_{1711} \sim \mathcal{N}(0.27, 0.05)$	$(0.15, \bar{\rho}_{1712}, 0.25)$	$\bar{\rho}_{1712} \sim \mathcal{N}(0.21, 0.05)$
18	$(0.3, \bar{\rho}_{1811}, 0.5)$	$\bar{\rho}_{1811} \sim \mathcal{N}(0.39, 0.1)$	$(0.3, \bar{\rho}_{1812}, 0.35)$	$\bar{\rho}_{1812} \sim \mathcal{N}(0.33, 0.02)$
19	$(0.1, \bar{\rho}_{1911}, 0.15)$	$\bar{\rho}_{1911} \sim \mathcal{N}(0.13, 0.02)$	$(0.1, \bar{\rho}_{1912}, 0.15)$	$\bar{\rho}_{1912} \sim \mathcal{N}(0.13, 0.02)$
20	$(0.3, \bar{\rho}_{2011}, 0.35)$	$\bar{\rho}_{2011} \sim \mathcal{N}(0.32, 0.02)$	$(0.05, \bar{\rho}_{2012}, 0.14)$	$\bar{\rho}_{2012} \sim \mathcal{N}(0.09, 0.05)$
21	$(0.38, \bar{\rho}_{2111}, 0.77)$	$\bar{\rho}_{2111} \sim \mathcal{N}(0.57, 0.2)$	$(0.4, \bar{\rho}_{2112}, 0.5)$	$\bar{\rho}_{2112} \sim \mathcal{N}(0.45, 0.05)$
22	$(0.18, \bar{\rho}_{2211}, 0.22)$	$\bar{\rho}_{2211} \sim \mathcal{N}(0.20, 0.02)$	$(0.32, \bar{\rho}_{2212}, 0.40)$	$\bar{\rho}_{2212} \sim \mathcal{N}(0.36, 0.04)$
23	$(0.16, \bar{\rho}_{2311}, 0.27)$	$\bar{\rho}_{2311} \sim \mathcal{N}(0.22, 0.05)$	$(0.18, \bar{\rho}_{2312}, 0.22)$	$\bar{\rho}_{2312} \sim \mathcal{N}(0.20, 0.02)$
24	$(0.48, \bar{\rho}_{2411}, 0.53)$	$\bar{\rho}_{2411} \sim \mathcal{N}(0.50, 0.02)$	$(0.05, \bar{\rho}_{2412}, 0.14)$	$\bar{\rho}_{2412} \sim \mathcal{N}(0.09, 0.05)$
25	$(0.38, \bar{\rho}_{2511}, 0.58)$	$\bar{\rho}_{2511} \sim \mathcal{N}(0.48, 0.1)$	$(0.38, \bar{\rho}_{2512}, 0.45)$	$\bar{\rho}_{2512} \sim \mathcal{N}(0.41, 0.02)$
26	$(0.12, \bar{\rho}_{2611}, 0.22)$	$\bar{\rho}_{2611} \sim \mathcal{N}(0.16, 0.05)$	$(0.13, \bar{\rho}_{2612}, 0.24)$	$\bar{\rho}_{2612} \sim \mathcal{N}(0.18, 0.05)$

续表

	顾客 13			顾客 14	
	$\tilde{c}_{i13}$	参数 $\bar{\rho}$		$\tilde{c}_{i14}$	参数 $\bar{\rho}$
13	0	0			
14	$(0.1, \bar{\rho}_{1413}, 0.15)$	$\bar{\rho}_{1413} \sim \mathcal{N}(0.12, 0.02)$		0	0
15	$(0.32, \bar{\rho}_{1513}, 0.40)$	$\bar{\rho}_{1513} \sim \mathcal{N}(0.36, 0.04)$		$(0.32, \bar{\rho}_{1514}, 0.43)$	$\bar{\rho}_{1514} \sim \mathcal{N}(0.38, 0.05)$
16	$(0.42, \bar{\rho}_{1613}, 0.50)$	$\bar{\rho}_{1613} \sim \mathcal{N}(0.47, 0.04)$		$(0.38, \bar{\rho}_{1614}, 0.45)$	$\bar{\rho}_{1614} \sim \mathcal{N}(0.41, 0.02)$
17	$(0.32, \bar{\rho}_{1713}, 0.43)$	$\bar{\rho}_{1713} \sim \mathcal{N}(0.38, 0.05)$		$(0.32, \bar{\rho}_{1714}, 0.42)$	$\bar{\rho}_{1714} \sim \mathcal{N}(0.37, 0.05)$
18	$(0.48, \bar{\rho}_{1813}, 0.53)$	$\bar{\rho}_{1813} \sim \mathcal{N}(0.50, 0.02)$		$(0.42, \bar{\rho}_{1814}, 0.50)$	$\bar{\rho}_{1814} \sim \mathcal{N}(0.47, 0.04)$
19	$(0.25, \bar{\rho}_{1913}, 0.35)$	$\bar{\rho}_{1913} \sim \mathcal{N}(0.29, 0.05)$		$(0.15, \bar{\rho}_{1914}, 0.25)$	$\bar{\rho}_{1914} \sim \mathcal{N}(0.21, 0.05)$
20	$(0.05, \bar{\rho}_{2013}, 0.14)$	$\bar{\rho}_{2013} \sim \mathcal{N}(0.09, 0.05)$		$(0.1, \bar{\rho}_{2014}, 0.18)$	$\bar{\rho}_{2014} \sim \mathcal{N}(0.15, 0.03)$
21	$(0.25, \bar{\rho}_{2113}, 0.35)$	$\bar{\rho}_{2113} \sim \mathcal{N}(0.29, 0.05)$		$(0.32, \bar{\rho}_{2114}, 0.40)$	$\bar{\rho}_{2114} \sim \mathcal{N}(0.36, 0.04)$
22	$(0.15, \bar{\rho}_{2213}, 0.24)$	$\bar{\rho}_{2213} \sim \mathcal{N}(0.19, 0.05)$		$(0.42, \bar{\rho}_{2214}, 0.50)$	$\bar{\rho}_{2214} \sim \mathcal{N}(0.47, 0.04)$
23	$(0.22, \bar{\rho}_{2313}, 0.32)$	$\bar{\rho}_{2313} \sim \mathcal{N}(0.27, 0.05)$		$(0.3, \bar{\rho}_{2314}, 0.5)$	$\bar{\rho}_{2314} \sim \mathcal{N}(0.39, 0.1)$
24	$(0.42, \bar{\rho}_{2413}, 0.50)$	$\bar{\rho}_{2413} \sim \mathcal{N}(0.47, 0.04)$		$(0.2, \bar{\rho}_{2414}, 0.26)$	$\bar{\rho}_{2414} \sim \mathcal{N}(0.23, 0.03)$
25	$(0.32, \bar{\rho}_{2513}, 0.40)$	$\bar{\rho}_{2513} \sim \mathcal{N}(0.36, 0.04)$		$(0.25, \bar{\rho}_{2514}, 0.35)$	$\bar{\rho}_{2514} \sim \mathcal{N}(0.3, 0.05)$
26	$(0.13, \bar{\rho}_{2613}, 0.24)$	$\bar{\rho}_{2613} \sim \mathcal{N}(0.18, 0.05)$		$(0.18, \bar{\rho}_{2614}, 0.22)$	$\bar{\rho}_{2614} \sim \mathcal{N}(0.20, 0.02)$
	顾客 15			顾客 16	
	$\tilde{c}_{i15}$	参数 $\bar{\rho}$		$\tilde{c}_{i16}$	参数 $\bar{\rho}$
15	0	0			
16	$(0.25, \bar{\rho}_{1615}, 0.3)$	$\bar{\rho}_{1615} \sim \mathcal{N}(0.28, 0.02)$		0	0
17	$(0.05, \bar{\rho}_{1715}, 0.14)$	$\bar{\rho}_{1715} \sim \mathcal{N}(0.09, 0.05)$		$(0.15, \bar{\rho}_{1716}, 0.24)$	$\bar{\rho}_{1716} \sim \mathcal{N}(0.19, 0.05)$
18	$(0.18, \bar{\rho}_{1815}, 0.22)$	$\bar{\rho}_{1815} \sim \mathcal{N}(0.20, 0.02)$		$(0.1, \bar{\rho}_{1816}, 0.17)$	$\bar{\rho}_{1816} \sim \mathcal{N}(0.14, 0.04)$
19	$(0.32, \bar{\rho}_{1915}, 0.40)$	$\bar{\rho}_{1915} \sim \mathcal{N}(0.36, 0.04)$		$(0.25, \bar{\rho}_{1916}, 0.35)$	$\bar{\rho}_{1916} \sim \mathcal{N}(0.29, 0.05)$
20	$(0.15, \bar{\rho}_{2015}, 0.25)$	$\bar{\rho}_{2015} \sim \mathcal{N}(0.21, 0.05)$		$(0.32, \bar{\rho}_{2016}, 0.40)$	$\bar{\rho}_{2016} \sim \mathcal{N}(0.36, 0.04)$
21	$(0.12, \bar{\rho}_{2115}, 0.22)$	$\bar{\rho}_{2115} \sim \mathcal{N}(0.17, 0.05)$		$(0.3, \bar{\rho}_{2116}, 0.35)$	$\bar{\rho}_{2116} \sim \mathcal{N}(0.32, 0.02)$
22	$(0.05, \bar{\rho}_{2215}, 0.1)$	$\bar{\rho}_{2215} \sim \mathcal{N}(0.08, 0.02)$		$(0.22, \bar{\rho}_{2216}, 0.35)$	$\bar{\rho}_{2216} \sim \mathcal{N}(0.28, 0.06)$
23	$(0.3, \bar{\rho}_{2315}, 0.35)$	$\bar{\rho}_{2315} \sim \mathcal{N}(0.33, 0.02)$		$(0.32, \bar{\rho}_{2316}, 0.42)$	$\bar{\rho}_{2316} \sim \mathcal{N}(0.38, 0.05)$
24	$(0.3, \bar{\rho}_{2415}, 0.5)$	$\bar{\rho}_{2415} \sim \mathcal{N}(0.39, 0.1)$		$(0.1, \bar{\rho}_{2416}, 0.17)$	$\bar{\rho}_{2416} \sim \mathcal{N}(0.14, 0.04)$
25	$(0.32, \bar{\rho}_{2515}, 0.40)$	$\bar{\rho}_{2515} \sim \mathcal{N}(0.36, 0.04)$		$(0.13, \bar{\rho}_{2516}, 0.24)$	$\bar{\rho}_{2516} \sim \mathcal{N}(0.18, 0.05)$
26	$(0.38, \bar{\rho}_{2615}, 0.58)$	$\bar{\rho}_{2615} \sim \mathcal{N}(0.48, 0.1)$		$(0.28, \bar{\rho}_{2616}, 0.38)$	$\bar{\rho}_{2616} \sim \mathcal{N}(0.33, 0.05)$

续表

	顾客 17		顾客 18	
	$\tilde{\tilde{c}}_{i17}$	参数 $\bar{\rho}$	$\tilde{\tilde{c}}_{i18}$	参数 $\bar{\rho}$
17	0	0		
18	$(0.1, \bar{\rho}_{1817}, 0.15)$	$\bar{\rho}_{1817} \sim \mathcal{N}(0.12, 0.02)$	0	0
19	$(0.38, \bar{\rho}_{1917}, 0.77)$	$\bar{\rho}_{1917} \sim \mathcal{N}(0.57, 0.2)$	$(0.4, \bar{\rho}_{1918}, 0.5)$	$\bar{\rho}_{1918} \sim \mathcal{N}(0.45, 0.05)$
20	$(0.28, \bar{\rho}_{2017}, 0.38)$	$\bar{\rho}_{2017} \sim \mathcal{N}(0.33, 0.05)$	$(0.25, \bar{\rho}_{2018}, 0.35)$	$\bar{\rho}_{2018} \sim \mathcal{N}(0.29, 0.05)$
21	$(0.25, \bar{\rho}_{2117}, 0.35)$	$\bar{\rho}_{2117} \sim \mathcal{N}(0.3, 0.05)$	$(0.32, \bar{\rho}_{2118}, 0.40)$	$\bar{\rho}_{2118} \sim \mathcal{N}(0.36, 0.04)$
22	$(0.32, \bar{\rho}_{2217}, 0.42)$	$\bar{\rho}_{2217} \sim \mathcal{N}(0.38, 0.05)$	$(0.1, \bar{\rho}_{2218}, 0.15)$	$\bar{\rho}_{2218} \sim \mathcal{N}(0.12, 0.02)$
23	$(0.13, \bar{\rho}_{2317}, 0.24)$	$\bar{\rho}_{2317} \sim \mathcal{N}(0.18, 0.05)$	$(0.32, \bar{\rho}_{2318}, 0.43)$	$\bar{\rho}_{2318} \sim \mathcal{N}(0.37, 0.05)$
24	$(0.22, \bar{\rho}_{2417}, 0.35)$	$\bar{\rho}_{2417} \sim \mathcal{N}(0.28, 0.06)$	$(0.1, \bar{\rho}_{2418}, 0.15)$	$\bar{\rho}_{2418} \sim \mathcal{N}(0.12, 0.02)$
25	$(0.32, \bar{\rho}_{2517}, 0.42)$	$\bar{\rho}_{2517} \sim \mathcal{N}(0.38, 0.05)$	$(0.1, \bar{\rho}_{2518}, 0.18)$	$\bar{\rho}_{2518} \sim \mathcal{N}(0.15, 0.03)$
26	$(0.13, \bar{\rho}_{2617}, 0.24)$	$\bar{\rho}_{2617} \sim \mathcal{N}(0.18, 0.05)$	$(0.2, \bar{\rho}_{2618}, 0.26)$	$\bar{\rho}_{2618} \sim \mathcal{N}(0.23, 0.03)$

	顾客 19		顾客 20	
	$\tilde{\tilde{c}}_{i19}$	参数 $\bar{\rho}$	$\tilde{\tilde{c}}_{i20}$	参数 $\bar{\rho}$
19	0	0		
20	$(0.18, \bar{\rho}_{2019}, 0.22)$	$\bar{\rho}_{2019} \sim \mathcal{N}(0.20, 0.02)$	0	0
21	$(0.08, \bar{\rho}_{2119}, 0.12)$	$\bar{\rho}_{2119} \sim \mathcal{N}(0.10, 0.02)$	$(0.38, \bar{\rho}_{2120}, 0.45)$	$\bar{\rho}_{2120} \sim \mathcal{N}(0.41, 0.02)$
22	$(0.32, \bar{\rho}_{2219}, 0.43)$	$\bar{\rho}_{2219} \sim \mathcal{N}(0.37, 0.05)$	$(0.5, \bar{\rho}_{2220}, 0.8)$	$\bar{\rho}_{2220} \sim \mathcal{N}(0.65, 0.15)$
23	$(0.38, \bar{\rho}_{2319}, 0.53)$	$\bar{\rho}_{2319} \sim \mathcal{N}(0.45, 0.07)$	$(0.05, \bar{\rho}_{2320}, 0.14)$	$\bar{\rho}_{2320} \sim \mathcal{N}(0.09, 0.05)$
24	$(0.25, \bar{\rho}_{2419}, 0.3)$	$\bar{\rho}_{2419} \sim \mathcal{N}(0.28, 0.02)$	$(0.25, \bar{\rho}_{2420}, 0.35)$	$\bar{\rho}_{2420} \sim \mathcal{N}(0.31, 0.05)$
25	$(0.38, \bar{\rho}_{2519}, 0.58)$	$\bar{\rho}_{2519} \sim \mathcal{N}(0.48, 0.1)$	$(0.28, \bar{\rho}_{2520}, 0.38)$	$\bar{\rho}_{2520} \sim \mathcal{N}(0.33, 0.05)$
26	$(0.25, \bar{\rho}_{2619}, 0.35)$	$\bar{\rho}_{2619} \sim \mathcal{N}(0.29, 0.05)$	$(0.12, \bar{\rho}_{2620}, 0.22)$	$\bar{\rho}_{2620} \sim \mathcal{N}(0.17, 0.05)$

	顾客 21		顾客 22	
	$\tilde{\tilde{c}}_{i21}$	参数 $\bar{\rho}$	$\tilde{\tilde{c}}_{i22}$	参数 $\bar{\rho}$
21	0	0		
22	$(0.15, \bar{\rho}_{2221}, 0.24)$	$\bar{\rho}_{2221} \sim \mathcal{N}(0.19, 0.05)$	0	0
23	$(0.15, \bar{\rho}_{2321}, 0.24)$	$\bar{\rho}_{2321} \sim \mathcal{N}(0.19, 0.05)$	$(0.45, \bar{\rho}_{2321}, 0.53)$	$\bar{\rho}_{2322} \sim \mathcal{N}(0.48, 0.04)$
24	$(0.18, \bar{\rho}_{2421}, 0.22)$	$\bar{\rho}_{2421} \sim \mathcal{N}(0.20, 0.02)$	$(0.23, \bar{\rho}_{2421}, 0.28)$	$\bar{\rho}_{2422} \sim \mathcal{N}(0.25, 0.02)$
25	$(0.32, \bar{\rho}_{2521}, 0.43)$	$\bar{\rho}_{2521} \sim \mathcal{N}(0.37, 0.05)$	$(0.2, \bar{\rho}_{2521}, 0.26)$	$\bar{\rho}_{2522} \sim \mathcal{N}(0.23, 0.03)$
26	$(0.05, \bar{\rho}_{2621}, 0.14)$	$\bar{\rho}_{2621} \sim \mathcal{N}(0.09, 0.05)$	$(0.2, \bar{\rho}_{2622}, 0.26)$	$\bar{\rho}_{2622} \sim \mathcal{N}(0.23, 0.03)$

续表

	顾客 23		顾客 24	
	$\tilde{c}_{i23}$	参数 $\bar{\rho}$	$\tilde{c}_{i24}$	参数 $\bar{\rho}$
23	0	0		
24	$(0.13, \bar{\rho}_{2423}, 0.2)$	$\bar{\rho}_{2423} \sim \mathcal{N}(0.17, 0.03)$	0	0
25	$(0.13, \bar{\rho}_{2523}, 0.2)$	$\bar{\rho}_{2523} \sim \mathcal{N}(0.17, 0.03)$	$(0.2, \bar{\rho}_{2524}, 0.26)$	$\bar{\rho}_{2524} \sim \mathcal{N}(0.23, 0.03)$
26	$(0.1, \bar{\rho}_{2623}, 0.15)$	$\bar{\rho}_{2623} \sim \mathcal{N}(0.13, 0.02)$	$(0.42, \bar{\rho}_{2624}, 0.50)$	$\bar{\rho}_{2624} \sim \mathcal{N}(0.47, 0.04)$

4.4.3 算法参数测试

鉴于粒子群算法性能受一些参数设置的影响，为了获得比较好的算法求解效果，需要对这些参数进行合理的设置，这里给出具体的参数设置过程。对于部分参数，通过实验来研究参数选择对算法性能的影响，并以此来确定算法最优的参数选择。如前文所述，在改进的粒子群算法中，包括很多参数，如种群大小 N、惯性权重 ω、学习系数 c_p, c_g, c_l, c_n 和最大代迭代次数 T，等等。前文中，已经给出了惯性权重 ω 的计算公式，现在仅需要寻找 N, T 和 c_p, c_g, c_l, c_n 的合适值。

1. 种群大小及最大迭代次数

众所周知，随着总的迭代次数的增加，算法的计算时间一般会增加，并且算法结果可能会更好。对于所提出的粒子群算法的改进技术，其最大迭代次数为 T，种群大小为 N，那么总的迭代次数为 $T*N$。在此次测试中，在 $c_p = c_h = c_l = c_n$ 的情况下，设置 N 从 10 到 50 分为 5 组，步长为 10，同时 T 从 300 到 500 分为 5 组，步长为 50，这样就有 25 种种群大小及迭代次数的组合。每组参数设置的算法分别运行 10 次，记录并求出平均结果。最后汇总得到 25 种组合的计算时间（见图 4.8）和计算结果（见图 4.9），其中横轴 "0-10" 表示 $N=10$，T 以步长 50 从 300 到 500 分为 5 组，曲线上的每个 o 点表示此种 TN 值下的最优测试结果，以此类推。

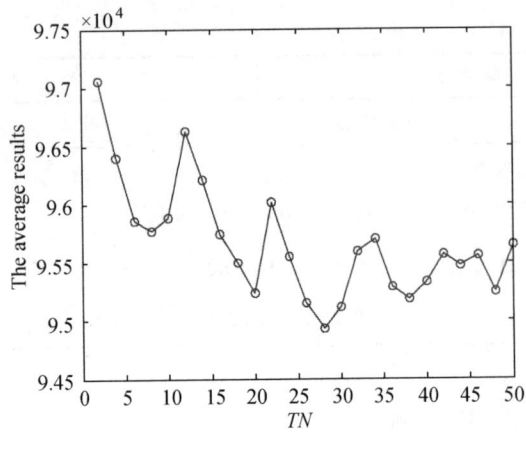

图 4.8 计算时间

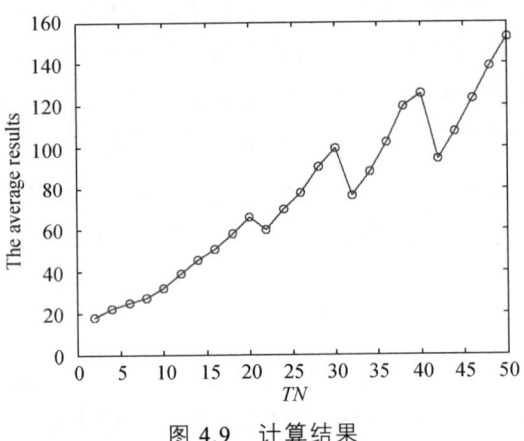

图 4.9 计算结果

从图 4.9 可以看出，对于计算结果，当种群大小 N 从 10 增长到 30 时，最大迭代次数 T 的增长对计算结果有显著影响。在 N 相同的情况下，随着最大迭代次数 T 从 300 增加到 450，计算结果明显更好，而当 T 从 450 增长到 500 时，结果没有更好反而更差了。而当种群大小 N 从 40 增加到 50 时，随着最大迭代次数 T 的增长，计算结果并没有显著变好。可以看出，在组合 N=30 和 T=450 时算法达到了最优结果。从图 4.8 可以看出，总的迭代次数 $T*N$ 对计算时间的影响很大。在所有分组中，在 N 相同的情况下，算法的计算时间与最大迭代次数 T 呈正相关关系。由于随着总的迭代次数的增加，计算结果没有更好，反而计算时间更长，因此，我们认为对于种群大小及最大迭代次数的合适取值为 $N=30$ 和 $T=450$。

2. 加速因子

在标准粒子群算法中，粒子的飞行轨迹受加速因子控制，因此，选择合适的加速因子对于算法获得比较好的求解质量具有重要影响。此处，通过实验来研究加速因子对改进算法的影响。关于加速因子的取值有两种策略：一种是取固定值，另一种是取时变值。因为固定值可以使算法的稳定性更好，故而研究加速因子对算法的影响时可取不同的固定值。对四个加速常数，我们取五个不同的固定值，其他参数均取前文验证的合适值，并分别运行10次，运算的最优结果及标准差见表4.6。

表 4.6 加速常数测试

	$c_p=c_g=c_l=c_n=?$				
	0.5	1	1.5	2	2.5
最优结果	95 886.411	95 632.523	95 399.193	94 631.884	95 914.211
标准差	389.976	364.839	470.262	185.316	110.821

从表 4.6 可以看出，改进算法性能对于加速常数的设定十分敏感，最优结果在 $c_p=c_g=c_l=c_n=2$ 时获得。从标准差这一栏可以看出，随着加速常数值的加大，算法结果更稳定。所以我们认为，加速常数的合适取值为 $c_p=c_g=c_l=c_n=2$。

4.4.4 计算结果讨论

在前文描述基础之上，可以将上文中的数据应用到本章所提出的车辆路径主从规划模型中，并用所提出的基于云理论带 EVO 模糊随机模拟的全局-局部-邻域粒子群算法进行求解。关于算法中的参数值设置情况，参见章节 4.4.3。可使用 MATLAB 对算法进行编译，使用章节 4.4.2 获取的数据对算法的性能进行测试。

将算法程序运行 10 次之后，获得了最满意的解。图 4.10 为改进算法（CTPSO）取得的不同迭代次数下的最优解的分布情况。由图 4.10 可以看出，主导者模型的目标全局成本随着迭代次数的增加，呈现逐渐变小的趋势，这与改进算法的粒子进化思想一致。最终，可获得最优目标函数值，即全局成本最小值为 94 631.884 RMB，与之相对的解的构成如下：

车辆 1：21 → 15 → 22 → 11 → 19 → 8

车辆 2：3 → 2 → 20 → 13 → 14

车辆 3：10 → 16 → 24 → 12 → 1

车辆 4：7 → 18 → 17 → 23 → 4

车辆 5：26 → 9 → 5 → 6

车辆 6：25

由于主导者的目标是全局目标最小，而全局目标由三部分组成，其中主导者只能控制其中两部分，因此，使用本章所提出的模型及方法可以解决此类问题。本章所提出的模型已考虑到主导者及跟随者两个决策群组之间的交互式影响，其中，主导者可以通过自身的决策行为影响跟随者的决策。首先，主导者分别选择顾客节点 21,3,10,7,26 和 25 作为各个车辆的种子顾客，这样路线的初始化成本 $\min\limits_{x,z}\sum\limits_{k=1}^{K}\sum\limits_{i=1}^{n}EV\left[\tilde{\omega}_{\tilde{c}_i(r_i,\sigma_i)}\right]z_{ki}$ 主要由上载成本和初始运输成本构成，最终为 77 540.5 RMB。其次，顾客集合也是由主导者决定，决策如下：顾客节点 8,11,15,19,21 和 22 均由车辆 1 提供服务，节点 2,3,13,14 和 20 均由车辆 2 提供服务，节点 1,10,12,16 和 24 均由车辆 3 提供服务，节点 4,7,17,18 和 23 均由车辆 4 提供服务，节点 5,6,9 和 26 均由车辆 5 提供服务，节点 25 由车辆 6 提供服务。由此产生的车辆服务顾客的费用 $\sum\limits_{k=1}^{K}\sum\limits_{j=1}^{n}EV\left[\tilde{\omega}_{\tilde{c}_{kj}(r_{kj},\sigma_{kj})}\right]x_{kj}$ 为 17 091.384 RMB，主要由卸载费用构成。

接下来，考虑跟随者的决策行为及其带来的效果，跟随者的主要目标是使总体的车辆配送成本（线路运输成本）最小化。由于主导者的决策行为会对跟随者的决策产生巨大的影响，换句话说，跟随者的决策是建立在主导者的决策之上的，因此，当主导者决定了每辆车的种子顾客以及顾客集合之后，跟随者只能在这个决策范围内安排车辆配送计划。前文已给出主导者的决策信息，这时跟随者制订决策如下：车辆 1 的配送路线为 21→15→22→11→19→8，车辆 2 的配送路线为 3→2→20→13→14，车辆 3 的配送路线为 3→2→20→13→14，车辆 4 的配送路线为 7→18→17→23→4，车辆 5 的配送路线为 26→9→5→6，车辆 6 的配送路线为 25。最终，车辆的总体配送成本 $\sum_{i=1}^{n}\sum_{j=1}^{n}EV\left[\tilde{\omega}_{\tilde{c}_{ij}(r_{ij},\sigma_{ij})}\right]y_{ij}$，主要考虑运输成本为 868.401 RMB。

4.4.5 求解算法评测

为了验证本章所提出的算法的有效性和实用性，下面对基于云理论的粒子群算法（CTPSO）、传统粒子群算法（PSO）和遗传算法（GA）做一个简单的对比。在对比测试中，三种算法使用相同的编码策略，如基于优先级的编码。对于遗传算法，使用映射交叉和局部搜索变异；而对于传统的遗传算法，使用高效的粒子更新机制。在测试中，其他参数值设置情况可参见表 4.7，其中 r_c 代表交叉因子，r_m 代表变异因子。

表 4.7 参数值设置

	T	N	ω	C_p	C_g	C_l	C_n	τ_c	τ_m
PSO	450	30	1	2	2	-	-	-	-
CTPSO	450	30	$0.4, 0.9-0.5 e^{\frac{-(f(P_i)-Ex)^2}{2(En')^2}}$ or 0.9	2	2	2	-	-	-
GA	450	30	-	-	-	-	-	0.8	0.03

同样使用 MATLAB 对算法进行编译，使用段落 4.4.2 获取的数据对算法的性能进行测试。将三种算法分别运行 30 次，分别获得最满意解，参见图 4.10 和图 4.11，其中图 4.10 为改进算法（CTPSO）取得的不同迭代次数下的最优解的分布情况，图 4.11 为改进算法（CTPSO）以及 PSO 和 GA，在不同迭代次数下取得的最优解的分布对比情况。从图 4.11 可以看出，代表这三种算法的曲线中都有同样的移动趋势，即随着迭代次数的增加，算法结果越来越好。

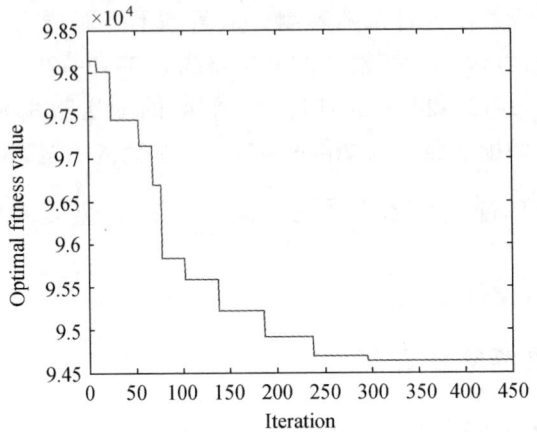

图 4.10 CTPSO 迭代过程

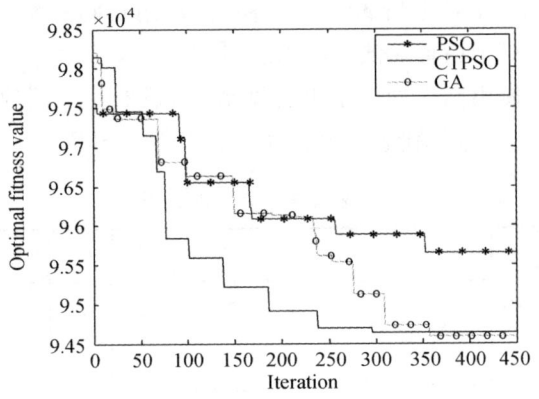

图 4.11 PSO、CTPSO 和 GA 迭代过程对比

从图 4.11 还可以看出，三种算法在迭代初期的结果都比较差，这可能是由于探索空间超出可行域并造成了对适应值函数的惩罚。随着程序的继续运行和迭代次数的增加，三种算法的适应函数值减小的速度更加迅速。在迭代结束的时候，算法结果变得更好并且比较稳定。对于传统算法（PSO），随着迭代次数的增加，粒子挖掘全局最优解的能力并没有很大的差异。也就是说，粒子挖掘最优解的能力比较差，即具有足够的探索能力，但没有足够的挖掘能力。与之相反，改进算法（CTPSO），在迭代初期，粒子的探索空间是很大的，遍历可行域中的每一个角落，以寻找更好的粒子位置；随后，随着迭代次数的增加，探索空间逐渐缩小，将目标空间锁

定在比较好的粒子范围内，以集中寻找全局最优解。同时，可以看到，改进算法（CTPSO）寻找最优解的速度要比 GA 快。

三种算法分别运行 30 次得到的结果的对比情况可参见表 4.8。由于 Stackelberg 均衡规划以主导者的目标为全局目标，跟随者的目标值及其决策仅作为对主导者决策行为的一个反馈，故而表 4.8 的比较均以主导者目标函数值为准。从表 4.8 可以看出，改进算法（CTPSO）获取全局最优解的时间短于 GA，而获得的解的稳定性要高于传统的 PSO。故而，改进算法（CTPSO）的求解能力可以说与传统的 GA 和 PSO 基本上是势均力敌的。因此，我们认为，改进算法（CTPSO）对于求解所提出的问题是有效的并且实用的。

表 4.8　算法运行结果比较

项目	PSO	CTPSO	GA
最优解	96 054.87	94 631.884	95 563.438
最差解	97 056.401	94 894.029	96 004.832
平均解	96 601.808	94 733.562	95 668.625
最优与最差的差异	1 001.531	262.145	441.394
平均与最差的差异	546.938	101.678	105.187
标准差	457.632	127.067	156.792
计算时间	77.782	90.438	119.53

4.5　本章小结

在第 3 章的基础上，本章加入了对顾客时间窗口要求的考虑，提出了主从时间窗口车辆路径模型。模型中的两个主体与第 3 章相同，不同的地方是，跟随者在为每辆车安排路线时，不仅要考虑车辆逻辑约束，还要考虑顾客时间窗口约束以及顾客满意度约束。通过模糊隶属度函数对顾客满意度进行描述并给定一个最低平均客户满意度水平 S_a，将客户满意度转化为模型的约束条件；将成本以及顾客时间窗口均处理为模糊随机参数，根据相关的定理以及模糊随机变量的期望值理论进行处理。为了求解这个模型，本章提出了一个基于云理论的改进粒子群算法。该算法中，基于正态云发生器的初始化使得算法的初始化效果更好，利用 EVO 模糊随机模拟处理模型中的不确定性，设计主从算法结构以解决主从模型序贯决策问题。最后，在澜沧江干流水电基地案例中，首先通过科学的参数测试获得合适的算法参数值，然后经过算法结果分析以及算法对比分析，证明了该模型的实用性以及该算法的优越性和有效性。

第 5 章

取送货车辆调度均衡模型及其应用

当今社会,人们对于环境保护的意识逐渐增强,很多企业通过再制造、回收复原和循环利用等操作将废弃品转变为财富,同时也使环境免于废弃品的破坏。故而,目前逆向物流中如何处理回收资源受到了企业和研究者的共同关注。近几年,很多企业将逆向物流与常规的正向物流结合在一起,使之成为一个闭环供应链[228]。同样,Ilgin 和 Gupta 对逆向物流和闭环供应链的现有发展水平进行了调查[229],即在供应链中使用这种闭环回路,将使分销/回收中心与顾客点之间的物流成为最复杂的部分,因为这既要考虑送货工作又要考虑取货工作,是一个双向物流。在以往的研究中,这种问题被称为取送货问题。取送货问题在实际生活中是经常发生的,如分销系统中的连锁杂货店,其所有的杂货店可能同时有送货(新鲜食物或饮料等)和取货(过期食物或空瓶子)。同样地,在铸造行业中也会发生这种情况,即在同一个顾客点,对于旧砂的回收以及对净化后可再使用的砂子的送货会同时发生[230];在大型工程建设项目中,可能会有一些不合格的或者超量的工程材料被运送到施工点,这时候,超量或不合格材料均需要退回给供应商,而对合格材料及其他材料需要供应商送货,这时送货取货操作也会同时发生。为了实现低碳排放以及高效资源利用率的目标,企业有必要将逆向物流与常规的正向物流结合起来,同时实施送货和取货作业。而对于此问题,减少碳排放以及降低运作成本的一个主要方式为尽量缩短运输总路程。取送货问题的成功运作将使供需双方成为双赢的局面,这将给企业、国家乃至全人类带来利益，因此，需要有效和高效的双向物流操作。为了实现此目的，本章研究了带时间窗口的取送货主从车辆路径问题，以帮助双向物流公司的运营和管理。

5.1 问题分析

在建模之前，需对问题的关键点进行描述，包括取送货描述、软时间窗口描述和不确定因素描述。

5.1.1 取送货需求

对带时间窗口的取送货车辆路径问题的描述如下：一组有特定时间窗口要求的顾客，各自要求配送和/或取回一定量的货物，顾客的服务由一队从仓库发出并最终返回仓库的有载质量限制的车辆提供，而带时间窗口的取送货车辆路径问题就是为每辆车寻找最经济的配送路线，以达到运作成本最低的目标。一般的带时间窗口的取送货车辆路径问题的回收网络图如图5.1所示，其中白色圆圈表示有配送需求的顾客，黑色三角表示有取

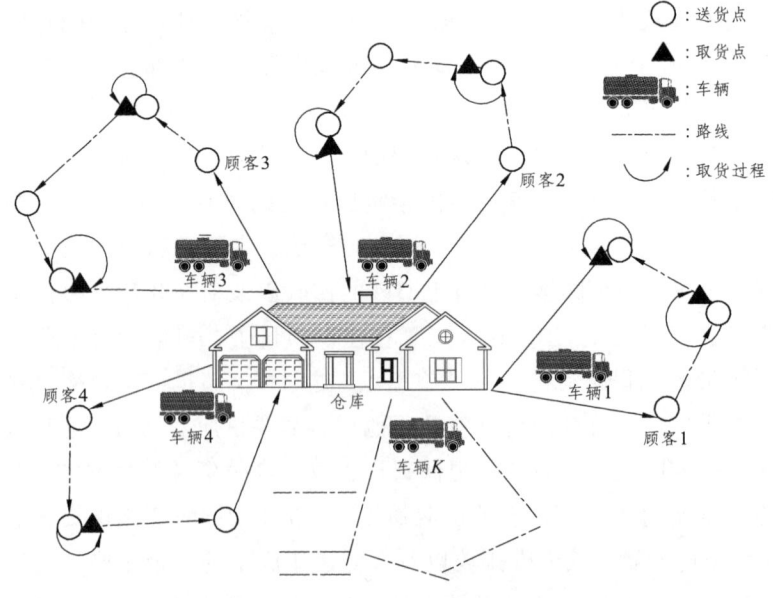

图 5.1 取送货车辆路径概念

回需求的顾客，直线箭头表示车辆运输路线，曲线箭头表示车辆送货后继续完成取货服务（本书研究取送货同时发生的情况，故而对有取送货要求的顾客，仅需要进入顾客点一次）。图 5.1 中，车辆 4 有 1 位顾客，车辆 1、2 和 3 分别有 2 位顾客同时有取送货要求，其他顾客仅有送货要求。

5.1.2 软时间窗口

为了适应车辆运输实践中的不确定性，本书使用由 Tang 提出的软时间窗口概念[32]，即使用四个变量对每位顾客的时间窗口进行刻画：$[EET, e, l, ELT]$，其中 EET 是可以容忍的最早时间，当服务开始时间早于时间点 e，顾客能够接受的最早开始服务时间；ELT 是可以忍受的最晚时间，当服务开始晚于时间点 l，顾客能够接受的最晚开始服务时间。换一种方式表述，$[EET, e, l, ELT]$ 意味着"服务开始时间最好在时间区间 $[e, l]$ 内，一点违规是可以接受的，但是不能早于 EET 或者晚于 ELT"。但是对于时间窗口的任何违规操作都会降低顾客的满意度，长此以往，可能会引发客户流失。因此，在带时间窗口的取送货车辆路径问题中，为所有车辆制订路线时，能够满足顾客时间窗口要求，保持一定水平的顾客满意度是至关重要的。

为了完成此目标，使用考虑了软时间窗口的模糊函数 $L(t)$ 对顾客满意度进行估计测量：

$$L(t) = \begin{cases} 0, & t < EET, \\ \dfrac{t - EET}{e - EET}, & EET \leqslant t < e, \\ 1, & e \leqslant t < l, \\ \dfrac{ELT - t}{ELT - l}, & l \leqslant t < ELT, \\ 0, & t \geqslant ELT \end{cases}$$

其中 t 是运送货物的车辆实际到达时间，或者说实际开始服务顾客时间。从上式可以看出，如果车辆抵达顾客时间在时间区间 $[e, l]$ 之内，顾客是满意的且其满意度为 1；否则，车辆达到时间越早或越晚，顾客越不满意，满意度低于 1，甚至为 0，在早于 EET 或者晚于 ELT，顾客状态为完全不满意。

5.1.3 不确定因素

为了现实数据的获取，本书将取货量和运输时间考虑为模糊随机参数。

1. 模糊随机取货量

文献[93]采用由 Kwakernaak 定义的模糊随机变量对每个顾客点的不确定的取货量进行了描述。众所周知，模糊随机变量是在某个概率空间内对一系列模糊变量的可测函数。一般而言，一个模糊随机变量可以看作一个含有模糊值的随机变量。因此，在现实世界中，将很多不确定因素考虑为模糊随机变量更为合适。如在大型工程建设项目中，可能会有一些不合格的或者超量的工程材料被运送到施工点，这时候，超量或不合格材料均需要退回给供应商。一般情况下，施工顾客点由于缺少对应的测量工具，只能对供应商可能的取货量进行估计，其数值自然不会十分准确。即可能会有这样的描述，"2.5 t 左右的概率比较低"或者"很有可能是 3 t 左右"，如下：

$$\tilde{\tilde{q}} = \begin{cases} 2.5\,t\,左右，概率较低 \\ 3\,t\,左右，概率较高 \end{cases}$$

在这些描述中，既包含主观的模糊性又包含客观的随机性，因此，使用模糊随机理论可以对其进行有效处理。不妨对上式中的描述性语言进行定量化："2.5 t 左右"或者"3 t 左右"为顾客的主观模糊性描述，要求顾客给出这两种情况下取货量的上限和下限，可以用三角模糊数对其取货量进行描述。而概率高低这种随机性不确定，可以通过历史经验确定，假定通过经验确定高概率情况为 0.8，低概率情况为 0.2。最后，使用数学语言对该信息进行表达如下：

$$\tilde{\tilde{q}} = \begin{cases} (2.3, 2.5, 2.8)，概率为 0.2 \\ (2.9, 3, 3.2)，概率为 0.8 \end{cases}$$

2. 模糊随机运输时间

与取货量类似，运输时间同样被视作模糊随机变量。实际上，影响车辆运输时间的很多因素都是不确定的，如天气情况、交通事故以及司机经验，等等，其中既有主观的不确定性（司机水平），也有客观的不确定性（天气情况及交通事故等）。而在带时间窗口的取送货车辆路径问题中，这些不确定性因素都有可能发生,故而,将车辆运输时间考虑为模糊随机变量,以更好地展现大型建设项目所面对的模糊随机环境。对运输时间进行描述如下:

$$\tilde{\bar{t}} = \begin{cases} 可能是4\,h左右,如果是晴天 \\ 可能是7\,h左右,如果是雨天 \end{cases}$$

在上例中,"可能是 4 h 左右"或者"可能是 7 h 左右"反映了司机的主观想法,带有模糊性。而"在雨天,运输时间大于 4 h,可能是 7 h 左右"这个信息中,晴天和雨天为随机事件,故而,认为运输时间为模糊随机变量。同样,对该信息进行定量化描述:司机在晴天和雨天这两种情况下,分别给出运输时间的上限和下限,用三角模糊数对司机的运输时间进行描述。通过经验获取雨天及晴天的概率,假定分别为 0.6 和 0.4,这样,获得了对运输时间模糊随机变量的数学表达式:

$$\tilde{\bar{t}} = \begin{cases} (3.5,4,5),晴天概率为0.4 \\ (6,7,8),雨天概率为0.6 \end{cases}$$

5.2 模型构架

为了建立时间窗口取送货主从车辆路径问题模型,下面先介绍模型所需要的参数与符号,然后依次给出管理者模型和规划者模型,最后得到了车辆路径问题取送货整体模型。

5.2.1 参数与符号

在模型构建中所使用的参数与符号如下:

集合:

V:顾客和仓库集合,$V = \{0,1,\cdots,n\}$,其中点 0 表示仓库;

C:顾客集合,$C = V / \{0\}$;

S:V 的子集,并且 $S = \varnothing$;

E:顾客指标对集合,例如,$(i,j) \in E$ 意味着在路线中顾客 i 一定在顾客 j 之前得到服务;

H:车辆集合,$H = \{1,2,\cdots,K\}$。

参数：

n：顾客数量；

i/j：顾客指标，$i/j = 0,1,\cdots,n$ 并且 $i=0$ 表示仓库；

K：车辆数量；

k：车辆指标，$k = 1,2,\cdots,K$；

$d_{i/j}$：顾客 i/j 的需求；

$\bar{c}_i$：种子顾客 i 的路线初始成本，假设为模糊随机变量；

$\bar{c}_{kj}$：车辆 k 服务顾客 j 的服务成本，假设为模糊随机变量；

$\bar{c}_{ij}$：顾客 i 与顾客 j 之间的路线配送成本，假设为模糊随机变量；

Q_k：车辆 k 的载质量；

t_i：车辆对顾客 i 的开始服务时间；

$\tilde{t}_{ij}$：从顾客 i 到顾客 j 的运输时间；

s_i：车辆对顾客 i 的服务持续时间；

EET_i：顾客 i 能容忍的最早开始服务时间，假设为模糊随机变量；

ELT_i：顾客 i 能容忍的最晚开始服务时间，假设为模糊随机变量；

$\tilde{q}_j$：对顾客 j 接取的货物量；

l_j^k：离开顾客 j 后车辆 k 的载质量；

S_a：最低平均客户满意度水平；

$L_i(t_i)$：顾客满意度水平，其隶属度函数如下[32]：

$$L_i(t_i) = \begin{cases} 0, & t_i < EET_i, \\ \dfrac{t_i - EET_i}{e_i - EET_i}, & EET_i \leqslant t_i < e_i, \\ 1, & e_i \leqslant t_i < l_i, \\ \dfrac{ELT_i - t_i}{ELT_i - l_i}, & l_i \leqslant t_i < ELT_i, \\ 0, & t_i \geqslant ELT_i \end{cases}$$

决策变量：

z_{ki}：0-1 变量，如果顾客 i 被选定为种子顾客，则 $z_{ki} = 1$，反之，$z_{ki} = 0$；

x_{kj}：0-1 变量，如果顾客 j 由车辆 k 提供服务，则 $x_{kj} = 1$，反之，$x_{kj} = 0$；

y_{ij}：0-1 变量，如果顾客 i 到顾客 j 之间的运输存在于某条路线上，则 $y_{ij}=1$，反之，$y_{ij}=0$。

5.2.2 管理者模型

在时间窗口取送货主从车辆路径问题中，假定主导者为物流公司管理者，其目标是为每一辆车寻找可行并且成本最低的路线去更好地服务所有顾客。因此，管理者的目标就是去寻找可行并且总体成本最小的路线，该目标如下：

$$\min_{x,z} \sum_{k=1}^{K}\sum_{i=1}^{n} c_i z_{ki} + \sum_{k=1}^{K}\sum_{j=1}^{n} c_{kj} x_{kj} + \sum_{i=1}^{n}\sum_{j=1}^{n} c_{ij} y_{ij} \qquad (5.1)$$

其中，第一部分 $\sum_{k=1}^{K}\sum_{i=1}^{n} c_i z_{ki}$ 指的是种子顾客的路线初始成本之和，包括仓库装载成本（劳动力费用）及仓库到种子顾客的运输成本（燃油及司机费用）；第二部分 $\sum_{k=1}^{K}\sum_{j=1}^{n} c_{kj} x_{kj}$ 表示车辆对顾客的服务成本总和，主要包括卸载成本（劳动力费用）；第三部分 $\sum_{i=1}^{n}\sum_{j=1}^{n} c_{ij} y_{ij}$ 表示总体的路线配送成本，由顾客之间的运输成本（燃油及司机费用）构成。

此处，假定不同车辆的劳动力水平不同（如车辆 1 可能有两名工人负责装卸工作，而车辆 2 可能有 6 名），不同车辆服务同一顾客的成本是不同的，即在顾客 j 固定而车辆 k 不固定的情况下，c_{kj} 是不同的。另外，与决策变量 z_{ki} 关联的 c_i 是种子顾客的路线初始成本，包括仓库装载成本（劳动力费用）及仓库到种子顾客的运输成本（燃油及司机费用）。而与决策变量 x_{kj} 关联的 c_{kj} 指的是车辆 k 对顾客 j 的服务成本，主要包括卸载成本。因此，有必要设置 z_{ki} 和 x_{kj} 两个决策变量。其中，第一部分 $\sum_{k=1}^{K}\sum_{i=1}^{n} c_i z_{ki}$ 指的是种子顾客的路线初始成本之和，包括仓库装载成本（劳动力费用）及仓库到种子顾客的运输成本（燃油及司机费用）；第二部分 $\sum_{k=1}^{K}\sum_{j=1}^{n} c_{kj} x_{kj}$ 表示车辆对顾客的服务成本总和，主要包括卸载成本（劳动力费用）；第三部分 $\sum_{i=1}^{n}\sum_{j=1}^{n}c_{ij}y_{ij}$ 表示总体的路线配送成本，由顾客之间的运输成本（燃油及司机费用）构成。

每辆车都有特定的载质量，其承载不能超过其载质量，故而车辆载质量约束是必要的：

$$\sum_{j=1}^{n}d_j x_{kj} \leqslant Q_k, \forall k \in H \tag{5.2}$$

其中 x_{kj} 指顾客是否 j 由车辆 k 提供服务。此约束使得所有由车辆 k 提供服务的顾客的需求量之和不能超过车辆 k 的载质量 Q_k。

种子顾客是一个新路线的起始点，一个新路线同时也意味着上一辆车已经不能再满足约束条件，需要安排另外一辆车。所以，种子顾客的数量与车辆数量相同，即

$$\sum_{i=1}^{n}z_{ki} = K, \forall k \in H \tag{5.3}$$

每一位顾客只能由一辆车提供服务：

$$\sum_{k=1}^{K}x_{kj} = 1, \forall j \in C \tag{5.4}$$

最后，由于 z_{ki} 和 x_{kj} 是 0-1 变量，所以以下约束是必要的：

$$z_{ki} = \{0,1\}, \forall k \in H, \forall i \in C \tag{5.5}$$

$$x_{kj} = \{0,1\}, \forall k \in H, \forall j \in C \tag{5.6}$$

其中 z_{ki} 是一个 0-1 变量，表示顾客 i 是否被选定为种子顾客。如果顾客 i 被选定为种子顾客，则 $z_{ki}=1$；反之，$z_{ki}=0$。同样，x_{kj} 也是 0-1 变量，表示顾客 j 是否由车辆 k 提供服务。如果顾客 j 由车辆 k 提供服务，则 $x_{kj}=1$；反之，$x_{kj}=0$。z_{ki} 和 x_{kj} 是上级决策者的决策变量。

综上所述，物流配送带时间窗口的取送货主从车辆路径优化问题的管理者模型如下：

$$(M_0) \begin{cases} \min\limits_{x,z} \sum_{k=1}^{K}\sum_{i=1}^{n} c_i z_{ki} + \sum_{k=1}^{K}\sum_{j=1}^{n} c_{kj} x_{kj} + \sum_{i=1}^{n}\sum_{j=1}^{n} c_{ij} y_{ij}, \\ \text{s.t.} \begin{cases} \sum_{j=1}^{n} d_j x_{kj} \leqslant Q_k, \forall k \in H, \\ \sum_{i=1}^{n} z_{ki} = K, \forall k \in H, \\ \sum_{k=1}^{K} x_{kj} = 1, \forall j \in C, \\ z_{ki} = \{0,1\}, \forall k \in H, \forall i \in C, \\ x_{kj} = \{0,1\}, \forall k \in H, \forall j \in C \end{cases} \end{cases} \quad (5.7)$$

5.2.3 规划者模型

在物流配送带时间窗口的取送货主从车辆路径优化问题中，假定下级决策者为公司路线规划者，其目标是寻找优化路线，以使车辆运输总成本最低，其数学形式如下：

$$\min_{y} \sum_{i=1}^{n}\sum_{j=1}^{n} c_{ij} y_{ij} \quad (5.8)$$

其中 c_{ij} 是从顾客 i 到顾客 j 的运输成本。y_{ij} 是一个 0-1 变量，表示边缘顾客 i 到顾客 j 是否存在于某条路线上。如果顾客 i 到顾客 j 之间的运输存在于某条路线上，则 $y_{ij}=1$；反之，$y_{ij}=0$。同时 y_{ij} 是跟随者，即下级决策者，决策变量。

接下来我们考虑服务开始时间约束。如果车辆早于 EET 到达，它必须等待直到 EET，才能开始服务；如果它晚于 EET 但早于 ELT 到达，车辆可以即刻开始服务，时间为 $t_i+s_i+t_{ij}$。因此，在相邻顾客之间的服务开始时间约束的数学表达式如下：

$$t_j \geqslant \max\{EET_j, t_i+s_i+\tilde{\bar{t}}_{ij}\} \quad (5.9)$$

$$t_j \leqslant ELT_j \quad (5.10)$$

其中 t_i 是车辆开始服务顾客 i 的时间，s_i 是车辆服务顾客 i 的持续时间，t_{ij} 是顾客 i 到顾客 j 的运输时间。

关于客户满意度，有一个决策者能够接受的最低水平 S_a[32]，如下：

$$\frac{1}{n}\sum_{i=1}^{n}L_i(t_i) \geqslant S_a \tag{5.11}$$

其中 n 是顾客数量，$L_i(t_i)$ 是顾客 i 的满意度水平。

旅行商问题需要解决的是由特定车辆服务一组顾客的问题。其中，一辆车可以服务多位顾客，而一位顾客只能由一辆车提供服务，可以用下式表达此情况：

$$y_{ij} \leqslant x_{kj}, \forall k \in H, \forall i/j \in C \tag{5.12}$$

接下来考虑对顾客的取货服务过程约束。当车辆 k 对顾客 j 的服务结束之后，其载质量应该为：

$$l_j^k = E\left[x_{kj}y_{ij}\left(l_i^k + \tilde{\bar{q}}_j - d_j\right)\right], \forall k \in H, \forall i \in V, \forall j \in C \tag{5.13}$$

当顾客 j 由车辆 k 提供服务，即 $x_{kj}=1$，并且顾客 i 及顾客 j 存在于路线内，即 $y_{ij}=1$，两个条件同时成立时，才会有车辆 k 对顾客 j 的服务结束之后的载质量 l_j^k。

当车辆 k 对顾客 j 进行服务，对顾客 j 收取一定量的材料时，车辆 k 的载质量仍然不能超过其载质量上限：

$$l_j^k \leqslant Q_k, \forall k \in H, \forall j \in C \tag{5.14}$$

每条路线的任务必须有且仅有一辆车来完成。该要求具有两个意义，对于运输规划者而言，能够有效地减少所使用车辆以及人力资源的浪费，而对于顾客需求点而言，能够减少其准备次数，方便管理。该约束要求每个顾客点有且仅有一次被安排进入或者离开一条路线，表达式如下：

$$\sum_{i=1}^{n} y_{ij} = 1, \forall j \in C \tag{5.15}$$

$$\sum_{j=1}^{n} y_{ij} = 1, \forall i \in C \tag{5.16}$$

对于顾客点之间的配送是否存在约束，有如下表达式：

$$\sum_{i \in V}\sum_{j \in V} y_{ij} \leqslant |S|-1, \forall S \subset V, S \neq \varnothing \tag{5.17}$$

与 z_{ki}，x_{kj} 相同，y_{ij} 也是 0-1 变量，故而：

$$y_{ij} = \{0,1\}, \quad \forall i/j \in V \qquad (5.18)$$

综上，带时间窗口的取送货主从车辆路径优化问题的规划者模型如下：

$$\min_y \sum_{i=1}^n \sum_{j=1}^n EV\left[\tilde{\tilde{\omega}}_{\tilde{\tilde{c}}_{ij}(r_{ij},\sigma_{ij})}\right] y_{ij},$$

$$\text{s.t.} \begin{cases} t_j \geq \max\{EET_j, t_i + s_i + \tilde{\tilde{t}}_{ij}\}, \\ t_j \leq ELT_j, \\ \dfrac{1}{n}\sum_{i=1}^n L_i(t_i) \geq S_a, \\ y_{ij} \leq x_{kj}, \quad \forall k \in H, \forall i/j \in C, \\ l_j^k = E[x_{kj} y_{ij}(l_i^k + \tilde{\tilde{q}}_j - d_j)], \quad \forall k \in H, \forall i \in V, \forall j \in C, \\ l_j^k \leq Q_k, \quad \forall k \in H, \forall j \in C, \\ \sum_{i=1}^n y_{ij} = 1, \quad \forall j \in C, \\ \sum_{j=1}^n y_{ij} = 1, \quad \forall i \in C, \\ \sum_{i \in V}\sum_{j \in V} y_{ij} \leq |S| - 1, \quad \forall S \subset V, S \neq \varnothing, \\ y_{ij} = \{0,1\}, \quad \forall i/j \in V \end{cases} \qquad (5.19)$$

5.2.4 取送货模型

在建立管理者模型和规划者模型之后，可以得到时间窗口取送货主从车辆路径优化问题的整体模型。模型中，与前两章相同，公司管理者作为上级决策者或者说主导者，其目标依然是全局成本最低。而路线规划者，作为下级决策者或者跟随者，也与前两章保持一致；不同的是，在模型约束中，路线规划者不仅要考虑顾客时间窗口约束、顾客满意度约束和车辆服务顾客逻辑约束，还要考虑某些顾客取货需求和取货后的车辆载重约束等。此外，由于决策过程中必须考虑到某些不确定因素，而这些不确定因素对决策结果起着十分重要的作用。因此，将这些因素考虑为不确定参数更符合现实情况，从而更具有实际意义。根据对问题的描述，将车辆的行车时间和顾客取货量假定为模糊随机变量。由于行车时间无法在决策之前准确地获得，因此，往往由相关决策者根据历史数据和自身经验给出一个估计值，该估计值就同时具备了客观的随机性和主观的模糊性，需要用且可以用模糊随机变量进行描述。由于客户的取货量可能会产生变化，因此，在决策之前该决策参数往往也是一个预估值，这与行车时间情况类似，于是依旧采用模糊随机变量对其进行刻画。但是，当模型中涉及不确定参数时，该模型是不具备具体的数学意义的，需要基于一定的假设或者思想对其进行处理。当决策者希望含有不确定参数的约束条件在平均水平上成立即可时，可以得到时间窗口取送货主从车辆路径优化问题的期望值模型，其数学形式如下：

$$\min_{x,z} \sum_{k=1}^{K}\sum_{i=1}^{n}c_i z_{ki} + \sum_{k=1}^{K}\sum_{j=1}^{n}c_{kj}x_{kj} + \sum_{i=1}^{n}\sum_{j=1}^{n}c_{ij}y_{ij},$$

$$\text{s.t.} \begin{cases} \sum_{j=1}^{n}d_j x_{kj} \leqslant Q_k, \ \forall k \in H, \\ \sum_{i=1}^{n}z_{ki} = K, \ \forall k \in H, \\ \sum_{k=1}^{K}x_{kj} = 1, \ \forall j \in C, \\ z_{ki} = \{0,1\}, \ \forall k \in H, \forall i \in C, \\ x_{kj} = \{0,1\}, \ \forall k \in H, \forall j \in C, \\ \min_{y} \sum_{i=1}^{n}\sum_{j=1}^{n}c_{ij}y_{ij}, \\ \text{s.t.} \begin{cases} t_j \geqslant \max\{EET_j, t_i + s_i + \tilde{\tilde{t}}_{ij}\}, \\ t_j \leqslant ELT_j, \\ \dfrac{1}{n}\sum_{i=1}^{n}L_i(t_i) \geqslant S_a, \\ y_{ij} \leqslant x_{kj}, \ \forall k \in H, \forall i/j \in C, \\ l_j^k = E[x_{kj}y_{ij}(l_i^k + \tilde{\tilde{q}}_j - d_j)], \ \forall k \in H, \forall i \in V, \forall j \in C, \\ l_j^k \leqslant Q_k, \ \forall k \in H, \forall j \in C, \\ \sum_{i=1}^{n}y_{ij} = 1, \ \forall j \in C, \\ \sum_{j=1}^{n}y_{ij} = 1, \ \forall i \in C, \\ \sum_{i \in V}\sum_{j \in V}y_{ij} \leqslant |S|-1, \ \forall S \in V, S \neq \varnothing, \\ y_{ij} = \{0,1\}, \ \forall i/j \in V \end{cases} \end{cases} \quad (5.20)$$

5.3 求解算法

关于复杂问题的求解，遗传算法中参数值的选取是相当重要的。在这种情况下，为了提高遗传算法的计算效率，很多研究者采用模糊逻辑控制器来自动调整遗传算法的参数值。目前，已经有很多学者进行了这方面的研究，即将模糊逻辑技术应用到遗传算法的参数选择策略中。例如，Takagi（1993）[231]，Xu 和 Vukovich（1994）[232]，以及 Zeng 和 Rabenasolo（1997）[233]，Wang（1997）[234]，均通过模糊逻辑控制器对遗传算法中的交叉率、变异率和交叉位置进行了设置。还有，在 2000 年，Gen 和 Cheng 对模糊逻辑控制器在遗传算法中多种多样的使用方案进行了调查[235]。根据前人的研究发现，使用模糊逻辑控制器的遗传算法的鲁棒性要强于传统算法。此外，模糊逻辑控制器通过增加或者减少遗传算法的交叉率和变异率，可以减少算法的 CPU 时间，且能加强和优化解的质量和稳定性。故而，下面使用基于模糊逻辑控制器的遗传算法对本章所提出的模型进行求解。

5.3.1 模糊逻辑控制器

在遗传算法中使用模糊逻辑控制器是由 Wang 提出的，可以参见文献[234]。本书所提出的理论与 Wang 提出的不同之处在于，本书仅使用了变异模糊逻辑控制器，这是因为所提出的高效遗传算法的交叉因子策略与交叉模糊逻辑控制的效果基本相同。

基于模糊逻辑控制器的遗传算法与传统高效遗传算法的最大区别在于，变异模糊逻辑控制器考虑了连续两代的父母群体与其子女群体的平均适应函数值的差异，并且自动实现了对变异率的调整。在遗传搜索过程中，基于模糊逻辑控制器，变异模糊逻辑控制器可以独立地实现对遗传变异率的自适应调整控制，这也是基于模糊逻辑控制器的遗传算法相较于传统高效遗传算法的一大优势。

假定 $\Delta f(t)$ 为第 t 代和第 $(t-1)$ 代两代之间平均适应函数值的差别，ε 是一个接近于 0 的正数，设 $\varepsilon=0.1$，这样算法中对于下一代的变异率可以通过以下"如果—则"语句进行设定：

（1）如果 $|\Delta f(t)-\Delta f(t-1)|<\varepsilon$，则迅速加大下一代的变异率 mp；

（2）如果 $\Delta f(t) - \Delta f(t-1) < \varepsilon$，则减小下一代的变异率 mp；

（3）如果 $\Delta f(t) - \Delta f(t-1) > \varepsilon$，则重新选择下一代的变异率 mp。

设定模糊逻辑控制器的输入变量为 $\Delta f(t)$ 和 $\Delta f(t-1)$，输出变量为变异率的变化量为 $\Delta m(t)$，所有输入和输出的模糊逻辑变量的隶属度函数参见图 5.2，其中 NR 表示一个很大的负数，NL 表示一个略小的负数，NM 表示中间的负数，NS 表示较小的负数，ZE 表示 0，PS 表示很小的正数，PM 表示中间的正数，PL 表示比较大的正数，最后 PR 表示最大的正数。根据一系列的数据试验以及领域专家意见，输入数据的最小值和最大值分别为 -4.0 和 4.0[234]。为了方便查看，使用去模糊化决策表，如表 5.1 所示。

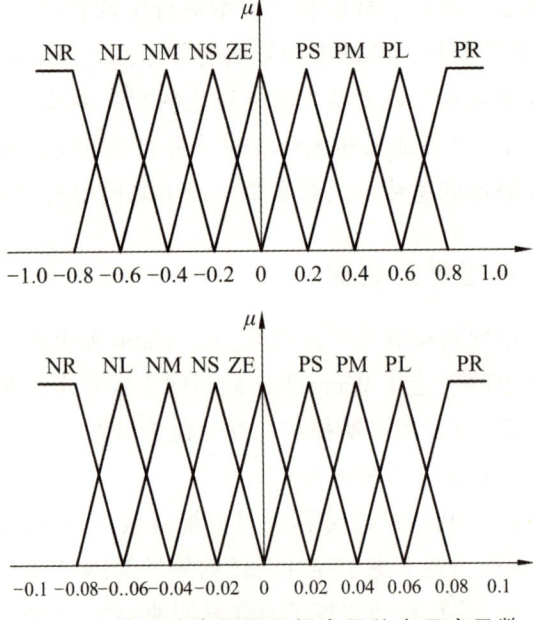

图 5.2 输入输出模糊逻辑变量的隶属度函数

表 5.1 控制变异率的去模糊化表

Z(i,j)		i								
		-4	-3	-2	-1	0	1	2	3	4
j	-4	-4	-3	-3	-2	-2	-1	-1	0	0
	-3	-3	-3	-2	-2	-1	-1	0	0	1
	-2	-3	-2	-2	-1	-1	0	0	1	1
	-1	-2	-2	-1	-1	0	0	1	1	2

续表

$Z(i,j)$		\multicolumn{9}{c}{i}
		-4	-3	-2	-1	0	1	2	3	4
j	0	-2	-1	-1	0	2	1	1	2	2
	1	-1	-1	0	0	1	1	2	2	3
	2	-1	0	0	1	1	2	2	3	3
	3	0	0	1	1	2	2	3	3	4
	4	0	1	1	2	2	3	3	4	4

设 $\lambda \in [-1.0, 1.0]$ 为给定的控制变异率增加或减小的范围,在设定输入变量值后,可以决定其规模值 $Z(i,j)$。随后,对于变异率的变化量可以由下式获取:

$$\Delta m(t) = \lambda Z(i,j)$$

下一代变异率的取值可以经计算得出:

$$mp(t+1) = mp(t) + \Delta m(t)$$

其中 $mp(t)$ 为第 t 代的变异率。

5.3.2 基于优先级编码

改进的遗传算法,包括两个初始化操作:首先是对主导者决策变量的初始化,其次是对跟随者的决策变量进行初始化。对这两层决策变量分别采用两种初始化编码方式。

彩图5.3、5.4、5.5

由于主导者包括两个决策变量,故一条染色体由两段基因组成。其中,第一段基因为种子顾客决策信息,其相对应的一个基因的两部分分别为基因座(车辆),即染色体中的基因位置,和等位基因(决定),指基因所代表的值,即每辆车对应的种子顾客;第二段基因为顾客集决策信息,其相对应的一个基因的两部分分别为:基因座(顾客节点),即染色体中的基因位置,和等位基因(车辆),指基因所代表的值,即每位顾客对应的车辆。最终,主导者初始化编码可形成一条染色体,如图 5.3 中的步骤 1。

关于跟随者问题,其实就是求解商旅问题,即分别对每辆车规划其最优的运输路线。在主导者决策后,每辆车已分配到相对应的顾客集和种子顾客；而跟随者决策就是在主导者决策基础上，为每辆车在顾客集内寻找最佳的配送路线。我们采取基于优先级的编码规则对跟随者问题的决策变量进行染色体编码。其中，基因中的位置表示顾客节点，而对应的值代表该顾客节点在分销配送过程中的优先值。优先值越大，表明该顾客节点被安排的优先序越高，如图 5.3 中的步骤 2。

由于上级决策者已经给定了车辆服务的顾客集以及初始化路线的种子顾客，所以针对本章问题需要对步骤 2 中的基于优先级的编码进行一定的改进。首先，图 5.3 中的步骤 1 给出的染色体前半段已经给出每辆车的初始化顾客，即种子顾客，所以不用再为这些顾客设定优先值（见图 5.3 的步骤 2 和步骤 3 中深色的顾客节点）；其次，图 5.3 中步骤 1 给出的染色体前半段已经给出每辆车所需服务的顾客集，跟随者只需为每辆车规划最优线路，所以将图 5.3 步骤 2 中的顾客节点按其所提供的服务车辆进行分类；最后，图 5.3 步骤 3 中 $m = m - K$，除去种子顾客，剩余顾客节点对应的优先值取值范围为 $[1, m]$，优先值越大，对应顾客节点的优先序越高。

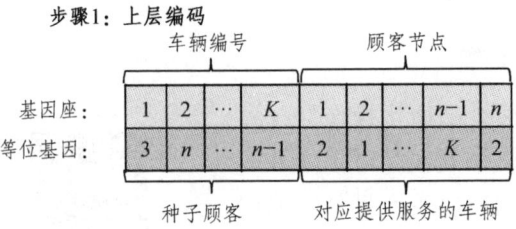

图 5.3　算法初始化编码

5.3.3 高效遗传算子

本节介绍前面提出的带模糊逻辑控制器的遗传算法中的高效遗传算子，包括交叉算子、选择算子和变异算子。

1. 权重重置交叉算子

遗传算法中交叉的作用是寻找新的解空间，交叉算子是对被选定的父母染色体交换其部分基因字符串。由于基于优先级的编码输入排列编码，故算法中可以使用基于排列编码的交叉算子，如部分重置交叉算子（PMX）、顺序交叉算子（OX）和定位交叉算子（PX）等。

部分重置交叉算子（PMX）和顺序交叉算子（OX），分别由 Goldberg 和 Lingle（1995）以及 Davis（1995）提出，可以视作传统的两切点交叉算子的变形[236,237]，而由 Syswerda 提出的定位交叉算子则为均匀交叉算子的变形[238]。针对解决可能不合法或不合格的子女群体的产生，这些交叉算子有特定的修复程序。在带模糊逻辑控制器的遗传算法中使用权重重置交叉算子，是 Gen[239]提出的，参见图 5.4。Gen 将以上提到的四种交叉算子分别应用到遗传算法中，并对其相对应的算法性能进行了研究[239]。权重重置交叉算子可以看成关于排列编码的单切点交叉算子的扩展变形。作为单切点交叉算子，在权重重置交叉算子中，随机选取一个切点后，其子女代是由两部分产生构成的，即由切点左边的部分和重置父母代切点右边的部分构成。事实上，这类重置操作等同于对父母代的随机变形。图 5.4 给出了权重重置交叉算子的一个例子。在图 5.4 中，随机选取的切点为 8，切入点之后右边部分的权重分别为：1→2，3→4，5→6 和 6→7。使用这些权重对第二个父母进行重置，可获得第一个子女产生的新的右边部分为 4，2，6 和 7。同样地，对第一个父母进行同样设置，以获取第二个子女的染色体序列。

2. 互换变异算子

变异的作用与交叉的作用类似。交叉是为了防止算法过早收敛，同样也是为了探索新的解空间。与交叉不同的是，变异并没有涉及两条染色体，一般是对一条染色体上的基因进行改进。Gen 同样研究了两种变异算子，即插入变异算子和互换变异算子，分别探讨这两种算子对遗传算法性能的影响[239]。其中，插入变异算子指的是随机选取染色体上的一个数字，随后将该数字随机插入该染色体的一个新位置上。互换变异算子为在一条染色体上随机选取两个基因（数字），随后将这两个基因在染色体上的位置互换。图 5.5 分别给出了插入变异算子和互换变异算子的例子。此处，在带模糊逻辑控制器的遗传算法中使用互换变异算子。

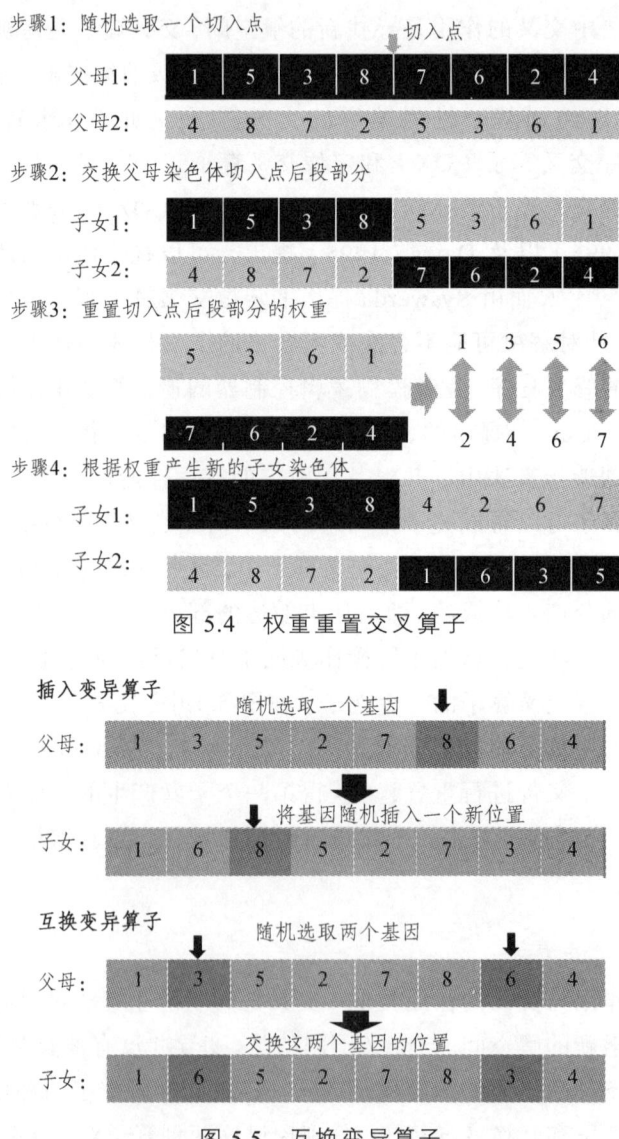

图 5.4 权重重置交叉算子

图 5.5 互换变异算子

3. 轮盘赌选择算子

选择之前，先要对染色体的优劣进行评估。评估是计算每个染色体的适应函数值，通过适应函数值反映个体染色体的拟合优度。评估的过程是将单个染色体和种群中其他染色体进行比较。这里，适应函数的选取十分关键，因为它直接涉及染色体改进提高的趋势和方向。使用适应函数对每一代所产生的解进行评估，故而对适应函数值的计算效率的要求必须很高。即分别选取上跟随者的目标函数并作为上跟随者染色体更新的适应函数。

算法中的遗传操作（交叉和变异）可视为探索新的解空间的勘探过程，而选择操作则作为指引算法进化方向的开发过程。这里选取轮盘赌选择算子作为选择机制。轮盘赌选择算子是一种成比例选择机制，基本思路为：选定每一条染色体的选择率或存活率并使之与其适应函数值成正比，随后建立展示所有染色体的概率的轮盘赌模式。选择过程为每次转动轮盘后选择其中一条染色体作为新一代染色体，其中转动轮盘的次数与种群大小相同。轮盘的特点使得选择过程为随机抽样过程。图5.6给出了一个轮盘赌选择算子的实例。从图5.6中可以看出，轮盘上显示了所有染色体的概率，其中最合适或者适应函数值最好的染色体占有最大份额，最弱或者适应函数值最差的染色体占有最小份额。随着轮盘的旋转，选取点会选取其中一条染色体作为新的一代，并且最合适的染色体被选上的概率是最高的。

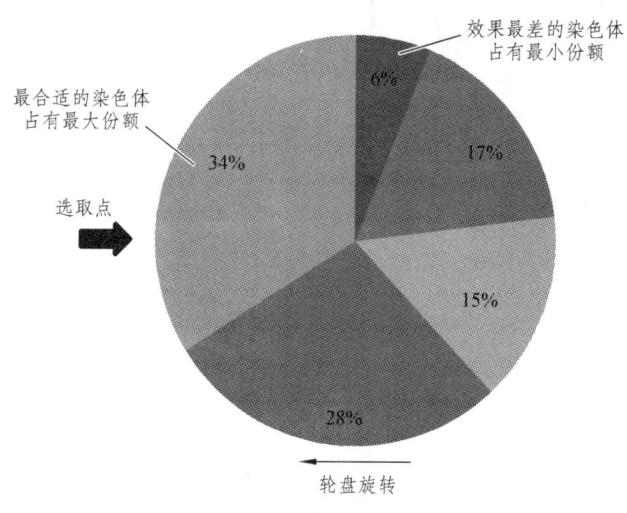

图 5.6 轮盘赌选择算子

5.3.4 算法的总体步骤

最后，为了求解带时间窗口的取送货车辆路径问题，本书提出了带模糊逻辑控制器的遗传算法，其算法流程参见图 5.7。

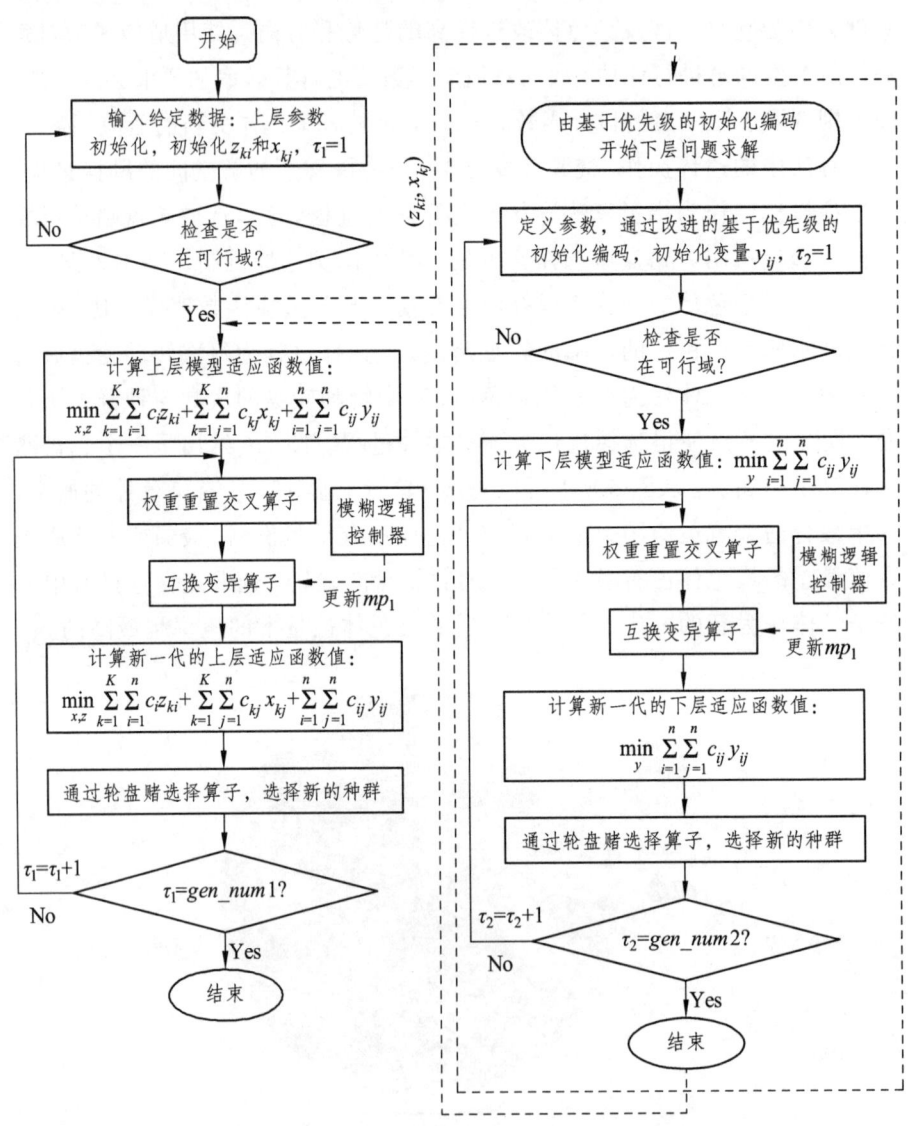

图 5.7 算法流程

5.4 案例研究

本节将上文提出的模型和算法应用到雅砻江干流水电基地物料配送案例中,首先介绍了案例的显示背景和相关数据采集过程,随后进行了算法参数实验、计算结果分析和求解算法比较。

5.4.1 现实背景描述

为了证明该模型及该算法的有效性和实用性,本节选取"中国十三大水电基地规划"中排名第三的雅砻江水电基地作为案例进行分析。作为仅次于金沙江水电基地和长江上游水电基地的水电基地,雅砻江是水能资源的宝库,其流域的水能理论蕴藏量为 3 372 万 kW,其中干流水能理论蕴藏量有 2 200 万 kW,支流有 1 144 万 kW,全流域可能开发的水能资源为3 000 万 kW。

根据近期进行的四川省水力资源复查统计,雅砻江流域水能理论蕴藏量为 3 372 万 kW,其中四川境内有 3 344 万 kW,占全流域的 99.2%,其中干流水能理论蕴藏量有 2 200 万 kW,支流有 1 144 万 kW,全流域可能开发的水能资源为 3 000 万 kW。在全国规划的十三大水电基地中,雅砻江水电基地装机规模排名第三。雅砻江干流技术可开发的装机容量占全省的 24%,省内排名第一,约占全国的 5%。目前,已经开工建设和进行前期准备施工的有锦屏一级、锦屏二级、官地、两河口、桐子林等梯级水电站,总调节库容达 157 亿 m³;当各梯级电站全部建成后,全流域库容调节系数可达 0.32,将成为四川省内所有江河中调节性能最好的优质水电基地,在全国也屈指可数。两河口以下 10 个梯级(雅砻江干流)单独运行,整个梯级平枯期(当年 11 月至翌年 5 月)电量 467.2 亿 kW·h,汛期电量(当年至 6 月~10 月)659.5 亿 kW·h,平枯期电量与汛期电量之比为 1:1.41;联合运行整个梯级平枯期电量 729.2 亿 kW·h,汛期电量 560.3 亿 kW·h,平枯期电量与汛期电量之比为 1.3:1。梯级补偿效益巨大,可有效实现水力资源优化配置和利用。

5.4.2 相关数据介绍

在真实世界中，一个原材料供应商可能为很多工程项目提供材料，这是工程材料公司（代表原材料供应商）可能面对的情况。下面介绍的是，处于中国西部多山区的大型水利水电工程项目，负责工程材料的供应情况。考虑到模糊随机取货量以及对运输时间有时间窗口限制，仅考虑一种工程材料的配送。数据通过顾客调研（时间窗口、需求量和取货量等信息）获取以及由工程材料公司（供应商）提供（上载成本、卸载成本和车辆信息等）。具体数据信息如下：顾客材料需求量及其初始化路线成本见表5.2，顾客时间窗口要求见表5.3，每辆车对每位顾客的服务费见表5.4，两顾客间的运输成本见表5.5，每个顾客点需要被取回的材料量见表5.6。其中表5.6中取回材料量为模糊随机变量，这是因为顾客点提供的取回量描述一般为"很可能是0.2 t"或者"现在可能是0.3 t，但稍后可能会增加一些"。设定每辆车的承载量上限为10 t。由此，基本上获取了求解所提出模型的所有数据；接下来，使用这些数据，通过上文所提出的带模糊逻辑控制器的遗传算法，对模型进行求解。

表 5.2 顾客材料需求量及其初始化路线成本

顾客	初始化成本	需求量	顾客	初始化成本	需求量
1	1 329.61	2	13	1 322.56	1
2	1 304.1	1.8	14	1 311.24	1.25
3	1 284.46	2.5	15	1 325.19	1.5
4	1 329.69	1.2	16	1 300.65	1.75
5	1 303.57	1.5	17	1 317	3
6	1 306.49	1.75	18	1 314.85	1.5
7	1 291.97	2	19	1 316.91	2
8	1 298.39	1.8	20	1 306	3
9	1 302.84	1.5	21	1 286.36	1
10	1 297.1	1.5	22	1 331.59	2.5
11	1 331.99	1.25	23	1 305.47	1.5
12	1 319.23	2.5	24	1 308.39	2

续表

顾客	初始化成本	需求量	顾客	初始化成本	需求量
25	1 293.87	1.75	28	1 405.83	1.8
26	1 300.29	2.5	29	1 365.12	2
27	1 223.67	1.2			

表 5.3 顾客时间窗口

顾客	时间窗口	顾客	时间窗口
1	[8:00-11:00 18:00-22:00]	16	[8:00-11:00 18:00-22:00]
2	[8:00-11:00 18:00-22:00]	17	[8:00-11:00 18:00-22:00]
3	[8:00-11:00 18:00-22:00]	18	[8:00-11:00 18:00-22:00]
4	[8:00-11:00 18:00-22:00]	19	[8:00-11:00 18:00-22:00]
5	[8:00-11:00 18:00-22:00]	20	[8:00-11:00 18:00-22:00]
6	[8:00-11:00 18:00-22:00]	21	[8:00-11:00 18:00-22:00]
7	[8:00-11:00 18:00-22:00]	22	[8:00-11:00 18:00-22:00]
8	[8:00-11:00 18:00-22:00]	23	[8:00-11:00 18:00-22:00]
9	[8:00-11:00 18:00-22:00]	24	[8:00-11:00 18:00-22:00]
10	[8:00-11:00 18:00-22:00]	25	[12:00-14:30 19:30-22:00]
11	[8:00-11:00 18:00-22:00]	26	[12:00-14:30 19:30-22:00]
12	[8:00-11:00 18:00-22:00]	27	[8:00-9:00 11:00-12:00]
13	[8:00-11:00 18:00-22:00]	28	[8:00-10:00 12:00-14:00]
14	[8:00-11:00 18:00-22:00]	29	[12:00-14:00 16:00-20:00]
15	[8:00-11:00 18:00-22:00]		

表 5.4 车辆对顾客的服务费

顾客	1	2	3	4	5	6	7	8	9	10
车辆 1	405	540	810	270	378	648	540	540	675	432
车辆 2	360	480	720	240	336	576	480	480	600	384
车辆 3	330	440	660	220	308	528	440	440	550	352

续表

顾客	1	2	3	4	5	6	7	8	9	10
车辆 4	450	600	900	300	420	720	600	600	750	480
车辆 5	390	500	720	280	368	588	500	500	610	412
车辆 6	410	530	770	290	386	626	530	530	650	434

顾客	11	12	13	14	15	16	17	18	19	20
车辆 1	270	810	270	378	405	675	945	405	945	945
车辆 2	240	720	240	336	360	600	840	360	840	840
车辆 3	220	660	220	308	330	550	770	330	770	770
车辆 4	300	900	300	420	450	750	1050	450	1050	1050
车辆 5	280	720	280	368	390	610	830	390	830	830
车辆 6	290	770	290	386	410	650	890	410	890	890

顾客	21	22	23	24	25	26	27	28	29
车辆 1	270	675	432	540	675	810	270	378	405
车辆 2	240	600	384	480	600	720	240	336	360
车辆 3	220	550	352	440	550	660	220	308	330
车辆 4	300	750	480	600	750	900	300	420	450
车辆 5	280	610	412	500	610	720	280	368	390
车辆 6	290	650	434	530	650	770	290	386	410

表 5.5 两顾客间的运输成本

顾客	1	2	3	4	5	6	7	8	9	10
1	0	398.55	454.95	359.69	391.47	364.54	524.69	319.3	316.06	413.37
2	398.55	0	306.1	632.9	468.02	468.49	502.18	290.55	374.01	428.87
3	454.95	306.1	0	483.27	236.2	256.16	205.63	139.29	193.54	173.25
4	359.69	632.9	483.27	0	261.19	232.64	395.38	375.95	294.71	326.27
5	391.47	468.02	236.2	261.19	0	33.221	148.98	177.51	100.35	66.232

续表

顾客	1	2	3	4	5	6	7	8	9	10
6	364.54	468.49	256.16	232.64	33.221	0	182.15	179.35	94.634	93.922
7	524.69	502.18	205.63	395.38	148.98	182.15	0	242.33	209.3	111.38
8	319.3	290.55	139.29	375.95	177.51	179.35	242.33	0	86.939	145.65
9	316.06	374.01	193.54	294.71	100.35	94.634	209.3	86.939	0	98.037
10	413.37	428.87	173.25	326.27	66.232	93.922	111.38	145.65	98.037	0
11	245.25	570.86	484.97	125.78	302.08	268.97	450.16	356.25	292.55	357.55
12	243.51	477.36	358.25	155.77	183.43	150.52	332.23	233.85	165.18	233.08
13	81.031	371.57	382.06	311.48	311.36	285.3	443.66	244.01	235.19	332.36
14	184.15	284.71	270.84	351.72	255.26	238.8	363.79	137.28	159.46	254.85
15	418.55	645.5	457.23	83.372	222.7	201.26	338.61	369.22	282.81	288.68
16	553.04	588.21	301.37	353.1	162.18	188.74	99.593	310.95	253.93	165.44
17	450.79	616.74	393.83	167.76	159.3	149.46	252.21	328.72	242.96	220.68
18	569.09	688.2	425.27	282.61	221.91	229.97	237.39	398.52	321.3	262.15
19	253.93	356.25	245.25	369.22	202.47	302.08	268.91	268.97	391.66	484.97
20	645.5	100.35	310.95	86.939	233.85	374.01	137.28	193.54	369.22	398.52
21	450.79	268.97	242.96	292.55	235.19	484.97	282.81	125.78	253.93	245.25
22	282.61	288.68	457.23	359.62	381.12	338.61	418.55	369.22	222.7	201.26
23	484.97	242.96	616.74	207.28	331.24	149.46	326.62	252.21	167.76	159.3
24	285.3	326.62	221.91	199.9	569.09	321.3	425.27	262.15	237.39	398.52
25	391.66	243.51	125.78	155.77	467.57	356.25	570.86	292.55	268.97	450.16
26	369.22	358.25	238.8	150.52	93.922	229.97	150.52	243.51	188.74	149.46
27	268.97	242.96	292.55	235.19	484.97	282.81	125.78	253.93	245.25	570.86
28	288.68	457.23	359.62	381.12	338.61	418.55	369.22	222.7	201.26	202.47
29	242.96	616.74	207.28	331.24	149.46	326.62	252.21	167.76	159.3	220.68

续表

顾客	11	12	13	14	15	16	17	18	19	20
1	245.25	243.51	81.031	184.15	418.55	553.04	450.79	569.09	253.93	645.5
2	570.86	477.36	371.57	284.71	645.5	588.21	616.74	688.2	356.25	100.35
3	484.97	358.25	382.06	270.84	457.23	301.37	393.83	425.27	245.25	310.95
4	125.78	155.77	311.48	351.72	83.372	353.1	167.76	282.61	369.22	86.939
5	302.08	183.43	311.36	255.26	222.7	162.18	159.3	221.91	202.47	233.85
6	268.97	150.52	285.3	238.8	201.26	188.74	149.46	229.97	302.08	374.01
7	450.16	332.23	443.66	363.79	338.61	99.593	252.21	237.39	268.91	137.28
8	356.25	233.85	244.01	137.28	369.22	310.95	328.72	398.52	268.97	193.54
9	292.55	165.18	235.19	159.46	282.81	253.93	242.96	321.3	391.66	369.22
10	357.55	233.08	332.36	254.85	288.68	165.44	220.68	262.15	484.97	398.52
11	0	127.64	213.93	287.36	202.47	432.67	268.91	391.66	125.78	316.06
12	127.64	0	176.05	196.26	186.3	331.24	207.28	326.62	127.64	86.939
13	213.93	176.05	0	115.42	359.62	473.28	381.12	496.09	292.55	94.634
14	287.36	196.26	115.42	0	375.84	413.23	368.76	467.57	213.93	145.65
15	202.47	186.3	359.62	375.84	0	282.75	92.257	199.9	357.55	209.3
16	432.67	331.24	473.28	413.23	282.75	0	190.6	142.24	287.36	356.25
17	268.91	207.28	381.12	368.76	92.257	190.6	0	123.63	570.86	328.72
18	391.66	326.62	496.09	467.57	199.9	142.24	123.63	0	450.16	294.71
19	125.78	127.64	292.55	213.93	357.55	287.36	570.86	450.16	0	196.26
20	316.06	86.939	94.634	145.65	209.3	356.25	328.72	294.71	196.26	0
21	570.86	450.16	292.55	356.25	165.18	321.3	302.08	357.55	98.037	413.23
22	202.47	359.62	186.3	473.28	83.372	282.81	375.84	115.42	368.76	645.5
23	220.68	196.26	268.91	393.83	328.72	381.12	176.05	368.76	450.79	92.257
24	496.09	92.257	467.57	229.97	391.66	142.24	282.75	123.63	282.61	310.95

续表

顾客	11	12	13	14	15	16	17	18	19	20
25	477.36	413.23	358.25	302.08	357.55	183.43	375.84	150.52	484.97	332.23
26	155.77	179.35	183.43	201.26	477.36	332.23	182.15	233.85	285.3	165.18
27	450.16	292.55	356.25	165.18	321.3	302.08	357.55	98.037	413.23	137.28
28	359.62	186.3	473.28	83.372	282.81	375.84	115.42	368.76	645.5	159.46
29	196.26	268.91	393.83	328.72	381.12	176.05	368.76	450.79	92.257	254.85

顾客	21	22	23	24	25	26	27	28	29
1	450.79	282.61	484.97	285.3	391.66	369.22	268.97	288.68	242.96
2	268.97	288.68	242.96	326.62	243.51	358.25	242.96	457.23	616.74
3	242.96	457.23	616.74	221.91	125.78	238.8	292.55	359.62	207.28
4	292.55	359.62	207.28	199.9	155.77	150.52	235.19	381.12	331.24
5	235.19	381.12	331.24	569.09	467.57	93.922	484.97	338.61	149.46
6	484.97	338.61	149.46	321.3	356.25	229.97	282.81	418.55	326.62
7	282.81	418.55	326.62	425.27	570.86	150.52	125.78	369.22	252.21
8	125.78	369.22	252.21	262.15	292.55	243.51	253.93	222.7	167.76
9	253.93	222.7	167.76	237.39	268.97	188.74	245.25	201.26	159.3
10	245.25	201.26	159.3	398.52	450.16	149.46	570.86	202.47	220.68
11	570.86	202.47	220.68	496.09	477.36	155.77	450.16	359.62	196.26
12	450.16	359.62	196.26	92.257	413.23	179.35	292.55	186.3	268.91
13	292.55	186.3	268.91	467.57	358.25	183.43	356.25	473.28	393.83
14	356.25	473.28	393.83	229.97	302.08	201.26	165.18	83.372	328.72
15	165.18	83.372	328.72	391.66	357.55	477.36	321.3	282.81	381.12
16	321.3	282.81	381.12	142.24	183.43	332.23	302.08	375.84	176.05
17	302.08	375.84	176.05	282.75	375.84	182.15	357.55	115.42	368.76
18	357.55	115.42	368.76	123.63	150.52	233.85	98.037	368.76	450.79
19	98.037	368.76	450.79	282.61	484.97	285.3	413.23	645.5	92.257

续表

顾客	21	22	23	24	25	26	27	28	29
20	413.23	645.5	92.257	310.95	332.23	165.18	137.28	159.46	254.85
21	0	190.6	186.3	199.9	368.76	94.634	369.22	282.81	288.68
22	190.6	0	484.97	253.93	233.85	233.08	310.95	253.93	165.44
23	186.3	484.97	0	165.44	165.18	127.64	328.72	242.96	220.68
24	199.9	253.93	165.44	0	233.08	473.28	398.52	321.3	262.15
25	368.76	233.85	165.18	233.08	0	413.23	268.97	391.66	484.97
26	94.634	233.08	127.64	473.28	413.23	0	193.54	369.22	398.52
27	369.22	310.95	328.72	398.52	268.97	193.54	0	253.93	245.25
28	282.81	253.93	242.96	321.3	391.66	369.22	253.93	0	201.26
29	288.68	165.44	220.68	262.15	484.97	398.52	245.25	201.26	0

表 5.6 顾客需要被回收的材料量

顾客	回收材料量		顾客	回收材料量	
1	$\{(0,0,0.2) \atop (0.1,0.2,0.3)\}$	0.7 0.3	16	$\{(0,0,0.1) \atop (0.1,0.2,0.3)\}$	0.8 0.2
2	$\{(0.5,0.6,0.8) \atop (0.8,0.9,1)\}$	0.4 0.6	17	0	
3	$\{(0,0,0.1) \atop (0.1,0.2,0.3)\}$	0.8 0.2	18	0	
4	$\{(0,0,0.2) \atop (0.1,0.2,0.3)\}$	0.8 0.2	19	0	
5	$\{(0.2,0.3,0.4) \atop (0.4,0.5,0.6)\}$	0.5 0.5	20	0	
6	0		21	0	
7	0		22	0	

续表

顾客	回收材料量		顾客	回收材料量	
8	$\begin{cases}(0.5,0.6,0.7)\\(0.7,0.8,0.9)\end{cases}$	0.3 0.7	23	0	
9	0		24	$\begin{cases}(0.1,0.2,0.3)\\(0,0,0.1)\end{cases}$	0.2 0.8
10	0		25	0	
11	0		26	0	
12	0		27	0	
13	$\begin{cases}(0.3,0.4,0.5)\\(0.5,0.6,0.7)\end{cases}$	0.3 0.7	28	0	
14	0		29	0	
15	0				

5.4.3 算法参数实验

对模型进行求解之前，首先要设置遗传算法的参数值。在所有试验中，算法中包含交叉算子和变异算子，其对应的交叉率和变异率初始值均设置为 0.5[239]；随着迭代次数的增加，此概率值由模糊逻辑控制器进行调节。对算法运行效果的验证，初步研究是调查不同的种群大小和迭代次数组合对带模糊逻辑控制器的遗传算法效率的影响。使用章节 5.4.2 中的数据对模型进行求解，在不同的种群大小和迭代次数组合下，分别运行 10 次带模糊逻辑控制器的遗传算法。表 5.7 给出了不同种群大小和迭代次数组合下算法的最优解、最差解、平均解、方差和平均计算时间。从表 5.7 可以看出，种群大小为 10 时，在给出的迭代次数范围内，虽然计算时间相对较短，但是所有解的效果都很差，并且方差很大，这表明算法很不稳定。由此认为，种群大小应该大于 10。但在种群大小为 20 时，若迭代次数比较小（小于 200 代），算法求解的效果依然比较差，并且不稳定。故而，在选定种群大小*迭代次数组合时，种群大小应大于 10，并且由种群大小*迭代次数得出的算法计算次数应该高于 20*200 次。剔除这些不合格的解，为了更加直观地比较不同组合下的算法结果，使用表 5.7 中的数据绘制图 5.8~5.11。

表 5.7 计算结果

种群大小	迭代次数	最优解	最差解	平均解	标准差	计算时间
10	400	28167.40	110458.21	66502.84	20780.24	26.09
	500	28196.49	118940.33	61834.47	24211.45	33.19
	600	27920.75	99296.95	64187.37	19969.80	43.30
20	200	28754.16	123185.17	74648.69	26372.25	25.73
	300	27454.59	28680.03	28156.79	335.18	34.37
	400	27359.46	28706.47	28090.17	331.87	50.43
	500	27124.00	27914.49	27547.42	225.35	63.82
	600	27025.16	27714.46	27352.68	208.62	72.57
30	100	28196.49	28911.27	28573.67	289.33	19.87
	200	27881.16	28506.28	28217.65	153.95	34.01
	300	27989.39	28680.03	28325.31	217.39	52.23
	400	27760.74	28234.01	27986.77	127.01	72.35
	500	27144.49	27735.25	27434.72	183.64	122.27
	600	27184.38	27458.47	27312.33	80.80	149.87
40	100	28152.42	28706.47	28438.57	181.48	23.75
	200	27474.48	28564.35	27955.59	330.13	43.30
	300	27510.26	28403.64	28003.88	228.36	62.54
	400	27154.86	28524.85	27877.64	358.54	143.24
	500	26826.37	27398.67	27123.25	174.56	157.95
	600	27444.35	27944.75	27680.95	148.12	166.81
50	100	27538.54	28537.92	28086.30	274.65	28.52
	200	27354.69	28205.14	27771.50	253.75	54.10
	300	27304.42	27587.23	27469.58	79.02	160.81
	400	27444.60	28047.83	27738.65	186.99	101.57
	500	26658.72	27093.97	26879.04	131.97	196.82
	600	26936.86	27252.90	27092.55	92.24	230.49

续表

种群大小	迭代次数	最优解	最差解	平均解	标准差	计算时间
60	100	28106.01	28872.14	28532.35	185.59	42.21
	200	26980.36	28630.46	27792.50	525.53	84.52
	300	27011.26	27944.75	27540.82	254.35	197.06
	400	27481.65	28055.38	27833.37	160.09	122.81
	600	27226.30	27589.44	27446.00	105.90	245.69
	500	27457.07	28174.92	27914.26	188.89	292.18

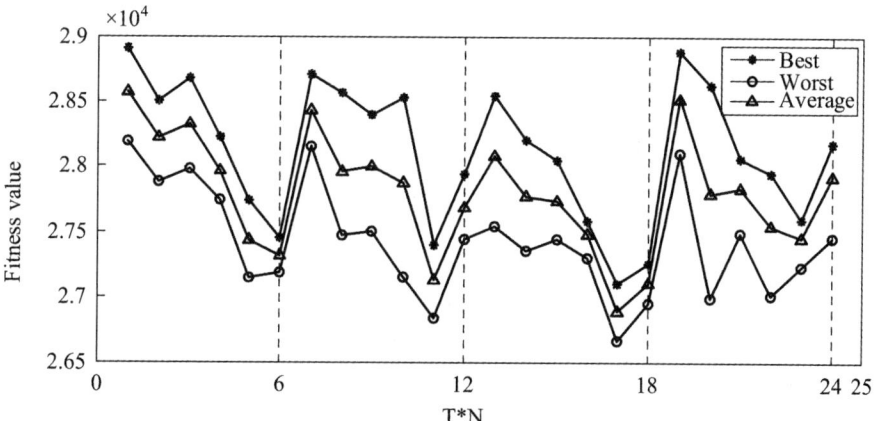

图 5.8 种群大小一定，迭代次数从 100 增长到 600 的适应值函数值

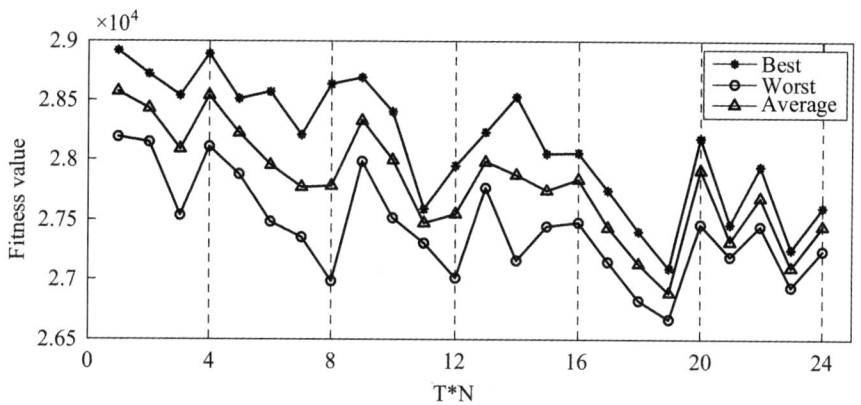

图 5.9 迭代次数一定，种群大小从 30 增长到 60 的适应值函数值

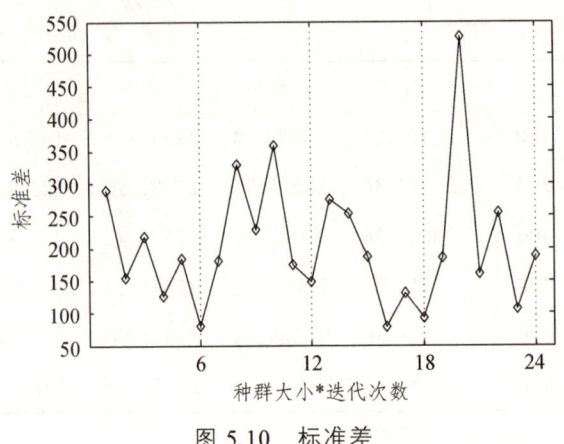

图 5.10 标准差

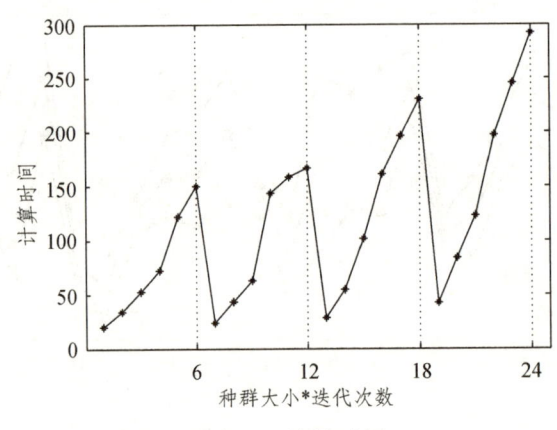

图 5.11 计算时间

从图 5.8 和图 5.9 可以看出，种群大小以及迭代次数的增加对算法的最优解、最差解和平均解的影响。图 5.8 为种群大小一定，迭代次数从 100 增长到 600 时的适应函数值。其中，横轴 1~6 表示种群大小为 30 时，迭代次数以步长为 100 从 100 增长到 600 的 6 种组合；同理，7~12、13~18 和 19~24 表示种群大小分别为 40, 50 和 60 时的组合情况。纵轴表示适应函数值，三条曲线上的点分别为每种种群大小和迭代次数组合下，分别运行 10 次带模糊逻辑控制器的遗传算法获得的最优解、最差解和平均解。在种群大小分别为 30, 40 和 50 情况下，即横轴 1~18 之间，每个区间算法的结果走势比较类似：迭代次数为 100 代时，结果最差；从 200 代增长到 400 代时，计算结果比较接近，结果变好的趋势并不十分显著；达到 500

代时，计算结果明显变好，并且获得了组合范围内最好的解；而当迭代次数达到 600 代时，计算结果没有变好，反而更差了。即在种群大小为 60 时，随着迭代次数的增加，计算结果没有一个明显变好或变差的趋势。并且相较给出的其他种群大小组合，在不同迭代次数下，算法结果随着总的计算次数的增加，没有显著变好。

接下来，分析图 5.8，它表示种群迭代次数一定，种群大小从 30 增长到 60 时的适应函数值。其中，横轴 1~4 表示种群迭代次数为 100 时，种群大小以步长为 10 从 30 增长到 60 的 4 种组合；同理 5~8、7~12、13~16、17~20 和 21~24 表示迭代次数分别为 200, 300, 400, 500 和 600 时的组合情况。纵轴表示适应函数值，三条曲线上的点分别为每种种群大小和迭代次数组合下，分别运行 10 次带模糊逻辑控制器的遗传算法获得的最优解、最差解和平均解。由于平均解的变化趋势较为明显，使用平均解来分析迭代次数一定时，种群大小增加对算法的影响。在迭代次数从 100 增加到 500 时的组合情况下，即横轴 1~20 之间，每个区间算法的平均解的走势基本相同：算法在种群大小为 30，平均计算结果最差；随着种群大小的增加，平均计算结果逐渐变好，直到种群大小增加到 50；当种群大小增加到 60 时，计算结果没有变好，反而更差。即在迭代次数为 600 时，随着种群大小的增加，平均计算结果的变化趋势不稳定，没有一个明显变好或变差的趋势，并且随着总的计算次数的增加，没有显著变好。

综上所述，对于带模糊逻辑控制器的遗传算法，在种群大小一定时，随着迭代次数的增加，在一定程度上可以改善算法的计算结果，而当迭代次数增加到 600 代时，计算结果没有继续变好，反而更差了；在迭代次数一定时，随着种群大小的增加，平均计算结果明显变好，但当种群大小增加到 60 时，计算结果没有继续变好，反而更差了。最终，算法在种群大小为 50，迭代次数为 500 时，获得的计算结果最好。

随后，在不同的种群大小和迭代次数组合下运行 10 次，结合 10 次计算结果的标准差和计算时间进行分析，结果如图 5.10 和图 5.11 所示。其中，图 5.10 和图 5.11 的横轴 1~6 表示种群大小为 30 时，迭代次数以步长为 100 从 100 增长到 600 的 6 种组合；同理 7~12、13~18 和 19~24 表示种群大小分别为 40, 50 和 60 时的组合情况。从图 5.10 可以看出，在种群大小分别为 30，40 和 50 情况下，即横轴 1~18 之间，算法结果的标准差比较小，计算结果比较稳定；而在种群大小为 60 时，算法标准差的发展趋势不稳定，计算结果的稳定度较差。从图 5.11 还可看出，在种群大小一定的情况下，算法的计算时间与迭代次数呈正相关趋势，即随着迭代次数的增加，计算时间也在逐步变长。从上文分析可以看出，该算法在种群大小为 50，迭代次数为 500 时，获得的计算结果最好，而在此种组合情况下，算法的计算时间相对较小，并且算法的标准差也比较小，算法比较稳定。

在不同的种群大小以及迭代次数组合下，分别运行带模糊逻辑控制器的遗传算法 10 次，综合考虑每种组合下的最优解、最差解、平均解、标准差和计算时间的分析，认为算法种群大小最合适取值为 50，迭代次数最合适取值为 500。

5.4.4 计算结果分析

选定在种群大小最合适取值为 50，迭代次数最合适取值为 500 时，获得的最优解为最满意解。此时，获得最优目标函数值，即全局成本最小值为 26 658.722 RMB，与之相对应的解的构成如下：

车辆 1：13→10→8→19→20

车辆 2：21→4→17→28→9

车辆 3：25→16→18→24→1

车辆 4：27→7→5→15→23

车辆 5：14→29→3→26→6

车辆 6：11→22→2→12

由于主导者的目标是全局目标最小，而全局目标由三部分组成，其中主导者只能控制其中两部分，因此，使用本章提出的模型及方法可以解决此类问题。本章提出的模型已考虑到主导者及跟随者两个决策群组之间的交互式影响，其中主导者可以通过自身的决策行为影响跟随者的决策。首先，主导者分别选择顾客节点 13，21，25，27，14 和 11 作为各个车辆的种子顾客，这样使得路线的初始化总成本 $\sum_{k=1}^{K}\sum_{i=1}^{n}c_k z_{ki}$ 主要由上载成本和初始运输成本构成，最终为 7 769.69 RMB。其次，顾客集合也是由主导者决定的，决策如下：顾客节点 8，10，13，19 和 20 均由车辆 1 提供服务，节点 4，9，17，21 和 28 均由车辆 2 提供服务，节点 1，16，18，24 和 25 均由车辆 3 提供服务，节点 5，7，15，23 和 27 均由车辆 4 提供服务，节点 3，6，14，26 和 29 均由车辆 5 提供服务，节点 2，11，12 和 22 均由车辆 6 提供服务。这样使得总体的服务费用 $\sum_{k=1}^{K}\sum_{j=1}^{n}c_{kj}x_{kj}$ 主要由卸载费用构成，最终为 14 863.31 RMB。

接下来，考虑跟随者的决策行为及其带来的效果，跟随者的主要目标是使总体的车辆配送成本（线路运输成本）最小化。由于主导者的决策行为会对跟随者的决策产生巨大的影响，换句话说，跟随者的决策是建立在主导者的决策之上的，因此，当主导者决定每辆车的种子顾客以及顾客集合之后，跟随者只能在这个决策范围内安排车辆配送计划。前文已给出主导者的决策信息，这时跟随者制订决策如下：车辆 1 的配送路线为 13→10→8→19→20，车辆 2 的配送路线为 21→4→17→28→9，车辆 3 的配送路线为 25→16→18→24→1，车辆 4 的配送路线为 27→7→5→15→23，车辆 5 的配送路线为 14→29→3→26→6，车辆 6 的配送路线为 11→22→2→12。最终，车辆的总体配送成本 $\sum_{j=1}^{n}c_{ij}y_{ij}$ 主要考虑运输成本，为 4 025.032RMB。

5.4.5 求解算法比较

为了验证本章所提出的算法的有效性和实用性，下面对本章所提出的带模糊逻辑控制器以及高效算子的遗传算法（flc-hGA）和带高效算子的遗传算法（hGA）做一个简单的对比。在对比测试中，两种算法均采用同样的高效遗传算子策略，如权重重置交叉算子、互换变异算子和轮盘赌选择算子，其他参数值设置相同，参见章节 5.4.3。

同样使用 MATLAB 对算法进行编译，使用段落 5.4.2 获取的数据对算法的性能进行测试。将这两种算法分别运行 30 次，分别获得最满意解，如图 5.12 所示。图 5.12 为 flc-hGA 与 hGA 在不同迭代次数下取得的最优解的分布对比情况。从图 5.12 可以看出，代表这两种算法的曲线中都有相同的移动趋势，即随着迭代次数的增加，算法结果越来越好。两种算法在迭代初期的结果都比较差，这可能是由于探索空间超出可行域并造成了对适应值函数的惩罚。随着程序的继续运行和迭代次数的增加，两种算法的适应函数值减小的速度变大。在迭代结束时，算法结果变得更好并且比较稳定。

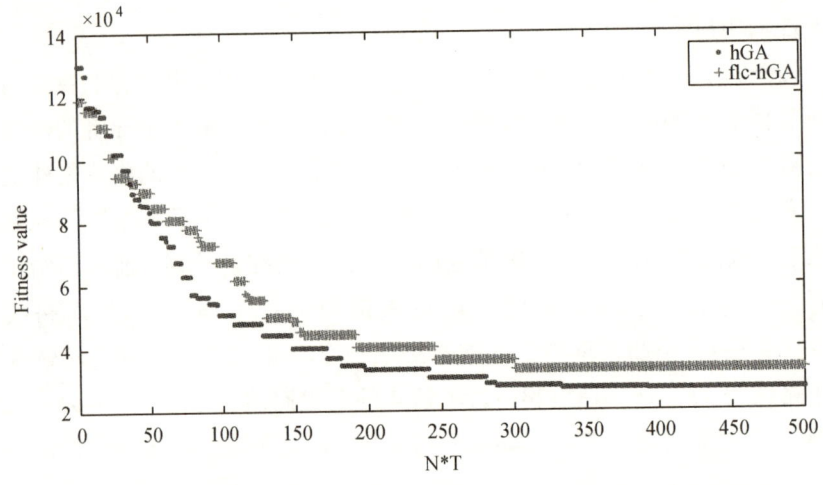

图 5.12 flc-hGA 与 hGA 迭代过程对比

关于算法 hGA，随着迭代次数的增加，挖掘全局最优解的多样性的能力相对较弱。该算法在 160 代之后，会在局部最优解停留一段时间，这说明算法挖掘更好的解的能力一般。在迭代 300 次之后，算法的最优值不再更新，这说明算法具有足够的探索能力，但挖掘最优解的能力比较差。与之相反，flc-hGA 在迭代初期，探索空间是很大的，可遍历可行域中的每一个角落，以寻找更好的粒子位置。但迭代到 200 代左右时，其探索空间逐渐缩小，并将目标空间锁定在比较好的解范围内，以集中寻找全局最优解。当算法迭代持续到 390 代左右时，停止更新，找到了算法最优解。最终，在相同的高效算子策略和参数设置的情况下，随着一代代的更新，flc-hGA 获得的解优于 hGA。

5.5 本章小结

在前几章的基础上,本章不仅加入了顾客时间窗口要求,还考虑了顾客取货和送货服务同时发生的情况,提出了时间窗口取送货主从车辆路径模型。该模型中的两个主体与前两章保持一致,不同的地方是,跟随者在为每辆车安排路线时,不仅要考虑车辆逻辑约束、顾客时间窗口约束以及顾客满意度约束,还要加入某些顾客取货需求和取货后车辆载重约束等。根据对问题的描述,将车辆的行车时间和顾客取货量假定为模糊随机变量,这与行车时间情况类似,于是依旧采用模糊随机变量对其进行刻画。为了求解这个模型,本章提出了一个基于模糊逻辑控制器的高效遗传算法。该算法中,模糊逻辑控制器可以自动调整遗传算法的交叉率和变异率,以使算法效果更好;基于优先级的编码使得算法初始化更加科学,使用了权重重置交叉算子、互换变异算子和轮盘赌选择算子等高效遗传算子,并使用嵌套算法结构来解决具有主从结构的数学模型。最后,将上文提出的模型和算法应用到雅砻江水电基地物料配送案例中,对案例的现实背景进行了描述,介绍了相关数据的获取过程;随后通过算法参数实验获得了合适的算法参数取值,通过计算结果分析验证了该模型和改进算法的实用性,通过求解算法比较说明了该算法的有效性。

结　语

随着社会经济的发展和社会分工的细化，第三方物流得以诞生和发展，这使得供应商或者供应企业能够将有限的精力和资金投入到更加擅长的领域，而且使用专门的运输公司或运输规划部门不断降低运输成本，提高客户的服务水平。因此，在满足客户需求的前提下，以使运输配送成本最低为目标的车辆路径问题，越来越受到研究者的重视。并且随着当今工程项目的规模越来越大，参与者越来越多，针对工程材料运输配送的车辆路径问题，需要考虑多个决策主体。本书以物流与供应链计划理论、物流与供应链管理理论为指导，以模糊随机不确定、优化与决策理论和 Stackelberg 均衡规划理论为主要理论依据，以智能算法为主要技术，以实际决策问题为主线展开研究。本书综合考虑车辆路径问题的公司管理者和路线规划者这两个决策主体之间的 Stackelberg 均衡结构，利用 Stackelberg 均衡规划模型来帮助他们优化车辆路径问题中的资源配置，同时考虑了研究问题的模糊随机不确定性，建立了 Stackelberg 均衡模糊随机车辆路径模型、Stackelberg 均衡模糊随机时间窗口车辆路径模型及 Stackelberg 均衡模糊随机时间窗口取送货车辆路径模型，并针对实际问题特点，借助模糊模拟技术和智能算法，对基于模糊随机模拟的 Stackelberg 均衡规划求解算法体系进行了一定的研究。

1　主要工作

本书针对模糊随机环境下的车辆路径问题进行了研究，考虑了问题所具有的层次性和不确定性，建立了模糊随机环境下的一系列 Stackelberg 均衡车辆路径优化模型。主要工作包括车辆路径问题、带时间窗口的车辆路径问题以及带时间窗口的取送货车辆路径问题的 Stackelberg 均衡规划建模、模糊随机不确定性分析和转化、求解算法以及案例研究。具体来说有如下三个方面：

第 3 章研究了模糊随机环境下的主从车辆路径问题。首先，考虑了该问题中的两个主体，一个是主导者，如供应商或者供应公司管理者，另一个是跟随者，如外包运输公司或者供应公司运输规划部门。上级主体考虑的规划目标是全局成本最小，包括车辆初始化费用、车辆服务顾客费用和车辆运输费用；而下级主体在上级决策者决策之后，仅考虑运输成本最低这一目标。在决策过程中涉及不确定变量，使用模糊随机变量的机会约束理论对其进行处理。其次，由于该问题的复杂性和不确定性，本章使用智能优化算法对其进行求解。为了提高粒子群算法的性能，并使之对本章所提出的双重不确定和 Stackelberg 均衡问题结构同样适用，本章对该算法进行了一定的改进，即使用全局-局部-邻域粒子群算法更新策略改善基本算法易陷入局部最优的缺陷，引入 CCP 模糊随机模拟解决模型中的模糊随机不确定性，同时为了适应模型的具体特点，使该算法具有主从结构，还设计了合理的解的表示和解码过程。最后，将提出的模型和算法应用到二滩水电站工程建设项目材料配送案例中，以验证该模型和该算法的有效性和实用性。在实际应用中，首先介绍了案例工程背景和数据获取过程；随后通过算法结果讨论证明了该算法对模型的适用性，通过算法对比分析证实了本章改进算法的有效性，通过模型对比分析探讨了模糊随机环境的必要性。

第 4 章是在第 3 章的基础上，加入了对顾客时间窗口要求的考虑，提出了带模糊随机时间窗口的主从车辆路径模型。模型中的两个主体与第 3 章相同，不同的地方是，下级跟随者在为每辆车安排路线时，不仅要考虑车辆逻辑约束，还要考虑顾客时间窗口约束以及顾客满意度约束。通过模糊隶属度函数对顾客满意度进行描述并给定一个最低平均客户满意度水平 S_a，将客户满意度转化为模型的约束条件。将成本以及顾客时间窗口均处理为模糊随机参数，根据相关的定理以及模糊随机变量的期望值理论对模型进行处理，获得一般的模糊随机 Stackelberg 均衡规划模型。为了求解这个模型,本章提出了一个基于云理论的改进粒子群算法。该算法中,基于正态云发生器的初始化使得算法的初始化效果更好,使用 EVO 模糊随机模拟处理模型中的不确定性,设计主从算法结构解决 Stackelberg 均衡模型序贯决策问题。本章最后,在澜沧江干流水电基地案例中,通过科学的参数测试获得合适的算法参数值;随后经过算法结果分析以及算法对比分析,证明了该模型的实用性以及该算法的优越性和有效性。

第 5 章是在前文的基础上,不仅加入了顾客时间窗口要求,还考虑了顾客取货和送货同时发生的情况,提出了时间窗口取送货主从车辆路径模型。模型中的两个主体不变,下级规划者在为每辆车安排路线时,加入某些顾客取货需求和取货后车辆载重约束等。根据对问题的描述,将车辆的行车时间和顾客取货量假定为模糊随机变量,这与行车时间情况类似,于是依旧采用模糊随机变量对其进行刻画。为了求解这个模型,本章提出了一个基于模糊逻辑控制器的高效遗传算法。该算法中,模糊逻辑控制器可以自动调整遗传算法的交叉率和变异率,使得算法的效果更好;基于优先级的编码使得该算法的初始化更加科学;使用了权重重置交叉算子、互换变异算子和轮盘赌选择算子等高效遗传算子,并使用嵌套算法结构解决了具有 Stackelberg 均衡主从结构的数学模型。本章最后,将上文提出的模型和算法应用到雅砻江水电基地物料配送案例中,对案例的现实背景进行了描述,介绍了相关数据获取过程;随后通过算法参数实验获得了合适的算法参数取值,通过计算结果分析验证了该模型和改进算法的实用性,通过求解算法比较说明了该算法的有效性。

2. 本书创新点

本书以物流与供应链理论、物流与供应链管理理论为指导,以模糊随机理论、优化与决策理论和 Stackelberg 均衡规划理论为主要理论依据,以智能算法为主要技术,以实际决策问题为主线展开研究。以车辆路径问题为研究对象,决定了本书需以物流与供应链理论、物流与供应链管理理论为指导,才能保证研究具有实际意义。车辆路径模型包括模糊随机不确定性的描述;对模糊随机模型进行抽象,对一般性的模糊随机决策模型的性质进行讨论,必须要用到模糊随机不确定理论。针对车辆路径问题,使用 Stackelberg 均衡规划技术建立主从结构数学模型,必须用到 Stackelberg 均衡规划理论。综合考虑车辆路径问题的公司管理者和路线规划者这两个决策主体之间的 Stackelberg 均衡主从结构,利用 Stackelberg 均衡规划模型来帮助优化车辆路径问题中的资源配置,同时考虑了研究问题的模糊随机不确定性,建立了基础的车辆路径 Stackelberg 均衡模型、时间窗口车辆路径 Stackelberg 均衡模型以及时间窗口取送货车辆路径 Stackelberg 均衡模型,并针对实际问题特点,借助模糊模拟技术和智能算法,对基于模糊随机模拟的 Stackelberg 均衡规划求解算法体系进行了一定的研究。

本书的创新点集中在以下几个方面:

(1) 模糊随机主从模型。本书在对车辆路径主从结构和层次间利益冲突深入分析的基础上,结合不确定参数的模糊随机模拟,建立了模糊随机车辆路径 Stackelberg 均衡模型体系,包括基础的车辆路径 Stackelberg 均衡模型、时间窗口车辆路径 Stackelberg 均衡模型以及时间窗口取送货车辆路径 Stackelberg 均衡模型。由于大型电站建设项目存在历史数据不充足性和管理层次信息不对称性的特点,其资源管理中存在大量模糊型不确定性,而这些不确定难以用随机型变量进行描述,传统建设项目资源管理研究主要考虑的是确定或者随机的情形,因此,本书首次全面利用模糊随机变量来描述大型电站建设项目资源管理中的不确定性。

(2) 智能优化算法。针对模糊随机环境下的 Stackelberg 均衡主从模型,本书设计了 Stackelberg 均衡规划智能优化算法体系,包括全局-局部-邻域粒子群算法、基于云理论的改进粒子群算法和基于模糊逻辑控制器的遗传算法。这些算法分别从实际问题特征出发,对传统智能算法解的表达方式和更新方式进行了改进和创新,并且针对模型主从结构建立了二层算法结构或者嵌套算法结构。

(3) 实际应用研究。针对 Stackelberg 均衡车辆路径问题、时间窗口 Stackelberg 均衡车辆路径问题以及时间窗口取送货 Stackelberg 均衡车辆路径问题,本书分别采用实际电站建设项目物料配送中的问题进行案例研究,并结合所提出的模型和算法,提出了科学的解决方案。这些实际案例的应用研究展示了如何将理论的模型和算法应用到实际的决策问题中,同时验证了模型和算法的有效性和现实可操作性。

综上所述,本书根据实际需求,展开了对新模型的研究,进而触发了新算法的设计，而新模型和算法又需要投入到实践中进行可行性和有效性的验证。本书的创新点是层层深入、相互联系的。本书所提出的决策模型和算法对于实际的车辆路径问题有着一定的指导意义，对于不确定理论、Stackelberg 均衡规划理论以及算法研究也有着积极的推动作用。

3. 未来研究

当前，关于车辆路径问题的 Stackelberg 规划均衡研究尚处于初级阶段，还有许多问题需要进一步地深入探讨和研究。未来的研究将主要集中在以下几个方面。

（1）对于车辆路径问题中的不确定信息进行进一步研究，针对不同情况下获得的不确定信息类型，采用合适的不确定理论进行描述和刻画。

（2）对于车辆路径问题中的求解算法进行进一步研究，包括算法收敛条件、稳定性的讨论。

（3）对于 Stackelberg 均衡决策模型本身的性质还需要进行更进一步的讨论，如解的存在性、稳定性、灵敏度分析，等等。

附　录

定理的数学形式证明

【定理 4.1】的证明：

首先给出一些模糊随机变量基本概念。

【定义1】[22]　给定一个论域U，如果$\tilde{A}$是U上的模糊集，那么对于$x \in U$有下式成立：

$$\mu_{\tilde{A}}:U \to [0,1], \quad x \to \mu_{\tilde{A}}(x)$$

则$\mu_{\tilde{A}}$称为x对于$\tilde{A}$的隶属度函数。$\mu_{\tilde{A}}$是用区间[0,1]中的值，来表示U中每个元素x属于$\tilde{A}$的程度。这样的模糊集$\tilde{A}$可如下来描述：

$$\tilde{A} = \{(x, \mu_{\tilde{A}}(x) \mid x \in U\}$$

【定义2】[22]　设有论域U，$\tilde{A}$是定义在U上的模糊集。如果α是任意给定的一个可能性水平，且$0 \leqslant \alpha \leqslant 1$，那么$\tilde{A}_\alpha$包含模糊集$\tilde{A}$中，所有隶属度值$\geqslant \alpha$的元素，如下所示：

$$\tilde{A}_\alpha = \{x \in U \mid \mu_{\tilde{A}}(x) \geqslant \alpha\}$$

这时，$\tilde{A}_\alpha$称为模糊集$\tilde{A}$的α水平截集。

【定义3】[182]　设有非空集Θ，$P(\Theta)$是Θ的强集。对于每个$A \subseteq P(\Theta)$，有非负数$Pos\{A\}$，称之为A的可能性。

(1) $Pos(\varnothing) = 0$ 和 $Pos(\Theta) = 1$。

(2) 若对 $P(\Theta)$ 中的任意积集 $\{A_k\}$，有

$$Pos(\bigcup_k A_k) = \sup_k Pos(A_k)$$

则 $(\Theta, P(\Theta), Pos)$ 为可能性空间。函数 Pos 称为可能性测度。

【定义4】[182] 模糊变量定义为一个从可能性空间 $(\Theta, P(\Theta), Pos)$ 到实数 $\mathbb{R}$ 的函数。

【定义5】 在给定的概率空间 $(\Omega, \mathcal{A}, Pr)$ 中，如果对所有的 $\alpha \in [0,1]$ 和 $\omega \in \Omega$ 有下面所述：

实值映射 $\inf \tilde{\tilde{\xi}}_\alpha : \Omega \to \mathbb{R}$ 满足 $\inf \tilde{\tilde{\xi}}_\alpha(\omega) = \inf(\tilde{\tilde{\xi}}(\omega))_\alpha$，同时 $\sup \tilde{\tilde{\xi}}_\alpha : \Omega \to \mathbb{R}$ 满足 $\sup \tilde{\tilde{\xi}}_\alpha(\omega) = \sup(\tilde{\tilde{\xi}}(\omega))_\alpha$，是实值随机变量。

那么映射 $\tilde{\tilde{\xi}} : \Omega \to \mathcal{F}_c(\mathbb{R})$ 称为模糊随机变量。

在上面的定义中，$\mathbb{R}$ 是实数集，$\mathcal{F}_c(\mathbb{R})$ 是所有模糊变量的集合，Ω 是一个非空积集，$\mathcal{A}$ 是 Ω 的子集，Pr 是概率测度且 $Pr : \mathcal{A} \to [0,1]$，限制在 $\tilde{\tilde{\xi}}$ 上的 α 水平截集可以概括为：

$$\tilde{\tilde{\xi}}_\alpha(\omega) = [\inf(\tilde{\tilde{\xi}}(\omega))_\alpha, \sup(\tilde{\tilde{\xi}}(\omega))_\alpha]$$

【定义6】 ε 是一个定义在概率空间 $(\Omega, \mathcal{A}, Pr)$ 上，有着离散分布 $P_\varepsilon(x) = P\{x = x_n\}, n = 1, 2, \cdots$ 的离散随机变量。θ 是任意给定的一个概率水平，且 $0 \leqslant \theta \leqslant \max P_\varepsilon(x)$。$\varepsilon_\theta$ 包含所有这样的元素，它们对于 ε 的 $P_\varepsilon(x)$ 值 $\geqslant \theta$，如下：

$$\varepsilon_\theta = \{x \in \mathbb{R} \mid P_\varepsilon(x) \geqslant \theta\}$$

那么 ε_θ 称为随机变量 ε 的 θ 水平截集。

证明：

$$\tilde{\tilde{\xi}} = \begin{cases} (a_{1L}, a_{1C}, a_{1R}), & \text{对应的概率} p_1 \\ \cdots & \cdots \\ (a_{iL}, a_{iC}, a_{iR}), & \text{对应的概率} p_i \\ \cdots & \cdots \\ (a_{IL}, a_{IC}, a_{IR}), & \text{对应的概率} p_I \end{cases}$$

是模糊随机变量，有着离散随机分布，在上边界、中值、下边界参数上具有模糊性质的浮动。离散随机分布为 $P_\psi(x)$。根据定义 defn6-6，离散随机变量 ψ 的 δ 水平截集（即 δ 切）可以表示如下：

$$\psi_\delta = [\psi_\delta^L, \psi_\delta^R] = \{x \in \mathbb{R} \mid P_\psi(x) \geqslant \delta\}$$

其中 $\psi_\delta^L = \min\{x \in \mathbb{R} \mid P_\psi(x) \geqslant \delta\}$，$\psi_\delta^R = \max\{x \in \mathbb{R} \mid P_\psi(x) \geqslant \delta\}$。这里的系数 $\delta \in [0, \max P_\psi(x)]$ 反映了决策者优化的态度。这个区间给出了概率水平 δ 取值的范围。需要注意的是 ψ_δ 是一个清晰集合。

设 $X = \{x_w = \psi(\omega) \in \mathbb{R} \mid P_\psi(\psi(\omega)) \geqslant \delta, \omega \in \Omega\}$，不难证明，$X = [\psi_\delta^L, \psi_\delta^R] = \psi_\delta$，也就是说，$\min X = \psi_\delta^L$，$\max X = \psi_\delta^R$。换句话说，$\psi_\delta^L$ 是 ψ 到达概率 δ 的所有取值中的最小值，而 ψ_δ^R 是 ψ 到达概率 δ 的所有取值中的最大值。所以，δ 水平模糊随机变量 $\tilde{\tilde{\xi}}_\delta$ 可以定义为：

$$\tilde{\tilde{\xi}}_\delta = \begin{cases} \psi_\delta^L = (a_{(\delta,L)}^L, a_{(\delta,C)}^L, a_{(\delta,R)}^L), & \text{with probability } p_\delta^L \\ \cdots & \cdots \\ \psi_\delta^R = (a_{(\delta,L)}^R, a_{(\delta,C)}^R, a_{(\delta,R)}^R), & \text{with probability } p_\delta^R \end{cases}$$

也可以表示为：

$$\tilde{\tilde{\xi}}_\delta = \{\tilde{\xi}_\delta(\omega) = (a_{(\delta,L)}(\omega), a_{(\delta,C)}(\omega), a_{(\delta,R)}(\omega))\}$$

对应的概率为

$$\{p(w) \mid x_w \in X, \omega \in \Omega\}$$

其中 $\tilde{\xi}_\delta(\omega)$ 是模糊变量，变量 $\tilde{\tilde{\xi}}_\delta$ 可以用另一种形式来表达：

$$\tilde{\tilde{\xi}}_\delta = \bigcup_{\omega \in \Omega} \tilde{\xi}_\delta(\omega) = \tilde{\xi}_\delta(\Omega)$$

这里面，$\tilde{\xi}_\delta(\omega)(\omega \in \Omega)$ 是模糊变量。所以模糊随机变量 $\tilde{\tilde{\xi}}$ 可以转化为一组模糊变量 $\tilde{\xi}_\delta(\omega)(\omega \in \Omega)$，表示为 $\tilde{\xi}_\delta(\Omega)$。基于模糊变量 η 水平截集（即 η 切，参看 defn6-2）的概念，有系数 $0 \leqslant \eta \leqslant 1$，有：

$$\tilde{\xi}_{(\delta,\eta)}(\omega) = [\xi_{(\delta,\eta)}^L(\omega), \xi_{(\delta,\eta)}^R(\omega)] = \left\{x \in U \mid \mu_{\tilde{\xi}_\delta(\omega)}(x) \geqslant \eta\right\}$$

那么 $\tilde{\xi}_\delta(\Omega)$ 的 η 水平截集（或者说：η 切）定义为：

$$\tilde{\xi}_{(\delta,\eta)}(\Omega) = \{\tilde{\xi}_{(\delta,\eta)}(\omega) = [\xi^L_{(\delta,\eta)}(\omega), \xi^R_{(\delta,\eta)}(\omega)] | \omega \in \Omega\}$$

这里 $\xi^L_{(\delta,\eta)}(\omega) = \inf \mu^{-1}_{\tilde{\xi}_{\delta(\omega)}}(\eta)$，$\xi^R_{(\delta,\eta)}(\omega) = \sup \mu^{-1}_{\tilde{\xi}_{\delta(\omega)}}(\eta)$，$\omega \in \Omega$。

受模糊随机变量模糊期望值的启发，可以得到[240]：

$$a_{(\delta,L)} = \sum_{\omega} p(\omega) a_{(\delta,L)}(\omega), \quad a_{(\delta,R)} = \sum_{\omega} p(\omega) a_{(\delta,R)}(\omega)$$

$$\xi^L_{(\delta,\eta)} = \sum_{\omega} p(\omega) \xi^L_{(\sigma,\eta)}(\omega), \quad \xi^R_{(\delta,\eta)} = \sum_{\omega} p(\omega) \xi^R_{(\sigma,\eta)}(\omega)$$

综上，$\tilde{\tilde{\xi}}$ 可以通过 δ 切和 η 切转化为 $\tilde{\xi}_{(\delta,\eta)}$，如图1所示。

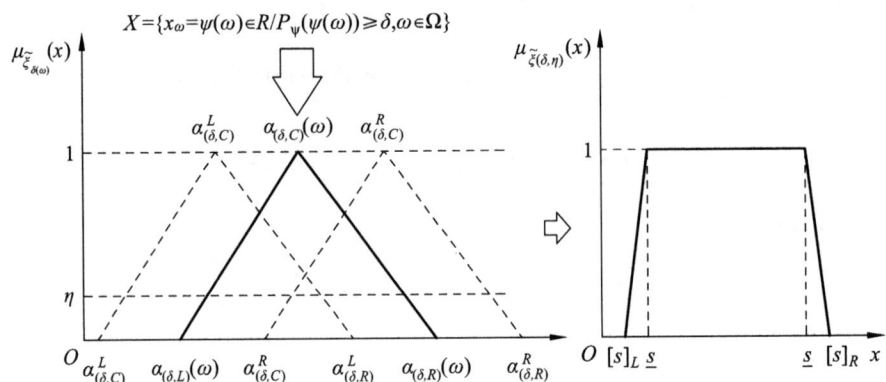

图1 模糊随机变量 $\tilde{\tilde{\xi}}$ 向 (δ,η) 水平梯形模糊变量 $\tilde{\xi}_{(\delta,\eta)}$ 转化过程

其中，$0 \leq \eta \leq 1$，$\delta \in [0, \max P_\psi(x)]$。设 $a_{(\delta,L)} = [s]_L$，$a_{(\delta,R)} = [s]_R$，$\xi^L_{(\delta,\eta)} = \underline{s}$，$\xi^R_{(\delta,\eta)} = \overline{s}$，那么 $\tilde{\tilde{\xi}}$ 可以转化为 (δ,η) 水平梯形模糊变量 $\tilde{\xi}_{(\delta,\eta)}$，如下所示：

$$\tilde{\tilde{\xi}} \to \tilde{\xi}_{(\delta,\eta)} = ([s]_L, \underline{s}, \overline{s}, [s]_R)$$

其中，系数 δ 和 η 都反映了决策者的优化态度。所以，随机模糊变量 $\tilde{\tilde{\xi}}$ 可以转化为梯形模糊变量，其隶属度函数为：

$$\mu_{\tilde{\xi}_{(\delta,\eta)}(x)}$$

$\mu_{\tilde{\xi}(\delta,\eta)(x)}$ 在 $x \in [[s]_L, [s]_R]$ 的值可以认为是1，如下所示：

$$\mu_{\tilde{\xi}(\delta,\eta)(x)} = \begin{cases} 1, & \text{if } \underline{s} \leqslant x < \overline{s}, \\ \dfrac{x-[s]_L}{s-[m]_L}, & \text{if } [s]_L \leqslant x < \underline{s}, \\ \dfrac{[s]_R - x}{[s]_R - s}, & \text{if } \overline{s} \leqslant x < [s]_R, \\ 0, & \text{if } x < [s]_L, x > [s]_R \end{cases}$$

定理得证。

参考文献

[1] 李军, 郭耀煌. 物流配送车辆优化调度理论与方法. 北京: 中国物资出版社, 2001

[2] L. D. Bodin, B. L. Golden. Routing and scheduling of vehicles and crews: the state of art. Computers & Operations Research, 1983, 10(2): 63-211

[3] G. B. Dantzig, J. H. Ramser. The truck dispatching problem. Management Science, 1959, 80-91

[4] Jiuping Xu, Liming Yao. Random-like multiple objective decision making. Springer, 2011

[5] J. Dong, D. Zhang, A. Nagurney. A supply chain network equilibrium model with random demands. European Journal of Operational Research, 2004, 156(1): 194-212

[6] M. Lariviere. Supply chain contracting and coordination with stochastic demand. Quantitative Models for Supply Chain Management, Springer, 1999: 233-268.

[7] G. Cachon, M. Fisher. Supply chain inventory management and the value of shared information. Management Science, 2000, 46(8): 1032-1048

[8] S. Kraiselburd, V. Narayanan, A. Raman. Contracting in a supply chain with stochastic demand and substitute products. Production and Operations Management, 2004, 13(1): 46-62

[9] T. Santoso, S. Ahmed, M. Goetschalckx, A. Shapiro. Astochastic programming approach for supply chain network design under uncertainty. European Journal of Operational Research, 2005, 67(1): 96-115

[10] 于辉, 陈剑, 于刚. 回购契约下供应链对突发事件的协调应对. 系统工程理论与实践, 2005, 25(8): 38-43

[11] 滕春贤, 姚锋敏, 胡宪武. 具有随机需求的多商品流供应链网络均衡模型的研究. 系统工程理论与实践, 2007, 10: 77-83

[12] J. Choi, M. Realff, J. Lee. Dynamic programming in a heuristically confined statespace: A stochastic resource constrained project scheduling application. Computers & Chemical Engineering, 2004, 28(6): 1039-1058

[13] M. Rabbani, G. Fatemi, F. Jolai, N. Lahiji. A new heuristic for resource-constrained project scheduling in stochastic networks using critical chain concept. European Journal of Operational Research, 2007, 176(2): 794-808

[14] H. Ke, B. Liu. Project scheduling problem with stochastic activity duration times. Applied Mathematics and Computation, 2005, 68(1): 342-353

[15] M. Sobel, J. Szmerekovsky, V. Tilson. Scheduling projects with stochastic activity duration to maximize expected net present value. European Journal of Operational Research, 2009, 198(3): 697-705

[16] J. Shu C. Teo, Z. Shen. Stochastic transportation-inventory network design problem. Operations Research, 2005, 53(1): 48-60

[17] L. Zheng, Y. Ao, Y. Liang, X. Liu. Frequency-domain modeling and analysis of stochastic flows in transportation networks. Systems Engineering Procedia, 2011, 2: 259-271

[18] X. Li, P. Tian, S. Leung. Vehicle routing problems with time windows and stochastic travel and service times: Models and algorithm. International Journal of Production Economics, 2010, 125(1): 137-145

[19] 侯玲娟, 周泓, 梁春华. 不确定需求和旅行时间下的车辆路径问题. 计算机集成制造系统, 2011, 17(1): 101-108

[20] 赵燕伟，李川，张景玲，陆游，王万良. 一种新的求解多目标随机需求车辆路径问题的算法. 计算机集成制造系统, 2012, 18(3): 523-530

[21] 谢秉磊，安实，郭耀煌. 随机车辆路径问题的多回路优化策略. 系统工程理论与实践, 2007, 27(2): 167-171

[22] L. Zadeh. Fuzzy sets. Information and Control, 1965, 8(3): 338-353

[23] G. Anastassiou. Fuzzy mathematics: approximation theory. Springer Verlag, 2010

[24] D. Dubois, H. Prade. Fundamentals of fuzzy sets. Springer Netherlands, 2000.

[25] Y. Fang, K. Lai, S. Wang. Fuzzy portfolio optimization: theory and methods. Springer Verlag, 2008

[26] J. Mordeson, P. Nair. Fuzzy mathematics: an introduction for engineers and scientists. Springer Berlin Heidelberg, 2001

[27] H. Zimmermann. Fuzzy set theory and its applications. Springer Netherlands, 2001

[28] L. Zadeh. Fuzzy sets as a basis for a theory of possibility. Fuzzy Sets and Systems, 1978, 1(3): 3-28

[29] E. Cao, M. Lai. The open vehicle routing problem with fuzzy demands. Expert Systems with Applications, 2010, 37(3): 2405-2411

[30] D. Peidro, J. Mula, R. Poler, J. Verdegay. Fuzzy optimization for supply chain planning under supply, demand and process uncertainties. Fuzzy Sets and Systems, 2009, 160(18): 2640-2657

[31] Y. Sheng, K. Yao. A transportation model with uncertain costs and demands. Information: An International Interdisciplinary Journal, 2012, 15(8): 3179-3186

[32] Jiafu Tang, Zhendong Pan, Richard YK Fung, Henry Lau. Vehicle routing problem with fuzzy time windows. Fuzzy Sets and Systems, 2009, 160(5): 683-695

[33] V. Mahdavi, S. Sadeghi, S. Fathi. A mathematical model and solving method for multidepot and multilevel vehicle routing problem with fuzzy time windows. Advances in Intelligent Transportation Systems,

2012, 1(1): 19-24

[34] Abraham. Total time minimization of fuzzy transportation problem. Journal of Intelligent and Fuzzy Systems, 2012, 23(2)

[35] F. Zulvia, R. Kuo, T. Hu. 2012 IEEE congress on evolutionary computation (CEC). 2012

[36] 李晋航. 混流制造车间物料配送调度优化研究[D]. 武汉：华中科技大学, 2012

[37] 张建勇, 李军. 模糊车辆路径问题的一种混合遗传算法. 管理工程学报, 2005, 19(2): 23-26

[38] Shuming Wang, Junzo Watada. Fuzzy random renewal reward process and its applications. Information Sciences, 2009, 179(23): 4057-4069

[39] Shuming Wang, Junzo Watada. Fuzzy random redundancy allocation problems. Fuzzy Optimization, 2010, 425-456

[40] BaodingLiu. Toward fuzzy optimization without mathematical ambiguity. Fuzzy Optimization and Decision Making, 2002, 1(1): 43-63

[41] Jiuping Xu, Qiang Liu, Rui Wang. A class of multiobjective supply chain networks optimal model under random fuzzy environment and its application to the industry of chinese liquor. Information Sciences, 2008, 178(8): 2022-2043

[42] P. Dutta, D. Chakraborty, A. Roy. A single period inventory model with fuzzy random variable demand. Mathematical and Computer Modelling, 2005, 41(8): 915-922

[43] Soumen Bag, Debjani Chakraborty, AR Roy. A production inventory model with fuzzy random demand and with flexibility and reliability considerations. Computers & Industrial Engineering, 2009, 56(1): 411-416

[44] Chunyun Yu, Xinan Zhao, Yandong Peng, Dehui Pan. Extended newsboy problem based on fuzzy random demand. Systems Engineering, 2006, 9: 019

[45] Yanan He, Jiuping Xu. A class of random fuzzy programming model and its application to vehicle routing problem. World Journal of Modelling

and simulation, 2005, 1(1): 3-11

[46] Dus an Teodorovic, Goran Pavkovic. The fuzzy set theory approach to the vehicle routing problem when demand at nodes is uncertain. Fuzzy Sets and Systems, 1996, 82(3): 307-317

[47] Jiuping Xu, Fang Yan, Steven Li. Vehicle routing optimization with soft time windows in a fuzzy random environment. Transportation Research Part E: Logistics and Transportation Review, 2011, 47(6): 1075-1091

[48] Yingqing Yang, Jiuping Xu. A class of multiobjective vehicle routing optimal model under fuzzy random environment and its application. World Journal of Modelling and Simulation, 2008, 4(2): 112Y119

[49] EE Ammar. On solutions of fuzzy random multiobjective quadratic programming with applications in portfolio problem. Information Sciences, 2008, 178(2): 468-484

[50] Fangfang Hao, Yankui Liu. Mean variance models for portfolio selection with fuzzy random returns. Journal of Applied Mathematics and Computing, 2009, 30(1): 9-38

[51] Takashi Hasuike, Hideki Katagiri, Hiroaki Ishii. Portfolio selection problems with random fuzzy variable returns. Fuzzy Sets and Systems, 2009, 160(18): 2579-2596

[52] Y. Ma, J. Xu. A novel multiple decision-maker model for resource-constrained project scheduling problems. Canadian Journal of Civil Engineering, 2014, 41(6): 500-511

[53] Y. Ma, J. Xu, Z. Xu. A bi-level model for project scheduling in a fuzzy random environment. IEEE Transactions on Systems, Man, and Cybernetics: Systems, 2014

[54] JF Cordeau, GLaporte, AMercier. Improved tabu search algorithm for the handling of route duration constraints in vehicle routing problems with time windows. Journal of the Operational Research Society, 2004, 55(5): 542-546

[55] T Vidal, T G Crainic, M Gendreau, N Lahrichi, W Rei. A hybrid genetic

algorithm for multidepot and periodic vehicle routing problems. Oper Ationsresearch, 2012, 60(3): 611-624

[56] C E Gounaris, P P Repoussis, C D Tarantilis, C A Floudas. Computer-aided chemical engineering. Amsterdam: Elsevier Science BV, 2011

[57] C Y Ren. Advanced materials research. Stafa-zurich: Trans Tech Publications LTD, 2013, 753-755.

[58] C Y Ren. Communications in computer and information science. 236. Berlin: Springer Verlag berlin, 2011

[59] C Y Ren, X B Wang. Study on improved hybrid genetic algorithm for multidepot vehicle routing problem with backhauls. 2009 International Conference on Artificial Intelligence and Computation Alintelligence, Proceedings, 2009, 347-350

[60] 石兆, 符卓. 动态环境下有时间窗的成套配送车辆路径问题. 计算机工程与应用, 2012, (32)

[61] 段凤华, 符卓. 有软时窗约束带取送作业的车辆路径问题及其禁忌搜索算法研究. 计算机工程与科学, 2009, (03)

[62] 符卓. 带装载能力约束的开放式车辆路径问题及其禁忌搜索算法研究. 系统工程理论与实践, 2004, (03)

[63] 吴丽荣, 胡祥培, 饶卫振. 考虑燃料消耗率的车辆路径问题模型与求解. 系统工程学报, 2013, (06)

[64] 王科峰, 叶春明, 李永林. 同时送取货车辆路径问题算法研究综述. 计算机应用研究, 2013, (02)

[65] H V Stackelberg. Marktform und Gleichgewicht. 1934

[66] J. Bracken, J. McGill. Mathematical programs with optimization problems in the constraints. Operations Research, 1973, 21(1): 37-44

[67] 滕春贤, 李智慧. 二层规划的理论与应用. 北京: 科学出版社, 2002

[68] S Dempe, B S Mordukhovich, A B Zemkoho. Necessary optimality conditions in pessimistic bilevel programming. Optimization, 2014, 63(4): 505-533

[69] S Dempe, N Gadhi, A B Zemkoho. New optimality conditions for the semivectorial bilevel optimization problem. Journal of Optimization

Theory and Applications, 2013, 157(1): 54-74

[70] S Dempe, A B Zemkoho. Bilevel road pricing: theoretical analysis and optimality conditions. Annals of Operations Research, 2012, 196(1): 223-240

[71] S Dempe, A B Zemkoho. Bilevel road pricing: the oretical analysis and optimality conditions. Annals of Operations Research, 2012, 196(1): 223-240

[72] S Dempe, N A Gadhi, L Lafhim. Fuzzy and exact optimality conditions for abilevel set valued problem via extremal principles. Numerical Functional Analysis and Optimization, 2012, 31(8): 907-920

[73] G M Wang, Z P Wan, X J Wang, Y B Lv. Genetic algorithm based on simplex method for solving linear quadratic bilevel programming problem. Computers & Mathematics with Applications, 2008, 56(10): 2550-2555

[74] G M Wang, X J Wang, Z P Wan, S H Jia. An adaptive genetic algorithm for solving bilevel linear programming problem. Applied Mathematics and Mechanics-english Edition, 2007, 28(12): 1605-1612

[75] Ya Gao, Guangquan Zhang, Jie Lu, Huiming Wee. Particles warm optimization for bilevel pricing problems in supply chains. Journal of Global Optimization, 2011, 51(2): 245-254

[76] C G Shi, H Lu, G Q Zhang. An extended kth-best approach for linear bilevel programming. Applied Mathematics and Computation, 2005, 164(3): 843-855

[77] C G Shi, G Q Zhang, J Lu. The kth-best approach for linear bilevel multifollower programming. Journal of Global Optimization, 2005, 33(4): 563-578

[78] C G Shi, H Zhou, J Lu, G Q Zhang, Z W Zhang. The kth-best approach for linear bilevel multifollower programming with partial shared variables among followers. Applied Mathematics and Computation, 2007, 188(2): 1686-1698

[79] G Q Zhang, C G Shi, J Lu. An extended kth-best approach for

referential-uncooperative bilevel multifollower decision making. International Journal of Computational Intelligence Systems, 2008, 1(3): 205-214

[80] JLu, CGShi, GQZhang, TDillon. Model and extended kuhn-tucker approach for bilevel multifollower decision making in a referential-uncooperative situation. Journal of Global Optimization, 2007, 38(4): 597-608

[81] C G Shi, J Lu, G Q Zhang. An extended kuhn-tucker approach for linear bilevel programming. Applied Mathematics And Computation, 2005, 162(4): 51-63

[82] Y B Lv, T S Hu, G M Wang, Z P Wan. A penalty function method based on kuhntucker condition for solving linear bilevel programming. Applied Mathematics and Computation, 2007, 188(1): 808-813

[83] C G Shi, J Lu, G Q Zhang, H Zhou. An extended branch and bound algorithm for linear bilevel programming. Applied Mathematics and Computation, 2006, 180(2): 529-537

[84] J Lu, C G Shi, G Q Zhang, Ruan Da. An extended branch and bound algorithm for bilevel multifollower decision making in a referential-uncooperative situation. International Journal of Information Technology & Decision Making, 2007, 6(2): 371-388

[85] 万仲平, 肖昌育, 王先甲, 肖克强, 黄要桂, 彭向阳. 不确定市场下的一种二层规划最优竞价模型. 电力系统自动化, 2004, 19

[86] 王广民, 王先甲, 万仲平, 何矩林. 最优发电企业数量与规模的二层规划模型. 武汉理工大学学报(交通科学与工程版), 2007, 06

[87] 吕一兵, 万仲平, 郭旭宁. 排污权市场交易的双层规划模型. 系统工程理论与实践, 2014, 02

[88] 孙会君, 高自友. 考虑路线安排的物流配送中心选址双层规划模型及求解算法. 中国公路学报, 2003, 16(2): 115-119

[89] 孙会君, 高自友. 物流中心扩建规模设计的双层规划模型研究. 管理工程学报, 2003, 04

[90] 高自友, 张好智, 孙会君. 城市交通网络设计问题中双层规划模型、

方法及应用. 交通运输系统工程与信息, 2004, 01

[91] 赵彤, 高自友. 城市交通网络设计问题中的双层规划模型. 土木工程学报, 2003, 01

[92] 任华玲, 高自友. 动态公交网络设计的双层规划模型及算法研究. 系统工程理论与实践, 2007, 05

[93] H. Kwakernaak. Fuzzy random variables part i: definitions and theorems. Information Science, 1978, 15: 1-29

[94] W. E. Stein, K. Talati. Convex fuzzy random variables. Fuzzy Sets and Systems, 1981, 6: 271-283

[95] M. Miyakoshi, M. Shimbo. A strong law of large numbers for fuzzy random variables. Fuzzy Sets and Systems, 1984, 12(2): 133-142

[96] 宋枫溪. 模糊可测函数. 模糊系统与数学, 1988, 2: 77-82

[97] M. Puri, D. Ralescu. Fuzzy random variables. Journal of Mathematical Analysis and Applications, 1986, 114(2): 409-422

[98] H Katagiri, MSakawa. Lecture notes in artificial intelligence. Berlin: Springer-Verlag 2003, 2715.

[99] H Katagiri, M Sakawa, K Kato, I Nishizaki. A fuzzy and ommulti objective 0-1 programming based on the expectation optimization model using possibility and necessity measures. Mathematical and Computer Modelling, 2004, 40(3-4): 411-421

[100] M Sakawa, K Kato, H Katagiri. An interactive fuzzy satisficing method for multiobjective linear programming problems with random variable coefficients through a probability maximization model. Fuzzy Sets and Systems, 2004, 146(2): 205-220

[101] H Katagiri, M Sakawa, H Ishii. Studies of stochastic programming models using possibility and necessity measures for linear programming problems with fuzzy random variable coefficients. Electronics and Communications in Japan Part III-fund Amental Electronic Science, 2005, 88(1): 68-75

[102] M Sakawa, H Katagiri, T Matsui. Stackelberg solutions for fuzzy random two-level linear programming through probability maximization

with possibility. Fuzzy Sets and Systems, 2012, 188(1): 45-57

[103] M Sakawa, T Matsui. Interactive fuzzy programming for fuzzy random two-level linear programming problems through probability maximization with possibility. Fuzzy Sets and Systems, 2013, 40(7): 2487-2492

[104] M Sakawa, T Matsui. Interactiver and omfuzzy two-level programming through possibility-based probability model. Information Sciences, 2013, 239

[105] M Lopez Diaz, M A Gil. Constructive definitions of fuzzy random variables. Statistics & Probability Letters, 1997, 36(2): 135-143

[106] M A Gil. Fuzzy random variables. Information Sciences, 2001, 133 (1-2SI): 1-2

[107] M. Gil, M. Lopez Diaz, D. Ralescu. Overview on the development of fuzzy random variables. Fuzzy Sets and Systems, 2006, 157(19): 2546-2557

[108] M A Lubiano, M A Gil. Estimating the expected value of fuzzy random variables in random samplings from finite populations. Statistical Papers, 1999, 40(3): 277-295

[109] M Montenegro, M R Casals, M A Lubiano, M A Gil. Two-sample hypothesis tests of means of a fuzzy random variable. Information Sciences, 2006, 133(1-2SI): 89-100

[110] A B Ramos-Guajardo, A Colubi, G Gonzalez-Rodriguez, MAGil. One sample tests for a generalized frchet variance of a fuzzy random variable. Metrika, 2010, 71(2): 185-202

[111] Yanfang Ma, Jiuping Xu. Multiple decision-subject vehicle routing problem for construction material transportation in a fuzzy random environment. International Journal of Civil Engineering, 2014, 12(2): 331-346

[112] Qiang Liu, Jiuping Xu. A study on vehicle routing problem in the delivery of fresh agricultural products under random fuzzy environment. International Journal of Information and Management Sciences, 2008,

19(4): 673-690

[113] Rui Wangu, Jiuping Xu. An expected value model of uncertain multiobjective bilevel programming for decentralization problem and its application on logistics center location. International Journal of Logistics and Transportation, 2010, 4(2): 149-166

[114] Jiuping Xu, Pei Wei. A bi-level model for location-allocation problem of construction & demolition waste management under fuzzy random environment. International Journal of Civil Engineering, 2012, 10(1): 1-12

[115] Yanfang Ma, Jiuping Xu. A novel multiple decision-maker model for resource-constrained project scheduling problems. Canadian Journal of Civil Engineering, 2014, 41(6): 500-511

[116] Jiuping Xu, Zhe Zhang. A fuzzy random resource-constrained scheduling model with multiple projects and its application to a working procedure in a large-scale water conservancy and hydropower construction project. Journal of Scheduling, 2012, 15(2): 253-272

[117] Jun Gang, Jiuping Xu. The resource-constraint project scheduling with multimode under fuzzy random environment in the drainage engineering of its hydropower. International Journal of Logistics and Transportation, 2010, 4(2): 53-80

[118] Jiuping Xu, Cuiying Feng. Multi-mode resource-constrained multiple project scheduling problem under fuzzy random environment and its application to x- iluodu hydropower construction project. The Scientific World Journal, 2014, 463692

[119] Jiuping Xu, Zongmin Li. Multi-objective dynamic construction site layout planning in fuzzy random environment. Automation in Construction, 2012, 27: 155-169

[120] Omar Ben-Ayed. Bilevel linear programming. Computers & operations research, 1993, 20(5): 485-501

[121] W. Cander, R. Norton. Multilevel programming. Tech. rep., World Bank Development Research Center, 1977

[122] G Anandalingam. A mathematical programming model of decentralized multilevel systems. Journal of the Operational Research Society, 1988, 1021-1033

[123] Pierre Hansen, Brigitte Jaumard, Gilles Savard. New branch-and-bound rules for linear bilevel programming. SIAM Journal on Scientific and Statistical Computing, 1992, 13(5): 1194-1217

[124] Jonathan F Bard. Optimality conditions for the bilevel programming problem. Naval Research Logistics Quarterly, 2006, 31(1): 13-26

[125] 盛昭瀚. 主从递阶决策论: Stackelberg 问题. 北京: 科学出版社, 1998

[126] W. Bialas, M. Karwan. On two-level optimization. automatic control, IEEE Transactions on, 1982, 27(1): 211-214

[127] W. F. Bialas, M. H. Karwan. Two-level linear programming. Management Science, 1984, 1004-1020

[128] 付永红, 杜纲. 具有模糊系统的两层线性规划. 管理科学学报, 1999, 2(001): 42-49

[129] G. Anandalingam, D J White. A solution method for the linearstatic stackelberg problem using penalty functions. Automatic Control, IEEE Transactions on, 1990, 35(10): 1170-1173

[130] D. J. White, G. Anandalingam. A penalty function approach for solving bilevel linear programs. Journal of Global Optimization, 1993, 3(4): 397-419

[131] P. Marcotte, D. L. Zhu. Exact and inexact penalty methods for the generalized bilevel programming problem. Mathematical Programming, 1996, 74(2): 141- 157

[132] Wen U. Shih, H., et al. A neural network approach to multiobjective and multilevel programming problems. Computers & Mathematics with Applications, 2004, 48(1-2): 95-108

[133] J Bard. A grid search algorithm for the linear bilevel programming problem. Proceedings of the 14th Annual Meeting of the American Institute for Decision Science, 1982, 256-258

[134] J Bard. An Algorithm for Solving the General Bilevel Programming Problem. Mathematics of Operations Research, 1983, 8(2): 260-272

[135] V. V. Kalashnikov, R. Z. Reios-Mercado. Apenalty-function approach to a mixed-integer bilevel programming problem. 2001

[136] Y. Lv, Z. Chen, Z. Wan. A penalty function method based on bilevel programming for solving inverse optimal value problems. Applied Mathematics Letters, 2010, 23(2): 170-175

[137] G. Savard, J. Gauvin. The steepest descent direction for the nonlinear bilevel programming problem. Operations Research Letters, 1994, 15(5): 265-272

[138] L. Vicente, G. Savard, J. Júdice. Descent approaches for quadratic bilevel programming. Journal of Optimization Theory and Applications, 1994, 81(2): 379-399

[139] H. I. Calvete, C. Galé. Bilevel multiplicative problems: a penalty approach to optimality and a cutting plane based algorithm. Journal of Computational and Applied Mathematics, 2008, 218(2): 259-269

[140] P. Marcotte, S. Wu, et al. A cutting plane algorithm for the linear bilevel programming problem. Centre for Research on Transportation, University of Montreal, 1993

[141] L. Brotcorne, S. Hanafi, R. Mansi. A dynamic programming algorithm for the bilevel knapsack problem. Operations Research Letters, 2009, 37(3): 215-218

[142] H. Shih, E. Lee. Discrete multi-level programming in a dynamic environment. Dynamic Aspects in Fuzzy Decision Making, Physica-Verlag, London, 2001, 200(1): 79-98

[143] Zhang G. Gao, Y., J. Lu. A particle swarm optimization based algorithm for fuzzy bilevel decision making. in: IEEE International Conference on Computational Intelligence Fuzzy Systems, 2008, 68(3): 1452-1457

[144] K. H. Sahin, A. R. Ciric. A dual temperature simulated annealing approach for solving bilevel programming problems. Computers &

Chemical Engineering, 1998, 23(1): 11-25

[145] Wei H. Xu, T., Z. Wang. Study on continuous network design problem using simulated annealing and genetic algorithm. Expert Systems with Applications, 2009, 36(2): 2735-2741

[146] M. Gendreau, P. Marcotte, G. Savard. A hybrid tabu-ascent algorithm for the linear bilevel programming problem. Journal of global Optimization, 1996, 8(3): 217-233

[147] J. Rajesh, K. Gupta, H. S. Kusumakar, V. K. Jayaraman, B. D. Kulkarni. A tabu search based approach for solving a class of bilevel programming problems in chemical engineering. Journal of Heuristics, 2003, 9(4): 307-319

[148] S. Arora, R. Gupta. Interactive fuzzy goal programming approach for bilevel programming problem. European Journal of Operational Research, 2009, 194(2): 368-376

[149] H. S. Shih. Fuzzy approach to multilevel knapsack problems. Computers & Mathematics with Applications, 2005, 49(7-8): 1157-1176

[150] W T Weng, UP Wen. A primal-dual interior point algorithm for solving bilevel programming problem. 2000

[151] D. Li Zhu, Q. Xu, Z. Lin. A homotopy method for solving bilevel programming problem. Nonlinear Analysis, 2004, 57(7-8): 917-928

[152] J. H. Holland. Outline for a logical theory of adaptive systems. Journal of the ACM (JACM), 1962, 9(3): 297-314

[153] J. H. Holland. Adaptation in natural and artificial systems: An introductory analysis with applications to biology, control, and artificial intelligence. U Michigan Press, 1975

[154] C. R. Reeves. A genetic algorithm for flowshop sequencing. Computers & Operations Research, 1995, 22(1): 5-13

[155] D. W. Coit, A. E. Smith. Reliability optimization of series parallel systems using a genetic algorithm. Reliability, IEEE Transactions on, 2005, 45(2): 254-260

[156] R. Ruiz, C. Maroto. A genetic algorithm for hybrid flowshops with

sequence dependent setup times and machine eligibility. European Journal of Operational Research, 2006, 169(3): 781-800

[157] R. Kumar, K. Izui, M. Yoshimura, S. Nishiwaki. Multi-objective hierarchical genetic algorithms for multilevel redundancy allocation optimization. Reliability Engineering & System Safety, 2009, 94(4): 891-904

[158] Lova, P. Tormos, M. Cervantes, F. Barber. An efficient hybrid genetic algorithm for scheduling projects with resource constraints and multiple execution modes. International Journal of Production Economics, 2009, 117(2): 302-316

[159] T Vidal, T G Crainic, M Gendreau, C Prins. A hybrid genetic algorithm with adaptive diversity management for a large class of vehicle routing problems with time windows. Computers & Operations Research, 2013, 40(1): 475-489

[160] P K Nguyen, T G Crainic, M Toulouse. A hybrid generational genetic algorithm for the periodic vehicle routing problem with time windows. Journal of Heuristics, 2014, 20(4): 383-416

[161] V Oduguwa, R Roy. Bi-level optimisation using genetic algorithm. Artificial Intelligence Systems, (ICAIS 2002). 2002 IEEE International Conference on, 322-327.

[162] R J Kuo, Y S Han. A hybrid of genetic algorithm and particle swarm optimization for solving bilevel linear programming problem case study on supply chain model. Applied Mathematical Modelling, 2011, 35(8): 3905-3917

[163] Jun Yang, Min Zhang, Bo He, Chao Yang. Bilevel programming model and hybrid genetic algorithm for flow interception problem with customer choice. Computers & Mathematics with Applications, 2009, 57(11): 1985-1994

[164] H. Ishibuchi, T. Murata. A multi-objective genetic local search algorithm and its application to flowshop scheduling. IEEE Transactions on Systems, Man, and Cybernetics art C: Applications and Reviews, 1998, 28(3)

[165] J. Kennedy, R. Eberhart. Particle swarm optimization. Proc. ICEC, 1995

[166] R. Ebehrart, Y. Shi. Particle swarm optimization: Developments, applications and resources. Proceedings of the 2001 Congress on Evolutionary Computation. Seoul, Korean, 2001

[167] J. Kennedy, R. Eberhart, et Al. Swarm intelligence. Morgan Kaufmann Publishers, 2001

[168] Y. Shi, R. C. Eberhart. A modified particle swarm optimizer. Proceedings of the IEEE International Conference on Evolutionary Computation, 1998

[169] M. Millonas. Swarms, Phase, Transition and collective intelligence: a nonequilibrium statistical field theory of swarms and other spatially extended complex systems. 1994

[170] 高金伍. 不确定多层规划模型与算法. Ph. D. thesis, 2004

[171] 贾兆红. 粒子群优化算法在柔性作业车间调度中的应用研究. Master's thesis, 中国科学技术大学, 2008

[172] Mahmoud A Abo-Sinna, Ibrahim A Baky. Interactive balance space approach for solving multilevel multiobjective programming problems. Information Sciences, 2007, 177(16): 3397-3410

[173] Savita Mishra. Weighting method for bi-level linear fractional programming problems. European Journal of Operational Research, 2007, 183(1): 296-302

[174] Marshall L Fisher, Ramchandran Jaikumar. A generalized assignment heuristic for vehicle routing. Networks, 1981, 11(2): 109-124

[175] Yannis Marinakis, Athanasios Migdalas, Panos M Pardalos. A new bilevel for mulation for the vehicle routing problem and a solution method using agenetic algorithm. Journal of Global Optimization, 2007, 38(4): 555-580

[176] Masatoshi Sakawa, Kosuke Kato. Genetic algorithms with double strings for 0-1 programming problems. European Journal of Operational Research, 2003, 144(3): 581-597

[177] Y. Ma, J. Xu. A cloud theory-based particle swarm optimization for multiple decision maker vehicle routing problems with fuzzy random time windows. Engineering Optimization, 2014

[178] Y. Ma, J. Xu. Vehicle routing problem with multiple decision-makers for construction material transportation in a fuzzy random environment. International Journal of Civil Engineering, 2014, 12(2): 331-346

[179] Jiuping Xu, Xiaoyang Zhou. Fuzzy-like multiple objective decision making, Springer, 2011: 263.

[180] Kaufmann. Introduction to the theory of fuzzy subsets. Academic Press, 1975

[181] S. Nahmias. Fuzzy variables. Fuzzy Sets and Systems, 1978, 1(2): 97-110

[182] D. Dubois, H. Prade. Possibility theory: an approach to computerized processing of uncertainty. New York: Plenum Press, 1998

[183] Baoding Liu. Uncertainty pragramming with applications. Springer-Verlag, Heidelberg, 2004

[184] H. Kwakernaak. Fuzzy random variables part ii: algorithms and examples for the discrete case. Information Science, 1979, 17: 253-278

[185] R. Kruse, K. Meyer. Statistics with vague data. Springer, 1987

[186] Y. Liu, B. Liu. Fuzzy random variables: A scalar expected value operator. Fuzzy Optimization and Decision Making, 2003, 2(2): 143-160

[187] A. Colubi, D. Santos, et Al. On the formalization of fuzzy random variables. Information Sciences, 2001, 133(1-2): 3-6

[188] I. Couso, D. Dubois, etAl. On various definitions of the variance of a fuzzy random variable. Proc. Fifth Internat. Symp. On Imprecise Probabilities: Theory and Applications, 135-144. 2007

[189] V. Kratschmer. A unified approach to fuzzy random variables. Fuzzy Sets and Systems, 2001, 123(1): 1-9

[190] M. Lopez-Diaz, M. Gil. Constructive definitions of fuzzy random variables. Statistics and Probability Letters, 1997, 36(2): 135-143

[191] A. Shapiro. Fuzzy random variables. Insurance: Mathematics and

Economics, 2009, 44(2): 307-314

[192] Baoding Liu. Theory and practice of uncertain programming. Springer, 2009

[193] 陶志苗. 模糊随机环境下的二层多目标运输模型及其应用[D]. 成都: 四川大学商学院, 2011

[194] 王君. 不确定因素下车辆路径问题建模及优化方法研究. 天津大学, 2012

[195] George B Dantzig, John H Ramser. The truck dispatching problem. Management Science, 1959, 6(1): 80-91

[196] T. J. Kim, S. Suh. Toward developing a national transportation planning model: a bilevel programming approach for korea. Annals of Regional Science, 1988, 65-80

[197] Samuel Raff. Routing and scheduling of vehicles and crews: the state of the art. Computers & Operations Research, 1983, 10(2): 63-211

[198] Abraham Charnes, William W Cooper. Chance-constrained programming. Management Science, 1959, 6(1): 73-79

[199] KürsadAgpak, HadiGokcen. A chance-constrained approach to stochastic line balancing problem. European Journal of Operational Research, 2007, 180(3): 1098-1115

[200] Timothy L Urban, Wen-Chyuan Chiang. An optimal piecewise-linear program for the uline balancing problem with stochastic task times. European Journal of Operational Research, 2006, 168(3): 771-782

[201] Jiuping Xu, Xiaoyang Zhou, Steven Li. A class of chance constrained multi-objective portfolio selection model under fuzzy random environment. Journal of optimization theory and applications, 2011, 150(3): 530-552

[202] Andrew Koh. A coevolutionary particle swarm algorithm for bi-level variational inequalities: Applications to competition in highway transportation networks. Natural Intelligence for Scheduling, Planning and Packing Problems, Springer, 2009, 195-217.

[203] Kalyan Veeramachaneni, Thanmaya Peram, Chilukuri Mohan, Lisa Ann Osadciw. Optimization using particle swarms with near neighbor

interactions. Genetic and Evolutionary Computation—GECCO 2003, 110-121. Springer, 2003

[204] The Jin Ai, Voratas Kachitvichyanukul. A particle swarm optimization for the vehicle routing problem with simultaneous pick up and delivery. Computers & Operations Research, 2009, 36(5): 1693-1702

[205] MA Abido. Optimal power flow using particle swarm optimization. International Journal of Electrical Power & Energy Systems, 2002, 24(7): 563-571

[206] Loo Hay Lee, Kay Chen Tan, et al. Vehicle capacity planning system: a case study on vehicle routing problem with time windows. IEEE Transacti on Sonsystems, Manm, and Cybernetics-Part A: Systems and Humans, 2003, 33(2): 169- 179

[207] U. F. Aminu, R. W. Eglese. A constraint programming approach to the chinese postman problem with time windows. Computers and Operations Research, 2006, 33: 3423-3431

[208] G. B. Alvarenga, G. R. Mateus, G. de Tomi. A two-phase genetic and set partitioning approach for the vehicle routing problem with time windows. Computers and Operations Research, 2007, 34: 1561-1584

[209] Miguel Andres Figliozzi. Planning approximations to the average length of vehicle routing problems with time window constraints. Transportation Research Part B, 2009, 43: 438-447

[210] Chi-Bin Cheng, Keng-Pin Wang. Solving a vehicle routing problem with time windows by a decomposition technique and a genetic algorithm. Expert Systems with Applications, 2009, 36: 7758-7763

[211] Jean-Francois Cordeau, Guy Desaulniers, Jacques Desrosiers, Marius M Solomon, Franc, ois Soumis. Vrp with time windows. The Vehicle Routing Problem, 2002, 9: 157-193

[212] A G Qureshi, E Taniguchi, Tadashi Yamada. An exact solution approach forvehicle routing and scheduling problems with soft time windows. Transportation Research Part E: Logistics and Transportation Review, 2009, 45(6): 960-977

[213] R Tavakkoli-Moghaddam, N Safaei, MA Shariat. A multicriteria vehicle routing problem with soft time windows by simulated annealing. Journal of Industrial Engineering-Int, 2005, 1(1): 28-36

[214] Miguel Andres Figliozzi. An iterative route construction and improvement algorithm for the vehicle routing problem with soft time windows. Transportation Research Part C: Emerging Technologies, 2010, 18(5): 668-679

[215] Song Gao, Ismail Chabini. Optimal routing policy problems in stochastic time dependent networks. Transportation Research Part B: Methodological, 2006, 40(2): 93-122

[216] Duygu Tas,, Nico Dellaert, Tom Van Woensel, Ton De Kok. Vehicle routing problem with stochastic travel times including soft time windows and service costs. Computers & Operations Research, 2012

[217] J Brito, F J Martínez, José A Moreno-Pérez, J L Verdegay. Aco-grasp-vnsmeta-heuristic for vrp with fuzzy windows time constraints. Computer Aided Systems Theory-Eurocast 2011, 440-447. Springer, 2012

[218] Keivan Ghoseiri, Seyed farid ghannad pour, abouzar seifi. locomotive routing and scheduling problem with fuzzy time windows. Transportation Research Board 89th Annual Meeting, 10-2592. 2010

[219] F Jiménez, J L Verdegay. Uncertain solidtran sportation problems. Fuzzy Sets and Systems, 1998, 100(1): 45-57

[220] Feng Pan, Rakesh Nagi. Robust supply chain design under uncertain demandin agile manufacturing. Computers & Operations Research, 2010, 37(4): 668-683

[221] HerminiaI Calvete, CarmenGale, Maria-Jose Oliveros, Bele'n Sánchez-Valverde. A goal programming approach to vehicle routing problems with soft time windows. European Journal of Operational Research, 2007, 177(3): 1720- 1733

[222] Jiuping Xu, Yonggang Liu. Multi-objective decision making model under fuzzy random environment and its application to inventory

problems. Information Sciences, 2008, 178(14): 2899-2914

[223] Jiuping Xu, Pei Wei. Production-distribution planning of construction supply chain management under fuzzy random environment for large-scale construction projects. Journal of Industrial and Management Optimization, 2013, 9(1): 31-56

[224] Y. Feng, L. Hu, H. Shu. The variance and covariance of fuzzy random variables and their applications. Fuzzy Sets and Systems, 2001, 120(3): 487-497

[225] R. Korner. On the variance of fuzzy random variables. Fuzzy Sets and Systems, 1997, 92(1): 83-93

[226] W. Nather, R. Korner. Variance of random fuzzy variables. Statistical Modelling, Analysis and Management of Fuzzy Data, 2002, 25-42

[227] S. Heilpern. The expected value of a fuzzy number. Fuzzy Sets and Systems, 1992, 47: 81-86

[228] H. F. Wang, H. W Hsu. A closed-loop logistic model with a spanning-tree based genetic algorithm. Computers and Operations Research, 2010, 37(2): 376-389

[229] M. A. Ilgin, S. M. Gupta. Environmentally conscious manufacturing and product recovery (ecmpro): a review of the state of the art. Journal of Environmental Management, 2010, 91: 563-591

[230] Dethloff. Vehicle routing and reverse logistics: the vehicle routing problem with simultaneous delivery and pick up. OR Spectrum, 2001, 23: 79-96

[231] Lee M., Takagi H. Dynamic control of genetic algorithm using fuzzy logic techniques. Morgan Kaufmann Publishers, 1979, 76-83.

[232] Xu H., Vukovich G. Fuzzy evolutionary algorithm and automatic robot trajectory generation. IEEE Press, 1994, 595-600.

[233] Zeng X., Rabenasolo B. A fuzzy logic based design for adaptive genetic algorithms. 1997, 660-664.

[234] Wang P., Wang G., Hu Z. Speeding up the search process of genetic algorithm by fuzzy logic. 1997, 665-671.

[235] Gen M., Cheng R. Genetic algorithm and engineering optimization. John Wily and Sons, 2000

[236] Goldberg D, Lingle R. Alleles, loci and the traveling salesman problem. Lawrence Erlbaum Associates, 1995, 154-159.

[237] Davis L. Job-shop scheduling with genetic algorithms. Lawrence Erlbaum Associates, 1995, 36-140.

[238] Syswerda G. Uniform crossover in genetic algorithms. Lawrence Erlbaum Associates, 1995, 2-9.

[239] Mitsuo Gen, Fulya Altiparmak, Lin Lin. A genetic algorithm for two-stage transportation problem using priority-based encoding. OR Spectrum, 2006, 28: 337-354

[240] A. F Shapiro. Fuzzy random variables. Insurance: Mathematics and Economics, 2009, 44: 307-314